高等院校旅游专业系列教材

旅游法规与案例评析

瞿大风　编著

南开大学出版社
天　津

图书在版编目(CIP)数据

旅游法规与案例评析 / 瞿大风编著. —天津：南开大学出版社，2014.5
高等院校旅游专业系列教材
ISBN 978-7-310-04465-8

Ⅰ.①旅… Ⅱ.①瞿… Ⅲ.①旅游业－法规－案例－中国－高等学校－教材 Ⅳ.①D922.296.05

中国版本图书馆 CIP 数据核字(2014)第 077696 号

版权所有　侵权必究

南开大学出版社出版发行
出版人：孙克强
地址：天津市南开区卫津路94号　邮政编码：300071
营销部电话：(022)23508339　23500755
营销部传真：(022)23508542　邮购部电话：(022)23502200

＊

天津市蓟县宏图印务有限公司印刷
全国各地新华书店经销

＊

2014年5月第1版　2014年5月第1次印刷
230×170毫米　16开本　14.625印张　270千字
定价:29.00元

如遇图书印装质量问题，请与本社营销部联系调换，电话:(022)23507125

前　言

为了适应旅游业的迅猛发展与"依法治旅"的实际需要，我们根据高等院校旅游专业教学发展的迫切要求，认真总结现有旅游法规教材的编写经验，精心编著了本教材，目的在于为我国高校的旅游专业提供一部新型教材。本教材试图突出以下特点。

其一，密切关注旅游法制的发展变化，适时融入旅游法规制定修改的最新内容，尤其是及时增加了新近颁布实施的《旅游法》、《旅行社条例》及《食品安全法》等重要内容，努力满足旅游法规的教学需要。

其二，全面遵循我国现行旅游法规，着重参考旅游法规学术著作与案例教程的优秀成果，综合有关专家著述的精华所在，同时结合旅游法规的有关案例，形成阐释旅游法规的主要内容与反映旅游法制案例的体系结构，以便授课教师按照教学计划安排使用。

其三，针对当前旅游法规教材建设的发展趋势，根据编著者从事旅游法规教学的实践经验，全面整合旅游法规的教学内容，极力采用简明扼要的表达方式阐释说明旅游法规的重点问题，力求达到讲述清晰、言简意赅、易于理解、便于掌握，有效说明旅游法规的基本内容。

其四，为了适应高校学生普遍要求案例教学的迫切需要，汇集精编各种旅游法规案例，特别是有代表性的重要案例，同时结合旅游法规的修订变化删改增新，并在讲授实践之中展开评析，致力形成关联密切、趣味横生的教学内容，促使学生能够理解和有效掌握旅游法规。

在编著过程中，本教材参考借鉴、引用、改编了一些近年来出版发行的旅游法规学术专著及案例汇编，在此对于这些前辈的辛勤劳动致以崇高敬意。同时，衷心感谢南开大学出版社编辑人员的热情帮助、及时指导与认真编校。此外，本教材还荣幸获得天津财经大学重点建设课程资助，对于主管领导及工作人员一并表示诚挚谢意。

由于编著者对旅游法规教学科研涉足不深与编著时间受到限制,本教材肯定存在疏漏之处,恳请业界的专家学者提出宝贵意见。

编著者
2013 年 9 月 20 日

目 录

前言
第一章 旅游法制建设概述 1
　第一节 旅游业与旅游法制 1
　第二节 旅游法规建设与实施 7
　第三节 旅游法律关系构成 14
　第四节 旅游法律行为类型及法律保护 21
第二章 旅游法律关系主体及其纠纷处理 28
　第一节 旅游者 28
　第二节 旅游企业 36
　第三节 旅游行政管理部门 45
　第四节 旅游纠纷及其处理 50
第三章 旅游合同法规制度 59
　第一节 旅游合同法规概述 59
　第二节 旅游合同的订立及其效力 64
　第三节 旅游合同的履行与担保 75
　第四节 旅游合同的变更、转让、终止及违约责任 82
第四章 旅行社法规制度 89
　第一节 旅行社法规概述 89
　第二节 旅行社的设立制度 97
　第三节 旅行社的经营制度 103
　第四节 旅行社的法律责任 108
第五章 导游人员法规制度 116
　第一节 导游人员法规概述 116
　第二节 导游人员的合法权利与应尽义务 122
　第三节 导游人员的从业管理 127
　第四节 领队人员法规制度 134

第六章 旅游安全法规制度 141
第一节 旅游安全工作概述 141
第二节 旅游者出入国境与安全检查法规制度 149
第三节 旅游交通运输安全法规制度 159
第四节 旅游食品安全法规制度 164
第五节 旅游保险法规制度 171

第七章 旅游饭店法规制度 179
第一节 旅游饭店法规概述 179
第二节 旅游饭店与相关主体的法律关系 186
第三节 娱乐场所法规制度 191

第八章 旅游资源法规制度 198
第一节 旅游资源法规制度概述 198
第二节 自然保护区法规制度 206
第三节 风景名胜区法规制度 211
第四节 文物保护法规制度 219

参考文献 226

第一章 旅游法制建设概述

第一节 旅游业与旅游法制

一、旅游业的法制必然

通常旅游业是指凭借旅游资源和各种设施，从事招徕、接待旅游者，为旅游者提供交通、游览、住宿、餐饮、购物、文娱等项服务，从中获取经济收益的综合性行业。自第二次世界大战以来，整个国际政治局势相对稳定，世界经济与社会发展不断进步，教育事业蓬勃发展，科技发生重大突破。这些变化有力地推动着旅游业的迅速发展，促使旅游业成为全球经济中发展势头最为强劲与充满朝气的产业之一。事实表明，尽管出于能源危机或经济危机的暂时影响，旅游人次在个别年份发生波动，但是，全世界的旅游人数与消费年平均增长率远远高于全球经济的年增长率，旅游业形成一个持续发展、规模庞大的经济产业。

十一届三中全会以来，我国旅游业获得快速、全面的持续发展，已实现从"事业型"向"产业型"的根本转变，成为具有明显国际竞争优势的支柱产业。2009年，我国旅游业总收入1.4万亿元，全年接待入境游客1.26亿人次，旅行社接待入境游客1873.38万人次，国内旅游人数达到19.02亿人次，中国公民出境人数达4765.63万人次。2010年，我国旅游业总收入1.57万亿元，全年入境旅游人数达到1.34亿人次，旅行社接待入境游客2408.06万人次，国内旅游人数达到21.04亿人次，中国公民出境人数达5738.65万人次。根据世界旅游组织预测，到2015年，中国将成为世界上第一大旅游接待国、第四大旅游客源国和世界上最大的国内旅游市场。

然而，我国旅游业要达到上述目标，不仅需要继续落实国家有关产业政策，从根本上转变传统观念，改变传统的管理手段，而且需要通过加强法制建设为旅游业发展保驾护航，用法律手段规范与改善旅游业的经营管理，推动实现"依法治旅"，努力解决旅游业发展中的各种问题，保障我国旅游业得到快速、稳步、健康的发展。

二、旅游法制的基本要求

我国法制的基本要求是有法可依、有法必依、执法必严、违法必究。对旅游业来说，我国法制的基本要求同样适用。

有法可依，是指根据旅游业的发展需要，充分重视旅游立法，积极完善旅游法规，努力促使旅游业的各项工作有法可依、有章可循，以使旅游行政管理部门、旅游企事业单位与旅游者在国家法治的轨道上有序进行旅游活动。这是实现旅游法制建设的前提条件。

有法必依，是指各级旅游行政管理部门、旅游企事业单位与旅游者严格遵守和执行法律，依法行政、依法经营、依法旅游，不得违背旅游法规。这是加强旅游法制建设的中心环节。

执法必严，是指国家各级旅游行政管理机关及其工作人员，在贯彻实施旅游法规的过程中，严格行使国家所赋予的监管权力，认真按照旅游法规和法治精神执法办事，切实保证旅游法规的正确实施。这是加强旅游法制建设的关键内容。

违法必究，是指不管什么人，只要在旅游活动中触犯法律，均须受到法律追究与公正制裁，决不允许有凌驾于法律之上或超越于法律之外的任何特权。这是旅游法制建设得以实现的重要保障。

三、旅游法规的概念内涵

旅游法规，是指调整规范旅游活动中所产生各种社会关系的法律、法令、规章、条例、标准与条约的总称。对于旅游法规的概念内涵，可分别从狭义与广义两个方面加以理解。

从狭义上，旅游法规是指专门用于旅游领域的法律、法令、规章、条例、标准与条约，其中包括《中华人民共和国旅游法》（简称《旅游法》）、《旅行社条例》、《导游人员管理条例》、《旅行社投保旅行社责任保险规定》（简称《旅行社投保规定》）、《旅行社质量保证金赔偿暂行办法》（简称《质保金赔偿办法》）、《旅行社质量保证金赔偿试行标准》（简称《质保金赔偿标准》）与《中国公民出国旅游管理办法》等。这些法规是专门规范旅游企业、旅游者、旅游行政管理部门等旅游法律关系主体的行为准则，不同于其他领域的法规制度。

从广义上，旅游法规是指国家法律体系之中所有涉及旅游活动的相关法律、法令、规章、条例、标准与条约，其中包括《中华人民共和国宪法》（简称《宪法》）、《中华人民共和国民法通则》（简称《民法通则》）、《中华人民共和国消费者权益保护法》(简称《消费者权益保护法》)、《中华人民共和国合同法》(简称《合同法》)、《中华人民共和国担保法》(简称《担保法》)、《中华人民共和国保险法》(简称《保险法》)、《中华人民共和国外国人入境出境管理法》(简称《外国人入出境管理法》)、《中华人民共和国外国人入境出境管理法实施细则》(简称《外国人入出境管理法实施细则》)、《中华人民共和国公民出境入境管理法》(简称《中国公民出入境管理法》)、《中华人民共和国行政复议法》(简称《行政复议法》)、《中华人民共和国行政处罚法》(简称《行政处罚法》)等。这些法规的有关规定可适用于调整规范旅游领域中所产生的社会关系,并非专门适用于旅游领域。为了更好地理解与运用旅游法规,对于旅游法规的概念内涵除了要从狭义上进行把握以外,还要从广义上加以认识。

四、旅游法规调整规范的社会关系

旅游业所涉及的社会关系错综复杂,多种多样,需要通过旅游法规调整规范。旅游法规调整规范的社会关系通常包括以下几方面:

1. 旅游企业与旅游者之间的相互关系,其中包括旅游者在住宿、餐饮、交通、游览、购物、娱乐等环节中与旅游企业之间所产生的法律关系。

2. 旅游企业之间、旅游企业与相关企业之间的经营关系,其中包括旅行社、旅游饭店、旅游景点、旅游车船公司等旅游企业进行协作所产生的经营关系及民航、铁路、园林、工艺美术等部门与旅游企业之间协作所产生的经营关系。

3. 国家行政管理部门与旅游企业之间的监管关系,其中包括旅游行政主管部门与旅游企业之间及工商、财税、外汇、物价等社会经济管理部门与旅游企业之间所产生监管关系。

4. 国家行政管理部门与旅游者之间的社会关系,其中包括旅游行政管理部门与旅游者之间在旅游活动中所产生的社会关系,以及旅游者因旅游活动而与公安、海关、工商、物价等部门之间所产生的社会关系。

5. 旅游行政管理部门之间的权力关系,其中包括国家旅游行政管理部门按照国务院规定的相应职权,对全国旅游行政管理部门的统一领导而形成的权力关系,以及各级旅游行政管理部门之间所形成的权力关系。

6. 中国旅游法律关系主体与外国旅游法律关系主体的相互关系,包括中国旅游者与外国旅游企业、外国旅游者与中国旅游企业所产生的相互关系,中外旅游企业合资或合作所产生的相互关系,中国旅游行政管理部门与外商独资旅游企业及外国旅游行政管理部门之间在交往中所产生的相互关系等。

五、典型案例及其评析

案例 1　低价出团损害游客，严重违规必然侵权。

2005年4月1日至17日，游客许某等15人报名参加由北京某国际旅行社（简称北某国旅）组织的泰国泼水节包机6日游，每人交费1990元。出行之前，北某国旅发给游客的宣传单上明确写道："此行之中不再付费，导游也不强迫游客参加自费项目。"对此，游客反复咨询该社的工作人员，得到答复非常肯定。

不料，游客一行到达泰国以后，便遇到了泰方导游推销自费套餐项目，价格分为1800元、1500元和1300元三种。当游客表示不感兴趣拒绝参加时，泰方导游的态度变得十分强硬，提出必须参加自费项目，否则不能解决游客的食宿问题。与此同时，泰方司机拒绝发车将游客送回酒店。双方僵持2个多小时，在此期间，中方领队与泰方导游进行交涉，泰方导游坚持每人至少交纳1000元作为参加项目的自付费用才能得到住宿安排。结果，所有游客都被迫交出这笔费用，且未收到任何收据。当最后一名游客住进客房时已是凌晨3点多钟。经过如此一番折腾，游客身心备受折磨。回国以后，游客便向旅游行政管理部门进行投诉，还向新闻媒体反映此事，《新京报》和互联网均对此案予以报道。后经旅游行政管理部门调解，北某国旅对于游客给予了一定的损失赔偿。

案例评析

1. 《消费者权益保护法》第九条规定，消费者享有自主选择商品或服务的权利。在本案中，旅游消费者有权自主选择提供商品或服务的经营者，自主选择商品品种或服务方式，自主决定购买或不购买任何一种商品、接受或不接受任何一项服务。北某国旅在出行前发给游客的宣传单上明确写道："此行之中不再付费，导游也不强迫游客参加自费项目。"在实践中，泰方导游与司机却强迫游客参加项目，以不参加自费项目就不安排食宿进行要挟，这种行为不仅违背游客意志，且与组团社给予游客的答复不符，从而侵害了游客的自主选择权。

2. 《消费者权益保护法》第十条规定，消费者享有公平交易的权利，有权拒绝经营者的强制交易行为。为了实现消费者的公平交易权，经营者应当按照合同约定自觉履行合同义务，收取费用应当履行出具单据的义务。在本案中，泰国导游和司机不履行合同义务，无视游客拒绝强制交易的合法权利，收取费用不给收据，严重侵害了游客的公平交易权。

3. 在本案中，游客权益受到侵害与该社的"低价出团"之间存在因果关系。"低价出团"系指采取低于正常成本的负费用或零费用组织旅游团队出行。"低价出团"的旅行社往往弄虚作假进行欺诈，先以低价组织出境，然后强迫游客消费。游客常常因为价低，忽视旅游服务质量而落入陷阱、受骗上当。根据业内人士估算,泰国6日游,包括往返机票、签证、吃住行游及领队导游等总计费用成本价约为2300元,而组团社仅收1990元,属于低于成本报价的不正当竞争行为。在组团社微利经营、地接社无利可图甚至可能出现"倒贴"的情况下,地接社必然设法通过诸如大量安排购物时间、诱导游客参加自费项目等其他途径予以弥补,从中获取经济回报。因此,尽管事先有种种承诺,但是游客一到境外就会处于被侵权的可能之中。

案例2 保护缺失游客溺亡,连带责任共同承担。

2004年7月,某研究所与上海某旅行社签订合同,约定后者组团前往浙江桐庐游览。7月17日下午,旅游团乘竹筏经天目溪漂流至珍珠滩浴场。在征得游客同意后,导游向浴场统一购买泳票,安排游客在该浴场游泳。谁知22岁的游客张晨兴致勃勃入水以后,很快无声沉溺水中,后虽被浴场人员营救上岸,但终因抢救无效死亡。张晨父母悲痛万分,认为该社管理疏漏致儿子死亡。最后,因为与该社协商没有结果,张晨父母将该社与浴场经营者告上法庭,要求两被告赔偿死亡赔偿金、精神损失费等共计63万余元。

法院经过审理认为,珍珠滩浴场属于天然水域,在此游泳的危险性远远大于人造游泳池,所以两被告有义务明确警示浴场区域和下水地点,并对游客及时提供救护帮助,尽到安全保障义务。经过调查,法院认定两被告存在过错,判令赔偿死者家属42万元。

案例评析

1. 在旅游活动中,游客依照法律规定或合同约定享有权利,并在权利受到侵害时有权要求对方赔偿。在本案中,游客张晨支付旅游费用,完成合同的约定义务,享有保障安全游览与安全返回的正当权利。据此,该社应对张晨的人身安全承担义务,浴场经营者也有义务保障游客的游泳安全。在张晨生命受到侵害后,其父母有权要求该社与浴场经营者予以赔偿。

2. 依照本案的法律事实与适用法规,该社应当承担合同违约的赔偿责任,浴场经营者则应承担侵权责任,两者形成连带责任,共同承担损害赔偿。如果两者不能履行或不能完全履行责任,张晨父母可以请求人民法院强制两者履行责任。

案例3 客运购票合同生效,乘客财产须有保障。

2003年7月,游客李某乘坐一辆大巴客车到秦皇岛游览,当车行至秦皇岛市区时,李某发现自己手机被窃贼偷走,随即告诉驾车司机:"我的手机被贼偷了,请把车开到派出所。"然而,司机根本不予理睬,乘务员说:"这么多人要上下车,没有办法。"李某随即拨打"110"报警,要求协查。但是,司机及乘务员却不顾李某的正当要求,打开车门放走乘客。"110"执勤民警赶到现场时,乘客已经全部走光,致使难以调查取证。对于自己的财产损害,李某想去客车公司要求赔偿,但却不知是否合法。

案例评析

1. 《消费者权益保护法》第七条规定，消费者在购买、使用商品和接受服务时享有人身、财产安全不受损害的权利；消费者有权要求经营者提供的商品和服务符合保障人身、财产安全的要求。作为一个消费者，李某在接受客车公司服务的过程中，自己的财产受到不法侵害，有权向客车公司的司乘人员提出保障财产安全的正当要求。

2. 《合同法》第一百零七条规定，当事人一方不履行合同义务或履行合同义务不符合约定的，应当承担继续履行、采取补救措施或赔偿损失等违约责任。在本案中，李某自购票乘坐大巴起，便与客车公司形成客运合同关系。其间，客车公司有义务将李某安全、及时地送达目的地，并且承担合同约定和法律规定的各种义务。但是，大巴客车的司乘人员对于李某手机被盗时所提出的正当要求漠然视之，没有采取防止危害发生的任何措施，且在李某拨打"110"报警的情况下允许全部乘客离开，这种做法显然违背合同义务。因此，李某对于财产损失有权提出赔偿要求，客车公司则应依法给予赔偿。

案例4 发车误点漏乘游客，车站承担额外费用。

游客王某利用假日到河南龙门石窟旅游期间，突然单位来电催其速归。随后，他赶到长途汽车站买了一张到M市的客运车票，开车时间为下午3点。然而，王某在3点前到站候车时，却被告知客车出了毛病，正在修理，何时发车无法确定，因而需要乘客等候。

王某在候车室一直等到4点30分，客车仍然没有修好，车站人员也说不准具体发车时间。于是，王某便到附近就餐。4点50分，王某返回候车室时发现客车已于5分钟前发往M市，于是找到车站交涉，得知当天已无客车发往M市，若要退票则须交纳手续费。王某交手续费退掉车票以后花费260元搭乘出租汽车于当天返回M市。事后，王某再次回到M市，要求该站赔偿损失。

案例评析

1. 《民法通则》第一百一十一条规定，当事人一方不履行合同义务或履行合同义务不符合约定条件的，另一方有权要求履行或采取补救措施，并有权要求赔偿损失。在本案中，游客王某购买车票，即与长途车站形成运输合同关系。车站有义务按车票所载车次准时发车，而没有准时发车属于违约行为。

2. 对于车站的违约行为，王某可以退票解除合同，也可持票继续等车。既然王某选择后者，在向车站询问开车的具体时间时，车站应当预告大致的发车时间，履行合同义务。然而，车站过错造成游客王某漏乘，所以车站应当承担责任，赔偿王某因为退票所支付的手续费与改乘出租车多消费的260元车费。

第二节 旅游法规建设与实施

一、旅游法规的立法机关与立法程序

1. 旅游法规的立法机关

旅游法规的立法机关,是指在制定、修改、补充、废止旅游法规中有立法权限的国家机关。根据我国法律规定,旅游法规的制定、修改、补充或废止都是通过有立法权限的国家机关依法进行的专门活动。其中,旅游法规的立法机关及其权限为:(1)全国人民代表大会制定《宪法》;(2)全国人大常委会制定《旅游法》和单行法规;(3)国务院根据《宪法》与有关法规制定旅游行政法规;(4)国务院有关部、委、局制定旅游部门的规章条例;(5)地方政府的旅游行政管理部门制定地方性的旅游法规。

2. 旅游法规的特殊权限

除了特定的国家机关具有旅游法规的立法权限以外,旅游法规立法权限的特殊情况还表现为:(1)民族自治地区有特殊权限,根据在于我国尊重和保障少数民族的自治权利;(2)经济特区有特定权限,原因在于国家赋予其特殊政策;(3)特别行政区有特别权限,依据来自我国实行特别行政区享有高度自治权的基本国策。

3. 旅游法规的立法程序

旅游法规的立法程序,是指具有旅游立法权限的国家机关在制定、修改、补充、废止旅游法规与解释法律的各项活动中所须遵循的法定步骤与工作次序。我国现行的立法程序通常包括提出议案、审议草案、通过法规和公布法规四个步骤。旅游法规的立法程序无一例外地按照同样步骤进行。

二、旅游法规的体系构成

根据旅游法规建设发展与适用广泛的实际需要,我国目前已经建立以《旅游法》为核心,各种旅游行政法规、部门规章、地方法规与国际条约共同构成的完备体系,这个体系大致包括:

1. 《旅游法》

《旅游法》是国家发展旅游业的根本大法,也是制定各项旅游行政法规的基本依据。为了保障旅游者和旅游经营者的合法权益,规范旅游市场秩序,保护和合

理利用旅游资源，促进旅游业持续健康发展，我国现已颁布实施《旅游法》。这部法律以《宪法》为根据，涉及总则、旅游者、旅游规划和促进发展、旅游经营、旅游合同、旅游安全、旅游监管、纠纷处理、法律责任、附则十章的法定内容。

2. 旅游行政管理法规

旅游行政管理法规是我国旅游行政机关运用法律对旅游业实施监管的主要依据，由国务院及其旅游行政主管机关制定实施，其法律效力低于《宪法》和《旅游法》，其内容不能与《宪法》和《旅游法》相抵触。

3. 地方性的旅游法规

地方性的旅游法规是法定地方权力机关及其行政机关依据我国相关法规与各自管辖的不同区域，制定适用的旅游法规，包括省、自治区、直辖市的规范性文件、地方人民政府的规范性决议。地方性的旅游法规只在本辖区内有效，其法律效力低于《宪法》、《旅游法》和旅游行政管理法规，如果抵触则属无效。

4. 国际之间的旅游条约

国际之间的旅游条约是两个或两个以上的国家规定在旅游方面共同遵守权利义务的有关协议。我国政府签署或加入旅游方面的国际条约，只有经过最高国家权力机关全国人民代表大会批准生效后，才能发生法律效力。

三、旅游法规与相关法规

由于旅游法规构成我国法制的组成部分，是我国法制的具体应用及行业延伸，因而不可避免地会涉及国家机关所制定的相关法规。从狭义上说，旅游法规与相关法规的密切关系主要表现在以下几方面：

1. 旅游立法必须依据和借助国家大法与基本法律。例如，在我国的法律体系中，《旅游法》不仅须以国家大法《宪法》作为立法的重要依据，还须借助国家制定与颁布的基本法律进行建设，其中包括《民法通则》、《消费者权益保护法》与《合同法》等相关法律。

2. 旅游执法适用范围受到限制。在旅游活动中，国家机关及其工作人员运用旅游法规执法的适用范围在很大程度上受到限制，因而还须借助相关法规执法办事。例如，在我国市场经济条件下，国家机关及其工作人员在旅游执法时，一方面要对旅游企业展开自由、公平、有序的合法竞争进行监管，促使市场经济成为法制经济；另一方面，还要适应市场经济体制变革，积极推动旅游企业自主经营、参与竞争、创收利润、谋求发展。这就需要充分掌握旅游法规，并且遵守《中华人民共和国公司法》（简称《公司法》）、《中华人民共和国企业法人登记管理条例》（简称《企业法人登记管理条例》）、《中华人民共和国反不正当竞争法》（简称《反不正当竞争法》）与《中华人民共和国价格法》（简称《价格法》）等相关法规。

3. 旅游司法必须遵循相关法规。旅游企业或旅游者一旦因人身权和财产权在旅游活动中受到不法侵害而提起诉讼时，人民法院必须遵循《中华人民共和国民事诉讼法》（简称《民事诉讼法》）、《中华人民共和国行政诉讼法》（简称《行政诉讼法》）、《中华人民共和国刑事诉讼法》（简称《刑事诉讼法》）、《中华人民共和国行政处罚法》（简称《行政处罚法》）、《中华人民共和国刑法》（简称《刑法》）调解审判，切实维护受害者的合法权益。

4. 旅游活动需要遵守相关法规。旅游活动所产生的社会关系广泛复杂，需要共同遵守旅游法规与相关法规展开活动，从而调整规范行为与解决纠纷。例如，旅游企业与旅游者在利用我国的旅游资源与基础设施开展活动时，除了依循旅游法规，还须按照《中华人民共和国环境保护法》（简称《环境保护法》）、《风景名胜区管理暂行条例》（简称《风景名胜管理条例》）、《中华人民共和国文物保护法》（简称《文物保护法》）、《中华人民共和国民用航空法》（简称《航空法》）、《中华人民共和国铁路法》（简称《铁路法》）、《中华人民共和国公路法》（简称《公路法》）等相关法规调整行为与解决纠纷。

四、旅游法规的付诸实施

1. 旅游法规的实施目的

旅游法规的制定颁布仅仅规定了旅游法律关系主体的行为准则，旅游法规的付诸实施才能促使这些法定的行为准则在实际生活中得以实现，并发挥应有作用，否则只是形同虚设。旅游法规的实施目的在于保护旅游法律关系主体的合法权利，并促使其履行相应的法定义务。

2. 旅游法规的付诸实施

旅游法规的付诸实施，可以分为公民实施和国家实施。公民实施，是指旅游者依据法规付诸实施的行为与活动。国家实施，是指国家机关及其工作人员行使职权，按照旅游法规调整规范旅游活动中的社会关系。随着旅游立法建设的不断完善，加强执法成为旅游法规付诸实施的关键所在。

3. 旅游法规的实施部门

地方人民政府通常组织旅游行政管理部门与有关部门对旅游经营行为实施监督检查，并且按照各自职责范围对旅游市场实施监管，在履行监督管理职责中或在处理举报、投诉中，应对发现的违规行为及时处理，并及时向社会公布监管情况。对于超出职责范围之外事项，应当及时书面通知并移交有关部门查处。地方人民政府还应建立旅游违法行为查处信息的共享机制，对于需要跨部门、跨地区联合查处的违法行为，应当合作进行督办。

4. 旅游法规的实施纪律

旅游行政管理部门和有关部门在履行监督管理职责中,不得违反法律、行政法规的规定向监管对象收取费用,不得参与任何形式的旅游经营活动。依法实施监督检查的人员不得少于两人,并应出示合法证件,少于两人或未出示合法证件的,被检查单位和个人有权拒绝。旅游行政管理部门和有关部门的工作人员在履行监督管理职责中,滥用职权、玩忽职守、徇私舞弊侵害旅游者合法权益,尚不构成犯罪的,由其所在单位或上级机关给予处分。

五、旅游执法及其类型

1. 旅游执法

旅游执法,是指国家机关依照自身的法定职权和法定程序,凭借国家的强制力,对旅游活动行使职权、履行职责、贯彻和实施旅游法规的行政活动。在旅游执法中,国家机关及其工作人员应当遵守相关法规,严格区分合法行为与非法行为。为此,必须首先严格遵守我国执法的基本原则:(1)以事实为根据,以法律为准绳。这项原则注重要求旅游法规的付诸实施必须建立在符合客观事实的基础上,通过充分的调查研究,以科学的方法确认各种证据,既不夸大也不缩小客观事实。(2)法律面前人人平等。这项原则严格要求旅游者、旅游企业、各级旅游行政管理部门等旅游法律关系主体都要无条件地遵守各项旅游法规,并且依法追究违法者责任。

2. 旅游执法的不同类型

旅游执法分为旅游行政执法和旅游司法。旅游行政执法,是指我国旅游行政管理部门及其工作人员对旅游法规的实施活动和旅游活动所进行的监督管理等。旅游司法,是指我国司法机关对旅游法规的实施活动,包括旅游活动引起的民事诉讼、行政诉讼和刑事诉讼的调解处理与审判处罚等,中心内容是法院进行的审判活动。

在旅游执法中,绝大多数的旅游法规通常是由旅游行政管理机关付诸实施的,而绝大部分旅游活动中的纠纷与冲突也是旅游行政管理机关予以处理的。因此,旅游行政管理机关的行政执法应当是为切实保护当事人的合法权益而依法实施的行政行为,如此才能在促使旅游业的健康发展中发挥重要的推动作用。

六、典型案例及其评析

案例5 旅游环保协调发展,加强法制刻不容缓。

云南昆明夏无酷暑,冬无严寒,一年四季适合旅游,是我国著名的"春城"。昆明滇池则是我国著名的淡水湖之一,被誉为云贵高原上的一颗明珠。但在一个时期内,滇池污染非常严重,水质下降,难以吸引游人前往。1999年昆明世界园艺博览会举办之前，当地政府决心下大力气治理滇池，拿出 30 亿元人民币治理污染，以为能让滇池得以"脱胎换骨"。但当大把钞票被"投"进去后，滇池水质并未达到预期的净化程度。后经有关专家预测，治理滇池的静态投入至少需要 85 亿元人民币。

案例评析

1. 20 世纪 80 年代以来，旅游业在繁荣兴旺的背后潜伏着旅游资源的损毁危机。作为地理环境的重要部分，自然旅游资源衰败及其环境恶化，直接威胁到旅游业的生存和发展。在本案中，由于人们在一个时期内对自然旅游资源保护意识淡漠，致使滇池遭受污染十分严重。当地政府为让滇池水质还原，已经付出沉重代价，这种教训敲响了警钟，迫切要求加强环保法制建设，有效保障旅游资源的合理利用。

2. 为了加强旅游资源的保护工作，国家旅游局明确提出"保护环境、保护旅游资源"的指导方针。《中国旅游业发展十年规划和第八个五年计划》明确指出"旅游资源的开发利用，要做到开发和保护并举"，"旅游资源的开发利用，要努力做到经济效益、社会效益、环境效益三者的统一，不能有所偏废"。《中国旅游业发展十年规划和第九个五年计划》将"保护旅游资源，实现资源永续利用"专列一章。因此，除了中央和地方注重立法与严格执法保护旅游资源以外，旅游企业和游客均应树立保护旅游资源的法制观念，切实遵循国家保护旅游资源的有关法规，并在实际行动中严格贯彻落实。

案例 6 游客尊严境外被侵，遵循条约维护权利。

2005 年 7 月 25 日，我国出境的 15 个旅游团 344 人，入住马来西亚吉隆坡云顶第一世界酒店。26 日早餐时，我国游客发现房卡被人画上很不雅观的辱华涂鸦，便强烈要求酒店高层出面解释、赔礼道歉，同时前往酒店大堂静坐示威。对此，酒店保安引出狼狗维持秩序。于是，几名愤怒的游客冲上前去，与酒店保安发生激烈的肢体冲突。结果，一名游客被酒店保安反铐双手非法控制，直至 25 分钟后才释放。事件发生后，中国驻马来西亚大使馆的一名职员、旅游团领队和三名游客代表，于当日上午 10 点与酒店方世界名胜有限公司进行交涉。我方要求酒店高层公开道歉、赔偿损失，并且要求当地媒体客观报道事件真相。经过双方协商谈判，酒店同意赔礼道歉，赔偿游客每人 80 马币（约合人民币 160 元），3 名肇事的酒店员工则暂时停职，且被送到当地警察局。

案例评析

1.《世界人权宣言》第一条规定，人人生而自由，在尊严和权利上一律平等。这个宣言是一份旨在维护人类基本权利的国际公约。依照这份国际公约的有关内容，无论前往哪个国家或地区旅游，游客均有人格尊严不受侵犯的基本权利。据此，我国游客的人格尊严在境外受到非法侵害时，有权提出赔礼道歉和赔偿损失的正当要求。

2. 游客离开本国前往境外旅游，在入境、出境、过境及游览期间的权利义务，通常由旅游目的地国家依据相关国际条约在其国内法中予以规定。因此，旅游目的地国家理应保护外国游客的人身安全及其合法权益。如果遇到类似事件，应当注意通过我国外事机构、领队和组团社积极履行相应职责，维护国人的人格尊严，切实保护自身权益，努力促使有关问题及时得到合理解决。

案例7 游客逗狗遭其咬伤，法院审判不得随意。

1998年6月，周某参加四川省某国际旅行社组织的九寨沟旅游。14日下午7时许，旅游团乘车至松潘县某地段时，游客提出如厕要求。导游即与司机商量，将车停在一个有厕所的商店门口，告知游客厕所位置，并且引导游客进入厕所。当时，周某没有直接入厕，而是经过厕所门口向大约15米远处的树下走去，逗引树下绳拴的狗，不料狗挣脱绳索将周某咬伤。事故发生后，导游对周某的伤口进行紧急处理。到九寨沟的宾馆以后，导游便将周某送往医院治疗。由于当地没有狂犬疫苗，导游向其所属成都市某旅行社发出求助，要求接站、安排医院与准备疫苗。

16日，导游将周某送上卧铺客车返回成都。随后，旅行社为周某注射狂犬疫苗，还按周某的要求安排单人病房。住院期间，旅行社全额支付周某的医疗费和住宿费6000元。其后，周某认为旅行社的治疗处理远不足以弥补其经济损失及精神损失，向旅游局质监所提出投诉。该所对此进行调解，最后决定旅行社在支付周某成都治疗期间6000元费用的基础上，另行赔偿6500元。对此，旅行社不服该所的行政决定，向人民法院提起诉讼。

案例评析

1. 根据过错责任原则，法院认定：原告周某在旅游途中被狗咬伤，提出旅行社承担责任与赔偿损失的投诉要求，缺乏事实与法律依据，法院决定不予支持。其理由是：（1）事故后果是受害者的个人过错所造成的。在旅游中，导游应允游客上厕所的合理要求，中途停车并无不当。（2）导游在停车后不仅告知厕所的具体位置，还将游客引导至厕所，已经履行应尽义务。（3）周某下车以后，并未按照导游告知的具体位置和引导路线去上厕所，而是向离厕所15米处的树下走去并故意逗引狗，从而导致被狗咬伤的意外后果。（4）意外后果系受害人的过错所致，旅行社提供的旅游服务并无过错。

2. 在本案中，周某被狗咬伤，纯属意外人身事故。虽然旅行社没有过错，不应承担赔偿责任，但是旅行社有救助义务，并应协助有关部门调查取证，还可依据周某投保的旅游意外保险协议，向保险公司索赔保险金。

3.《民法通则》第一百二十七条规定，饲养的动物造成他人损害的，动物饲养人或管理人应当承担民事责任。在本案中，狗的主人栓狗不牢，使狗挣脱绳索咬伤周某造成伤害，没有尽到管理义务。对此，周某可以直接要求狗的主人承担一定的赔偿责任。

案例 8 恐龙化石焚烧成砖，依法承担渎职责任。

2001 年 10 月，3 位著名考古专家前往位于贵州省平坝县的恐龙化石保护区，准备进行第二次发掘。两年前，考古人员曾在这里发掘出十多个恐龙整体化石，这种规模在全国并不多见。然而，当 3 位专家来到当年的发掘现场时，却惊愕地发现：在 3600 平方米的恐龙化石保护区内，当地居民已采挖出一个深达 5 米到 10 米、面积达上千平方米的大坑，坑内留下重型车辆纵横交错的车轮痕迹。专家立即将该情况反映给主管部门。据调查，由于当地政府管理部门的工作疏忽和砖瓦厂主的利欲熏心，沉睡地下 1.8 亿年的"巨无霸"被现代化的施工机械挖掘出来，并被烧制成每块仅值几毛钱的砖头。这次破坏致使贵州迄今为止发现的最大恐龙化石保护区荡然无存，是恐龙化石考古有史以来最为严重的损毁事件。

案例评析

1.《文物保护法》第二条规定，具有科学价值的古脊椎动物化石和古人类化石同文物一样受国家保护。第九条规定，各级人民政府应当重视文物保护，正确处理经济建设、社会发展与文物保护的关系，确保文物安全。基本建设、旅游开发必须遵守文物保护法规，其活动不得对文物造成损害。公安机关、工商行政管理部门、海关、城乡建设规划部门和其他有关国家机关，应当依法认真履行所承担的保护文物的职责，维护文物管理秩序。在本案中，当地政府管理部门对于珍贵的恐龙化石保护区肩负着十分重要的法律责任。这次恐龙化石保护区的损毁事件清楚表明：当地政府管理部门没有履行国家法律明确规定的重要责任，以致造成恐龙化石考古有史以来最为严重的损毁事件。

2.《文物保护法》第七十八条规定，公安机关、工商行政管理部门、海关、城乡建设规划部门和其他国家机关，违反本法规定滥用职权、玩忽职守、徇私舞弊，造成国家保护的珍贵文物损毁或流失的，对负有责任的主管人员和其他直接责任人员依法给予行政处分；构成犯罪的，依法追究刑事责任。在本案中，对于当地玩忽职守、造成珍贵恐龙化石保护区彻底损毁的相关人员，应当依法严肃处理。

第三节　旅游法律关系构成

一、旅游法律关系及其特征

旅游法律关系是指旅游法规调整规范旅游活动当事人行为过程中所形成的权利义务关系。例如，旅行社与旅游者之间依照《合同法》签订协议，便会形成双方各自享有权利和承担义务的相互关系。

旅游法律关系属于人类社会多种多样的关系之一。作为一种社会关系，旅游法律关系具有不同于其他社会关系的明显特征：

1. 旅游法律关系是以旅游法规作为存在前提的。没有旅游法规存在，当事人之间不能形成旅游法律关系。

2. 旅游法律关系是基于旅游法律事实而形成的。旅游法律关系的形成不仅须有旅游法规，而且须有法律事实。

3. 旅游法律关系具有特殊性。当事人只有在旅游活动中才能构成旅游法律关系。其中，当事人不论依照还是违反法规办事，都会形成权利义务的相互关系。例如，旅游者与旅行社依法签订旅游合同以后，不论一方履行合同还是违约造成侵害，双方都已构成旅游法律关系。

4. 旅游法律关系具有强制性。由于旅游法规体现国家意志，所以国家必须通过强制力制裁违法行为，保证旅游法律关系主体享受合法权利与履行义务。

5. 旅游法律关系具有意志性。这种意志性表现为产生旅游法律关系必须通过当事人的意思表示才能建立。旅游合同就是依照旅游者准备参加旅游活动与旅行社愿意服务的意思表示而建立起来的法律关系。有的旅游法律关系虽然在形成时当事人没有意思表示，但在最终确立法律关系时仍然需要当事人有意思表示。例如，旅游者在住店期间吸烟不慎烧毁卧具，尽管双方当事人没有作出意思表示，但已形成法律关系。若旅游者或饭店希望予以赔偿，须有明确的意思表示，否则难以形成各自的权利义务关系。

二、旅游法律关系构成

旅游法律关系与其他法律关系一样，由主体、客体、内容三个要素构成。这三个要素相互联系、缺一不可，否则不能构成旅游法律关系。

1. 旅游法律关系主体

旅游法律关系主体,是指在旅游法律关系中享有权利与履行义务的人或组织,涉及中外的旅游者、旅游企业、旅游组织、旅游行政管理部门。

2. 旅游法律关系客体

旅游法律关系客体,是指旅游法律关系主体的权利义务共同指向的具体目标。没有旅游法律关系客体,旅游法律关系主体的权利义务就会失去对象,无法衡量权利义务是否实现。

旅游法律关系客体包括四种:(1)物,是指在旅游法律关系中具有一定的经济价值,可以通过付款取得或依法享用的客观实体。例如,旅游者支付款项后,可以取得旅游商品的所有权或旅游饭店基础设施的使用权,以及对于旅游景点的参观权等。(2)行为,是指旅游法律关系主体享有权利、履行义务的人为活动。例如,旅游者在游览活动中的各种行为,旅游企业利用旅游资源或基础设施为旅游者提供诸如导游、翻译、组织游览、代订客房等服务活动,乃至旅游行政管理部门的管理活动等。(3)智力成果,是指旅游法律关系主体通过智力活动创造的劳动成果。例如,旅游企业的注册商标、法人名称、特有标志、管理方案等。(4)货币,是指涉及旅游活动价值体现的支付手段。例如,旅游企业的贷款还款、上缴税收或向职工发放工资或奖金的支付手段等。

旅游法律关系客体具有交互性的多重特点,常被称为复合客体,表现为旅游法律关系主体之间的权利义务所指向的共同对象并不单一。例如,旅游者与旅行社订立旅游合同,除了希望得到旅游服务以外,还要通过旅游设施与旅游资源满足自身的其他需求。

3. 旅游法律关系内容

旅游法律关系内容,是指旅游法律关系主体依法享有的相应权利及其承担的应尽义务。通常旅游法律关系主体依法享有某种权能与相应利益。例如,旅行社有权要求旅游者按照合同支付旅游服务费用,从中实现劳动所得的相应利益。同时,旅游法律关系主体还须依法承担义务,即依法做出某种行为或不做出某种行为。例如,旅行社在旅游者支付费用后,必须按照约定组织游客观光,提供必要的旅游服务,不得擅自改变旅游路线、增加费用或减少旅游活动项目。

三、旅游法律关系主体的法定权利

1. 法定权利的一般表现

旅游法律关系主体的法定权利,是指旅游法律关系主体依法享有的某种权能或相应利益,一般表现为:(1)国家公民或法人组织依法享有的各项权利。例如,旅行社依法有权与旅游饭店建立合作经营关系。(2)在法律规定或合同约定的范围内，有权按照自己意愿做出或不做出一定行为。例如，旅行社有权按照自己意愿通过协议，要求旅游者在游览中服从导游的具体安排。(3) 在法律规定或合同约定的范围内，有权要求义务主体做出或抑制一定行为。例如，旅游者有权要求旅行社按照双方合同规定的时间、地点、方式、路线开展活动。(4) 在自身权利受到侵害、合法权益无法实现时，有权请求国家保护。例如，旅游企业在受到旅游行政管理人员的非法侵害，不能正常开展经营时，有权请求国家保护。

2. 法定权利的一般内容

依据享有的不同权利，旅游法律关系主体可以分为旅游者、旅游企业、旅游行政管理部门等；依据权利的不同内容，则可分为人身权、财产权、经营权、知识产权与诉讼权等。

人身权是国家公民或法人组织的人身关系在法律上的体现和反映，具体包括人格权和身份权两个大类。其中，人格权包括生命权、身体权、健康权、姓名权、名称权、名誉权、肖像权等；身份权包括亲权、配偶权、亲属权、监护权等。

财产权是指以财产利益为基本内容，直接体现国家公民或法人组织财产利益的民事权利，具体包括物权、债权、继承权及知识产权等财产权利。

经营权是国家公民或法人组织对其经营财产的占有、使用与收益等经营权利，具体包括生产经营决策权、产品销售权、联营兼并权、人事管理权等。

知识产权是国家公民或法人组织的创造性智力成果与工商业标记依法产生的权利统称，具体包括商标权、专利权、商号权、商业秘密权等。

诉权是国家公民或法人组织在其权利受到侵犯或法律关系出现纠纷时，所具有的诉讼权能。

四、享有权利的基本原则

在依法享有自身权利的过程中，旅游法律关系主体应当注意遵循以下几项基本原则：

1. 遵守国家宪法和法律的原则

这项原则要求旅游法律关系主体在国家宪法和法律范围内享有权利，不得违反国家宪法和各项法律；否则，不仅无法得到国家保护，而且还要承担相应的法律责任。

2. 不得损害国家利益、集体利益或其他公民合法权益的原则

旅游法律关系主体在享有权利时，尊重国家、集体或其他公民的合法权益。凡以损害国家、集体或其他公民的合法权益作为前提满足私欲的各种行为，都会受到法律追究。

3. 尊重各项社会公德的原则

这项原则要求旅游法律关系主体在享有权利时，能够体现文明礼貌、遵守秩序、助人为乐、爱护公物、保护环境的社会公德，还要能够遵循高尚、优良的道德准则，文化观念和思想传统，合理享有自身权利。

4. 坚持权利义务相统一的原则

旅游法律关系主体一方面享有某种权利，另一方面必须承担相应义务。坚持权利义务相一致的原则，正确享有合法权利与履行义务，既不可以滥用权利，也不可以随意放弃应尽义务。

五、旅游法律关系产生、变更与终止

1. 法律事实

法律事实是指法律规范所确认的能够引起民事权利义务产生、变更或终止的真实情况。法律事实分为两种：一是事件，是指与当事人的意志无关，并能引起法律关系产生、变更或终止的客观现象，如地震、海啸、山洪、暴雪等；二是行为，是指当事人有意识的、能够产生法律后果的人为活动等。

法律事实是旅游法律关系的必要条件。在旅游活动中，旅游法律关系产生、变更或终止必须出于客观现象或人为活动才能建立或发生变化，因而这些客观现象或人为活动构成旅游法律事实。例如，旅游团队在办理酒店入住手续后，双方才能产生旅游法律关系。又如，游客完成旅游活动需要延期留住酒店之时，必须与酒店变更旅游法律关系。再如，游客遭受伤害而无法继续游览之时，必将终止旅游法律关系。

2. 旅游法律关系产生、变更与终止

旅游法律关系产生是指因某种法律事实存在，致使旅游法律关系主体之间形成权利义务关系。例如，旅行社与旅游者的签约行为，使旅行社与旅游者之间形成法律关系。

旅游法律关系变更，指以某种法律事实存在，使已形成旅游法律关系的主体、客体或权利义务发生改变。例如，导游带团游览之中遇到洪水，继续旅游面临危险，这就需要变更约定的游览合同。旅游法律关系变更通常受到严格限制，一般不得随意改变，否则必须承担相应的法律责任。

旅游法律关系终止，指以某种法律事实存在，造成旅游法律关系主体双方的权利义务归于消亡。例如，旅行社与旅游者按照双方约定履行全部义务以后，旅游合同法律关系即行消亡。

六、典型案例及其评析

案例 9 游客滑雪造成重伤，根据事实裁定责任。

2004 年元旦，王某与田园国际旅行社签订旅游服务合同，约定参加该社组团赴八达岭的滑雪活动。1 月 2 日上午 10 点，王某在八达岭滑雪场由上向下滑行时，与滑道左侧缆车立柱发生猛烈碰撞，且被裸露在雪面上的钢板划成重伤，随即送入北京积水潭医院进行治疗。

出院以后，王某认为，双方签订的旅游合同依法有效，旅行社应当保障自己旅游期间的人身、财产安全，要求该社支付住院费、误工费及护理费共 3.4 万余元。旅行社称，导游曾经明确告知初学者的王某应在初级雪道滑行，但王某不顾劝阻，自作主张到中级雪道上滑行，产生后果应由王某自行负责。王某与该社协商未果，遂将该社诉至法院，要求赔偿。

案例评析

1. 在本案中，双方之间属于合同法律关系。旅游法律关系主体是王某与田园国际旅行社，旅游法律关系客体是旅游行为，即双方之间的权利义务共同指向的滑雪活动。为此，不论是一方履行合同还是违约自行其是，双方均已构成旅游法律关系。

2. 在本案中，王某与田园国际旅行社的旅游法律关系内容是双方约定的权利义务。王某的权利是享受该社提供的旅游服务，包括旅游的行程安排、用餐、交通、住宿、游玩等；王某的义务是按照约定交纳费用，依法服从该社合理、合法的活动安排等。该社的权利是收取王某的旅游费用等；该社的义务是向王某提供合理、合法的行程安排与保证王某的旅游安全等。在发生人身意外事故后，王某提出的赔偿要求能否实现，最终取决于受理法院以事实为根据，确认导游是否尽到义务，以及王某是否不顾劝阻、自作主张到中级雪道上滑行，然后依法作出裁定。

案例 10 游览途中遭遇车祸，诉诸法律保护权利。

2002 年 5 月 1 日，刘某及单位同事等 16 人依照与郑州某旅行社所签订的旅游合同，开始进行栾川 4 日游。5 月 4 日下午 2 点左右，旅游团在返回途中由东向西行至某地时，因为司机操作不当，使车翻入 6 米深的路旁沟下，造成刘某及车上乘客不同程度地受到伤害。经医院诊查：刘某为右侧肩胛骨骨折，属于十级伤残。双方因为赔偿事宜无法达成一致，最后诉至法院。

法院经过审理认为，依据双方所签订的旅游合同，刘某作为游客参加该社的组团旅游，该社对游客负有提供服务及保证安全的法定义务。鉴于刘某在旅游途中因发生交通事故受到侵害的事实清楚、证据充分，法院对其诉讼的合理请求予以支持，判定该社承担全部赔偿责任。

案例评析

1. 根据权利义务相统一的原则，旅游法律关系主体在享有权利的同时，必须承担相应义务。在本案中，郑州某旅行社与刘某之间的权利义务在旅游合同中记载明确。经过调查，刘某等人已经履行合同约定的各项义务，因而该社除应承担为刘某等人提供服务的约定义务，还应履行保护刘某等人人身与财产安全的法定义务。

2. 人身权是以人身利益为主要内容，且与权利主体不可分离的法定权利。在本案中，旅途翻车造成刘某及车上乘客不同程度受到侵害，致使刘某等人的合法权益与人身权利受到侵害。因此，刘某等人在合同约定没有实现及人身权、财产权受到侵害的情况下，有权要求该社赔偿，并可以向人民法院提起诉讼。

3. 在刘某等人的人身伤害中，郑州某旅行社一方面违反旅游合同，另一方面严重侵害刘某等人的人身权，应当承担违约责任与侵权责任。同时，由于侵害刘某等人的人身权是该社的过错造成的，应承担过错责任。此外，造成刘某等人受伤并不涉及第三方，受害人也无过错行为，所以该社须对这种单独行为承担全部责任。

案例11 人身权利不可忽视，发生意外须究过错。

2003年8月，章某参加A国际旅行社组织的港澳7日游。8月21晚，在全部旅游活动结束后，章某与其他游客外出观赏香港夜景。由于不熟悉当地道路情况，章某闯红灯横穿马路时，被香港某公交公司的一辆巴士撞倒在地，重创头部昏迷不醒，且被送至附近医院，经过紧急抢救方才脱离生命危险。此后，章某在港接受一个月的康复治疗。由于各项费用过高，章某返回内地继续医治。

10月中旬，章某向省旅游质监所投诉A国际旅行社，并且提交相关证据，要求该社承担自己遭遇车祸的赔偿责任。A国际旅行社据理辩解：（1）车祸发生在游客自行活动期间，不在安排的游程之中；（2）当事人不遵守交通规则，自身过错造成车祸；（3）旅行社在车祸发生后，全力协助救治，为其办理住院手续，安排专人陪护，通知家属赴港探望，承担其间所有的办证、食、宿、交通等费用，共计2万余元，已经履行人道主义的应尽义务；（4）在行程中已对所有游客作过注意安全的必要提醒。该社表示对章某的意外遭遇深表同情，愿意给予一些援助，但不能为此承担赔偿责任。

案例评析

1. 在旅游活动中，游客的人身、财产损害大体分为两种情形：一是参加合同约定的旅游项目发生损害；二是游客个人活动或参加自费项目期间发生损害。前者通常包括游客参加约定项目活动，诸如乘坐交通工具、入住酒店、安排膳食、参观景点等过程中的意外人身、财产损害。对此，旅行社必须承担保护义务。如果未尽保护义务，致使游客人身、财产遭受损害，旅行社应承担责任。后者不在合同约定的旅游项目之中，属于游客个人或自费项目中的各种行为造成的人身、财产损害。对于游客自己过错造成损害而由旅行社承担责任，应当说是不公平的。在本案中，章某自行外出不是旅游合同的约定部分，遭遇交通事故不能归责旅行社。此外，章某具有完全民事行为能力，应能预见闯红灯横穿马路会导致被车辆撞伤的损害后果，却不遵守交通规则横穿马路，本身存在明显过错，因而应对后果自行承担责任，而不应由旅行社为其在旅游活动之外发生的车祸承担责任。

2.《领队人员管理办法》、《导游人员管理条例》与《旅行社条例》均对旅行社及其领队人员与地接社导游人员切实保障游客人身、财物安全及向游客作出真实说明和明确警示，采取防止危害发生的必要措施作出规定。这就表明：旅行社对可能危及游客安全的各种事项必须承担告知义务。在全部旅游活动结束后，这种义务应当属于旅游合同的附随义务，需要组团社及其领队人员继续作出特别提示，以使游客安全得到保障。此外，A国际旅行社在车祸发生后积极协助救治，为章某办理住院手续，安排专人陪护，通知家属赴港探望，承担其间所有的办证、食、宿、交通等费用共计2万余元，同样也是应尽到的责任与义务。

案例12 打猎损害国家利益，遭到处罚投诉无效。

家住北京的李小奇平日喜欢玩枪射击，结交了一帮打猎的朋友，他们经常在公园等地打气枪玩。一天，他们突发打猎奇想，到旅行社询问打野味的旅游线路，要求该社提供方便。他们还说，现在打猎管得太严，旅行社的路子较广，最好能找一个野味较多、没有人管的自然保护区，愿付高价集体出游打猎。该社认为有利可图，便答应下来，收取每人旅游费用7000元，随即签订旅游合同。不久，该社便以开展生态旅游为名将李小奇等人组团送至某个自然保护区。李小奇等人背上猎枪进入该区。随着阵阵枪声，他们打猎斩获颇丰，得意忘形。不料，却被当地公安机关一举抓获，不仅所持猎枪依法收缴，每人还被行政拘留15天。回北京后，李小奇等人到旅游行政管理部门进行投诉，要求该社返还团费并赔偿损失。

案例评析

1.《合同法》第五十二条规定，违法损害国家利益的合同无效。在本案中，李小奇等人明知出猎自然保护区属于损害国家利益的违法行为，却抱着侥幸心理，通过支付高额费用给该社以组团开展生态旅游的合法形式掩盖非法打猎目的，因而双方签订的合同无效。本案损害国家利益的事实清楚，李小奇等人到旅游行政管理部门提出该社返还团费并赔偿损失的投诉要求理当属于无效行为。

2.《合同法》第五十九条规定，当事人恶意串通，损害国家、集体或第三人利益的，因此取得的财产收归国家所有或返还集体、第三人。在本案中，公安机关不仅要对李小奇等人予以处罚，而且该社必须依法承担连带责任，非法所得全部收归国家所有。

第四节 旅游法律行为类型及法律保护

一、旅游法律行为类型

1. 合法行为

合法行为，是指符合法律要求、具有法律效力的行为内容及其方式。合法行为能够得到国家法律的确认和保护，并能产生预期的法律后果。

在旅游活动中，合法行为的共同特征主要包括：(1) 旅游活动的行为人具有符合法律要求的行为能力。例如，旅游者的精神状态、智力发育与行为表现只有符合法规要求，才能进行旅游活动。(2) 旅游活动的行为人不得损害社会公共利益。(3) 旅游活动的行为人意思表示真实无误。例如，旅游者的意思表示真正符合自身意志，才能产生法律效力。(4) 旅游活动的行为人必须符合法定形式。

2. 违法行为

违法行为，是指当事人做出法律所禁止的或不做法律要求作为的人为活动。违法行为的构成要件主要包括：(1) 具有法定责任能力的人或依法设立的企业法人；(2) 违反国家的法规制度；(3) 在不同程度上侵犯法律所保护的社会关系或正常秩序；(4) 具有主观方面过错；(5) 违法行为与危害结果有因果关系等。

3. 无效行为

无效行为，是指不具备或不完全具备合法行为有效条件的人为活动。在旅游活动中，无效行为的产生条件是：(1) 旅游活动的行为人无行为能力；(2) 欺诈、胁迫或乘人之危；(3) 恶意串通损害他人利益；(4) 违反法律或社会公共利益；(5) 以合法形式掩盖非法目的等。无效行为不能得到国家法律的确认和保护，不能产生行为人所预期的法律后果。违法行为是无效行为，没有任何法律效力。旅游企业若为旅游者提供色情、赌博或吸毒等违法服务，这种行为属于无效行为。就此而言，旅游企业不仅不能实现盈利目的，还要承担法律责任。

4. 可变更或可撤销行为

可变更或可撤销行为，是指当事人依法请求人民法院或仲裁机关予以变更或撤销的无效行为。在旅游活动中，可变更或可撤销行为的确认在于旅游活动的当事人对行为内容有重大误解或显失公平。旅游行为被确认为无效或被撤销以后，为了保护旅游者的合法权益，通常采取返还相关旅游价款，赔偿相应经济损失，没收违法者的非法所得为国家、集体所有等处理方法。

5. 附条件或附期限的法律行为

附条件的法律行为，是指当事人在法律关系中规定条件，并以条件成就与否为标准确定当事人权利义务是否具有法律效力的人为活动。对附条件或附期限的法律行为，当事人不得为了自身利益恶意促成或消极阻碍所附条件或所附期限的约定成就。

在旅游业务中，附条件的法律行为同样存在。例如，甲单位与旅游汽车公司约定：周日天晴，便租用该公司车辆外出旅游。"周日天晴"便是条件。这种条件是一种特定的法律事实，既可以是自然现象，也可以是人的行为。有时，当事人会将期限到来作为产生或终止法律关系的前提条件，形成附期限的法律行为。例如，某旅行社与饭店签订客房预订合同，约定某年某月某日入住，某年某月某日离开。因此，一旦约定时间到来，合同依约或是生效或是终止。旅游中附条件或附期限的法律行为如果成立，就会对旅游法律关系主体产生约束力。

二、旅游活动中的代理行为

1. 代理行为及其特征

代理是指代理人在代理权限内以被代理人的名义对第三人付诸实施的法律行为。其中，代理人是代替他人实施法律行为的人；被代理人是由他人代替自己实施法律行为的人；第三人是代理人对其实施法律行为的人。

代理特征主要包括：（1）代理人以被代理人名义活动；（2）代理人在代理权限范围内实施代理行为；（3）代理主要实施民事法律行为；（4）被代理人对代理人的行为承担民事责任。

在旅游活动中，代理运用非常普遍，诸如代订客房、代订票据、代换货币、代办保险等。通常导游作为旅行社的代理人，司机作为旅游汽车公司的代理人，旅行社与旅游汽车公司的工作任务通过他们的代理才能得以完成。

2. 代理种类

依照代理关系发生的根据不同，代理分为委托代理、法定代理和指定代理，这三类代理关系都存在于旅游活动之中。

委托代理是指代理人根据被代理人的委托授权而产生的法律行为。委托代理在旅游活动中最为常见，如旅行社根据旅游者的委托授权为其租车、购物等。在委托代理中，代理人所享有的代理权是被代理人所授予的，这种代理可以是书面形式，也可是口头形式。根据代理权的不同内容，委托代理可以是授权一次性的委托代理，也可以是特别授权的委托代理或总委托代理。法定代理，是指代理人依法实施的法律行为。例如，旅游饭店的工会代理会员签订劳动合同，参加劳动争议诉讼。指定代理，是指代理人根据法院或主管单位专门指定而付诸实施的法律行为。例如，旅游企业的验资机构是旅游行政管理部门指定作为代理人的会计师事务所、审计师事务所或律师事务所。

3. 代理权的正确行使

代理人正确行使代理权，代替被代理人行使权利与承担义务，应当注意以下事项：(1) 亲自进行代理活动，不得擅自委托他人；(2) 在维护被代理人利益的前提下行使代理权，不得损害被代理人的正当利益；(3) 在代理权限内行使代理权，不得滥用代理权，抑或实施无权代理；(4) 不得接受正当报酬以外的其他利益。

4. 代理终止

委托代理的终止通常出于下列情形之一：(1) 代理期满或完成代理；(2) 被代理人取消委托或代理人辞去委托；(3) 代理人丧失行为能力或是死亡；(4) 作为被代理人或代理人的法人终止。

法定代理或指定代理的终止通常出于下列情形之一：(1) 被代理人取得或恢复民事行为能力；(2) 被代理人或代理人死亡；(3) 代理人丧失民事行为能力；(4) 指定代理的法院或指定单位取消指定；(5) 其他原因引起被代理人与代理人之间监护关系消灭。

三、旅游法律关系保护

旅游法律关系保护，是指国家为了避免旅游法律关系主体的合法权益受到非法侵害时，采用多种保护方法，努力防止或减少侵害或使所受侵害得到补偿的合法活动。国家不仅采用各种方法实施保护，而且允许旅游法律关系主体可以采用适当方法自我保护。

1. 国家保护

国家保护，是指旅游法律关系主体受到侵害时，国家机关通过各种方法进行的保护活动。我国旅游法律关系主要通过以下途径进行保护：(1) 完善旅游法制建设，健全旅游法规体系，"依法治旅"，推动旅游法律关系主体的合法权利得到保障。(2) 广泛宣传旅游法规，促使旅游法律关系主体能够充分了解自身的权利义务，提高旅游法律意识。(3) 监督旅游法律关系主体正确行使法定权利、切实履行法定义务。(4) 依法追究侵害者或不履行应尽义务者的法律责任，采用相应的民事制裁、行政制裁、刑事制裁或综合制裁等法律手段进行惩治。

2. 法律责任

法律责任，是指违反法定义务或合同义务，以及行使法律权利不当的行为人所承担的不利后果。法律责任一般包括民事责任、刑事责任、行政责任与国家赔偿损失责任等。在旅游活动的侵权和违约中，造成损害的当事人通常承担民事责任。依照违法行为特点，行为人承担法律责任涉及下列要件：（1）有犯罪行为或违法行为；（2）有主观故意或过失行为；（3）违法行为造成人身、财产或精神的损害事实；（4）违法行为与危害后果有因果关系。

当事人对发生的过错行为，承担责任的适用原则主要包括：（1）谁的过错谁负责任；（2）双方造成过错按照程度大小，各自承担相应责任；（3）第三人的过错行为由第三人承担责任；（4）两人以上共同产生的过错行为则要承担连带责任。

3. 免责事由

除了法律作出特别规定以外，行为人的主观故意或过失行为应是承担法律责任的基本条件。但是，当事人如能证明自己没有过错，可以免除承担责任。免责事由的外来原因主要包括：（1）不可抗力；（2）受害人的自身过错；（3）第三人的主观故意或过失行为；（4）意外事故。

4. 不可抗力

不可抗力，是指不能预见、不能避免、不能克服的客观情况。不可抗力通常分为自然现象和社会现象。自然现象包括地震、洪水、海啸与恶疾突发等，社会现象包括社会动乱、军事政变、恐怖活动、政府行为等。不可抗力的构成要件是：（1）任何一方在订立合同时不能预见的客观情况；（2）任何一方不可避免、不能克服的客观情况；（3）订立合同以后发生的客观情况；（4）任何一方没有过失的客观情况。因此，明确界定不可抗力与承担责任紧密相关。《民法通则》明确规定，因不可抗力不能履行合同或造成他人损害的，不承担民事责任，法律另有规定除外。但是，遭遇不可抗力一方当事人不能履行合同时，应有义务及时通知，并在合理期限内提供证明。当事人延迟履行合同以后发生不可抗力的，不能免除法律责任。

5. 自卫行为与自助行为

自卫行为，是指自身权利受到侵害或是受到潜在侵害的危险之时，当事人可以采取必要措施，防止现实损害发生或扩大的保护行为。自卫行为具体涉及两种形式：（1）正当防卫。正当防卫是指为使国家、公共利益、本人或他人的人身、财产或其他权利免受正在进行的不法侵害，当事人可以采取的防卫行为。当事人出于正当防卫造成损害，可不承担民事责任，但若超过必要限度，造成不应有的损害结果，则要适当承担相应的民事责任。（2）紧急避险。紧急避险是指为使国家、公共利益、本人或他人的人身、财产或其他权利免受正在发生的现实危险，当事人不得已紧急采取的损害行为。当事人出于紧急避险造成损害，可不承担民事责任，但若采取措施不当，造成不应有的损害结果，则要适当承担相应的民事责任。

自助行为，是指受到不法侵害之后，当事人为了保全或恢复自己的正当权利，在情势紧迫而不能及时请求国家机关救助的情况下，可以依靠自身力量采取适当的措施对他人财产或自由施加国家法律或社会公德所认可的强制行为。但是，采取自助行为以后，当事人应及时请求国家机关予以处理。

四、典型案例及其评析

案例 13 旅游合同附加条件，游客签约须看清楚。

2006年10月，张先生一家与某旅行社签订合同，计划前往北京度假。双方约定，签订合同15天后出行。但是，组团必须10人以上方能成行。如果约定人数不够，旅行社将于约定出发之前5日通知游客解除合同并退团费。签约不久，张夫人就向单位请了年休假。在准备出游之时，张先生一家得到该社由于组团人数不够决定取消这次旅游与全额退款的电话通知。对此，张先生与该社进行交涉，要求承担违约责任。该社声称，这次只有5名游客准备参加旅游，没有达到预订人数，具备解除合同关系的必要条件。此项内容已在合同之中载明，因而该社有解除权，况且自己已在出团之前7天告知，还将全额退还团款，所以不能承担责任。张先生虽然难以接受这种解释，但又不知诉诸法院是否合法。

案例评析

1.《合同法》第九十三条规定，当事人可以约定一方解除合同的条件。解除合同的条件成立时，解除权人可以解除合同。《合同法》第九十六条规定，当事人一方依法解除合同，应当通知对方。合同自通知到达对方时解除。对方有异议的，可以请求人民法院或仲裁机构确认解除合同的效力。在本案中，旅行社依法行使其解除权，完全依照合同约定，具有书面的法律依据，所以法院肯定支持。

2.《民法通则》第六十二条规定，民事法律行为可附条件，附条件的民事法律行为在符合所附条件时生效。旅游合同也不例外，在与游客协商一致的前提下，该社可对旅游合同的生效或解除附加条件。旅游合同只要具备附加条件，就可生效或者解除。在本案中，由于张先生所签合同有此条款，致使合同具有约定的解除条件。具体地说，张先生一家实现旅游计划，依赖于该社组团人数是否达到10人以上。组团人数达到该社的条件要求，合同生效，张先生一家可以随团旅游；否则，该社可以行使解除权，单方解除旅游合同，且不承担违约责任。因此，该社凭借约定解除与张先生的合同有效，并无不妥。

案例 14 代理提款不慎丢失，双方公平承担责任。

2002年8月，福建某旅行社陈经理委托厦门市某旅游运输公司林司机为其运送一批工艺品到漳州某店。出发之前，陈经理以没时间亲自前往为由，委托林司机将14800元的货款提回，言明此举纯属帮忙，并无报酬。林司机考虑到本公司与该社的长期合作予以答应。当天中午，漳州商店老板见货以后，便将货款交给林司机。林司机随即放入驾驶室内，不料返回之时发现这笔货款已经丢失。回厦门后，林司机与陈经理就货款丢失问题进行协商，双方未能达成协议。

为此，陈经理遂以旅游运输公司及林司机作为被告，诉至法院，请求法院判令被告返还全部货款。在法庭上，林司机称，自己因受原告之托，提取货款不慎丢失，但为原告提取货款纯属义务，是善意行为，法院应当减轻责任，并且表示愿意返还部分货款。旅游运输公司认为本案与己无关，而不同意给予赔偿。

案例评析

1. 依据我国《合同法》的基本原则与相关规定，陈经理与林司机在口头协议中都是独立、平等的当事人。双方达成口头协议完全取决于个人的自由意志。因此，陈经理与林司机之间达成的口头协议是合法的，对于双方具有法律约束力，且意味着陈经理与林司机已经确立委托代理关系，这种关系应是确定林司机责任的法律依据。

2. 《民法通则》第六十六条规定，代理人不履行职责而给被代理人造成损害的，应当承担民事责任。但是，法院根据公平原则考虑到林司机无偿帮助的善意行为在道义上值得褒扬，适当支持林司机的合法辩称，对于这种无偿服务而发生的过失损害，判定减轻赔偿责任。

案例 15 恶意串通阴损朋友，合同无效、法律无情。

陈某和导游邓某二人是好友，共同租房一起生活。不久，陈某决定闯荡深圳，临行前将自己的一辆"面的"交由邓某保管使用。半年之后，陈某经商非常成功，迅速暴富，购得一辆宝马轿车，想到"面的"已经无用，遂想转卖，于是致电授权委托邓某卖车。邓某得到授权以后，想到其弟正在打工，且不顺心，便有意让其弟买下此车去跑出租。然而，其弟经过多方筹措仅仅凑到 6000 多元。随后，邓某为让其弟贱买此车，致电陈某说"面的"的发动机有问题，只能卖到 6000 元。陈某接到来电以后，深知汽车发动机的重要性，同意按照此价售出。邓某便以陈某名义与其弟签订卖车合同，并办理了过户登记。一个月后，邓某带着旅游团队到深圳时，受到陈某盛情款待。邓某酒后吐露真言，悉数道出卖车详情，陈某对此十分愤慨，要求邓某之弟返还"面的"。可是，邓某之弟执意不肯，双方争议诉至法院。

案例评析

1. 《合同法》第五十二条规定，恶意串通，损害国家、集体或第三人利益的合同无效。在本案中，陈某致电委托邓某代理转卖"面的"，是一种明示的授权行为，邓某获得代理权后，本应维护陈某的正当利益，但却恶意串通其弟，损害陈某利益，所以邓某与其弟的买卖合同是无效的。

2.《合同法》第五十九条规定,当事人恶意串通,损害国家、集体或第三人利益,非法取得的财产收归国家所有或返还集体、第三人。据此,邓某之弟应当立即返还陈某的"面的",并对陈某的损失承担赔偿责任。

案例 16 遭遇大雪虽属意外,擅改行程难辞其咎。

2001年3月,北京某地接社迎来成都一个旅游团。按照双方的合同约定,该团在京游览4天,其中确定3月12日游览长城。其间,地接社委派李某担任该团陪同导游。然而,李某未经地接社及游客同意,擅自变更游览日程,将3月12日的活动内容改为购物,将游览长城日期改为3月14日,即该团离京的前一天。对此,游客提出反对意见,但李某声称这是地接社的临时安排。结果,3月13日晚天降大雪。次日,旅游团赴长城行至八达岭山脚下时,积雪封路,不得前行,只好返回。团中游客离京以后向旅游行政管理部门投诉指出:该地接社的导游没有征得游客同意,违约擅自改变行程,造成旅游团未能游览长城,应当承担赔偿责任。地接社与李某辩称,游客未能游览长城主要由于大雪封路,天降大雪属不可抗力,自己依法不应承担赔偿责任。

案例评析

1.《导游人员管理条例》第十三条规定,导游人员应当严格按照旅行社确定的接待计划,安排旅游者的旅行、游览活动,不得擅自增加、减少旅游项目或中止导游活动。旅行社的行程计划通常经过游客认可,是旅行社与旅游者订立合同的组成部分。在本案中,导游李某擅自改变旅游行程,违约变更接待计划,造成该团未能及时游览长城,理当属于违约行为。

2.《合同法》第一百一十七条规定,当事人迟延履行合同后发生不可抗力的,不能免除责任。在本案中,该旅游团未能游览长城的根本原因,并非不可抗力造成,而是该地接社委派的导游人员擅自变更旅游行程所致,如不改变约定行程,游览长城本能实现。地接社违约在先,不可抗力发生在后,因此地接社应当承担违约责任。

第二章 旅游法律关系主体及其纠纷处理

第一节 旅游者

一、旅游者的权益保护

1. 旅游者权益保护的法制建设

改革开放以来,我国制定与颁布了一批涉及保护旅游者合法权益的有关法规。1986年4月,第六届全国人大第四次会议通过并发布《中华人民共和国民法通则》。1993年2月,第七届全国人大常委会第三十次会议通过并发布《中华人民共和国产品质量法》(简称《产品质量法》)。1993年10月,为了保护消费者的合法权益、维护社会经济秩序、大力促进市场经济的健康发展,第八届全国人大常委会第四次会议通过《消费者权益保护法》,且于1994年开始施行。1994年10月,第八届全国人大常委会第十次会议通过并发布《中华人民共和国广告法》(简称《广告法》)。2000年7月,第九届全国人大常委会第十六次会议通过并发布《产品质量法》的修订决定。受一些省、自治区、直辖市还制定出台地方法规。这些法规对于保护旅游者合法权益发挥了重要作用。

尽管我国对旅游者的合法权益采用多种法律手段进行保护,但是,旅游者在旅游活动中受到损害的问题仍很突出,如旅游合同约定的服务标准难以兑现,旅游者受虚假广告误导不能获得旅游服务的真实情况,旅游者支付费用得不到质价相符的旅游产品,旅游企业缺乏规范并强买强卖旅游商品侵犯旅游者的自主选择权,甚至出现打骂、侮辱旅游者,造成旅游者人身与财产损失的严重问题。这些问题是"依法治旅"的重要改革对象,需要不断完善现有法律手段进行规范。

2. 旅游者的法律地位

旅游者的法律地位,是指旅游者在法律上享有权利、承担义务及其合法权益受到国家法律保护的重要程度。由于旅游者是旅游业赖以生存与发展的重要因素,所以我国较为重视保护旅游者的合法权益，并从立法、执法与司法等多种角度予以保护。

作为一个国家公民，旅游者享有国家宪法与法律所赋予的各项权利，并承担相应义务；作为旅游法律关系主体的组成部分，旅游者享有旅游专门法规所赋予的各项权利，并承担相应义务；作为一个消费者，旅游者享有我国《消费者权益保护法》所规定的合法权益。因此，正确认识旅游者的法律地位，切实维护旅游者的合法权益，对于发展旅游业具有特别重要的意义。

3. 旅游者权益保护的必然性

消费者，是指为了日常生活或经营运作等各种需要，消费购买、使用商品或接受服务的个人或单位。旅游者通过旅游市场消费，购买所需的旅游产品与接受服务，满足心理和生理需求，从而成为旅游消费者，这种旅游消费属于消费活动的组成部分。《消费者权益保护法》是以保护消费者权益为目的的专门法规，对旅游者的权益保护具有特殊的重要作用。因此，旅游者在消费购买旅游产品、接受服务的过程中，一旦与旅游企业发生纠纷，往往依据《消费者权益保护法》寻求保护。

然而，旅游消费与一般消费具有明显的不同：（1）旅游服务是无形商品，先收费，后服务，具有远期交易特性，如果旅游者在支付大量费用之后不能得到相应服务，合法权益易受侵害。（2）旅游者在游览途中消费购物的环境生疏、地域遥远，出现纠纷很难得到迅速解决，发现受骗上当往往时过境迁，合法权益难以保障。（3）旅游者在消费后，才能判定旅游服务的好坏，才能判定是否符合协议约定，合法权益受侵害时，不能像一般消费品那样及时得到保修、保换或退赔。（4）大多数的旅行社在旅游者的合法权益受到损害以后，几乎没有赔偿能力。这些特点说明旅游者相对于其他消费者而言，在消费购买旅游产品与接受服务中存在许多的不确定因素，合法权益更易受损。为此，切实保护旅游者的合法权益成为促进旅游业发展不能忽视的重要问题。

4. 旅游者权益保护的基本内容

我国现行《旅游法》明确规定，国家发展旅游事业，完善旅游公共服务，依法保护旅游者在旅游活动中的权利。作为一个消费者，旅游者应当首先清楚了解《消费者权益保护法》，充分认识消费者权益保护的基本内容：（1）消费者为了生活需要购买、使用商品或接受服务，其权益受本法与其他有关法规保护。（2）经营者与消费者进行交易，应当遵循自愿、平等、公平、诚信的原则。（3）国家保护消费者的合法权益不受侵犯，并且承担保护消费者合法权益不受侵犯的法定义务。（4）国家鼓励、支持一切组织和个人保护消费者的合法权益，对损害消费者合法权益的行为进行社会监督，大众传播媒介则应做好维护消费者合法权益的宣传工作，并对损害消费者合法权益的行为进行舆论监督。

二、旅游者的基本权利

作为旅游法律关系的重要主体，旅游者的基本权利是我国宪法和法规确定的合法权利在旅游活动中的延伸与应用。在购买旅游产品或接受服务中，旅游者的基本权利在《旅游法》与《消费者权益保护法》中同样已有明确规定，主要涉及以下内容：

1. 知悉真情权：旅游者不论购买旅游产品还是接受旅游服务，享有知悉真实情况的权利，可以要求旅游企业提供价格、用途、等级与性能等真实情况。

2. 自主选择权：旅游消费者在购买旅游产品或接受服务时，享有自主选择权利，自主选择旅游企业、产品种类或服务方式，自主进行比较鉴别，自主作出购买决定。

3. 公平交易权：旅游者在购买旅游产品或接受服务时，有权进行质量保障、价格合理、计量准确的公平交易，有权拒绝旅游企业的强制交易。

4. 安全保障权：旅游者在购买与使用旅游产品或接受服务时，享有人身、财产安全不受侵犯的权利，有权要求旅游企业按照约定提供符合安全标准的产品或服务，保障人身、财产安全。遇到人身、财产安全危险之时，有权请求旅游企业、当地政府和相关机构进行救助。中国出境旅游者在境外陷于困境时，有权请求我国驻当地机构在其职责范围内给予协助和保护。

5. 人格尊重权：旅游者在购买、使用旅游产品或接受服务时，依法享有人格尊严、民族风俗与宗教信仰受到尊重的正当权利。

6. 依法求偿权：旅游者因购买与使用旅游产品或接受服务受到人身、财产侵害时，有权依法要求赔偿。

7. 便利优惠权：残疾、老年与未成年等旅游者在旅游活动中依照法律、法规及有关规定享受便利和优惠权利。[①]

8. 监督批评权：旅游者享有对旅游产品或服务的监督权利，有权检举、控告旅游企业的侵害行为与国家机关工作人员在保护旅游者权益工作中的违法失职行为，并有权对保护旅游消费者权益工作提出批评和建议。[②]

9. 投诉权和诉讼权：旅游者在人身、财产等合法权益受到侵害及旅游企业未能提供标准服务时，有权直接与旅游企业或损害者进行交涉，依法要求赔偿损失；也可以向旅游行政管理部门、工商管理部门及消费者协会等有关部门进行投诉，

[①] 《旅游法》第九、十、十一、十二、八十二条。
[②] 《消费者权益保护法》第七、八、九、十、十一、十四、十五条。

或直接向人民法院提起诉讼，请求确认与保护自身的合法权益。

三、旅游者的基本义务

旅游者在享有权利的同时，必须履行应尽义务。在旅游活动中，旅游者应当履行的义务包括：

1. 购买、接受旅游服务时，应向旅游企业如实告知与旅游活动相关的个人健康信息，遵守旅游活动安全警示规定。

2. 自觉遵守国家法规及旅游目的地的地方法规，遵守社会公共秩序和社会公德，不得危害国家安全、损害社会公共利益。

3. 严格遵守与旅游企业的协议内容，承担约定的相应责任，支付享受旅游服务所应偿付的合理费用。遇到危难接受相关组织或者机构的救助后，应当支付应由个人承担的费用。

4. 到异国他乡游览观光与领略风情时，尊重当地的风俗习惯、文化传统和宗教信仰，禁止赌博、嫖娼、吸毒、观看和传播淫秽物品及从事其他违法犯罪活动。

5. 自觉爱护旅游资源、保护旅游生态环境与基础设施，严格遵守旅游景区、景点的安全规定和卫生规定。

6. 在旅游活动或解决纠纷中，不得损害当地居民的合法权益，不得干扰他人的旅游活动，不得损害旅游企业及从业人员的合法权益。

7. 对国家应对重大突发事件暂时限制旅游活动的措施以及有关部门、机构或者旅游经营者采取的安全防范和应急处置措施，应当自觉予以配合。

8. 违反安全警示规定或对国家应对重大突发事件暂时限制旅游活动的措施、安全防范和应急处置措施不予配合的，依法承担相应责任。

9. 出境旅游不得非法滞留境外，随团出境不得擅自分团或脱团。①

四、旅游者合法权益的保护途径

旅游者的权益保护大致分为国家保护与社会保护两个途径。国家保护旅游者的合法权益是以国家保护消费者合法权益的有关法规作为依据，通过国家的立法、行政与司法机关采取措施得以实现的。此外，社会保护旅游者的合法权益也是必要途径之一。

1. 立法保护

国家机关对旅游者合法权益的立法保护主要体现在：（1）制定和颁布国家专门的旅游法规；（2）制定和颁布相关法规；（3）依法规定各地根据不同情况制定

---

① 《中华人民共和国旅游法》第十三、十四、十五、十六条。

地方旅游法规；（4）通过听取旅游者的意见和要求及对行政、司法活动进行监督，逐步加强旅游者权益保护的法规建设。

2. 行政保护

各级政府对旅游者的合法权益，通过领导、组织、协调、督促有关行政部门进行保护。各级政府的工商行政管理部门和其他有关行政管理部门依照法规在职责范围内，采取相应措施保护旅游者的合法权益。按照国家的有关规定，旅游行政管理部门对旅游企业直接负有监管之责。据此，旅游行政管理部门对旅游者合法权益的行政保护主要表现在：（1）加强监管旅游企业，防止发生对旅游者合法权益的损害行为；（2）积极受理与查处侵害旅游者合法权益的投诉案件与各种问题；（3）强化旅游者权益保护的服务职能；（4）认真听取旅游者、消费者协会等社会团体对旅游企业的各种意见，并且及时调查处理。

3. 司法保护

公安机关、检察机关、审判机关依照国家法规履行职责，对旅游者的上诉案件，通过行使侦查权、检察权与审判权，依法惩处造成侵害旅游者合法权益的犯罪行为。人民法院采取措施，依法方便旅游者提起诉讼，对于符合《民事诉讼法》起诉条件的有关旅游权益纠纷，必须受理、及时审查与调解审判。

4. 协会保护

协会是指为了达到共同目标组织起来的社会团体。我国支持和鼓励各类社会机构开展旅游公益宣传，并对促进旅游业发展作出突出贡献的单位和个人给予奖励。旅游行业协会应当依法制定行业经营规范和服务标准，对其会员的经营行为和服务质量进行管理，开展职业道德教育和业务培训，提高从业人员素质。我国消费者协会是由政府有关部门发起，经国务院或地方各级人民政府批准，依法成立的社会团体，是专门对商品或服务进行社会监督，保护消费者合法权益的公益性组织。我国消费者协会具有七项专门职能：（1）向消费者提供消费信息和咨询服务；（2）参与有关行政部门对商品和服务的监督、检查；（3）对于有关消费者合法权益问题，向有关行政部门反映、查询，提出建议；（4）受理消费者投诉，并对投诉事项进行调查、调解；（5）向鉴定部门提交涉及商品和服务质量问题的投诉事项，并可获取鉴定结论；（6）对于损害消费者合法权益的行为，支持受害者提起诉讼；（7）对损害消费者合法权益的行为，通过大众传播媒介予以揭露、批评。

为了维护消费者的合法权益，保证自身的公正性和独立性，更好发挥消费者组织的应有作用，《消费者权益保护法》在明确赋予消费者协会专门职能的同时，又对消费者协会和其他消费者组织的权利限制作出规定：（1）消费者组织不得从事经营活动;(2)不得以牟利为目的向社会推荐商品和服务。①

五、典型案例及其评析

案例1 虚假宣传侵知悉权,依法上诉保护权益。

某公司经理王先生是一个瓷文化爱好者。1999年7月,他从报上看到一则广告宣称:某旅行社为了答谢广大游客,将在8月至9月举行文化旅游活动,特别增设瓷文化旅游专线5日游,以使游客领略瓷都景德镇的宜人风光与博大精深的瓷文化。此项旅游活动费用8折优惠,后期付款,但陶瓷街购物是必须参加的游览项目。由于受到瓷文化旅游专线与廉价费用的双重吸引,王先生毫不犹豫地随团出行旅游观光,但结果却出乎意料。首先,带团导游不是本地人,并不了解景德镇,不时发生迷路绕远的情况;其次,旅游景点少得可怜,对瓷文化没有解说;再次,陶瓷街购物占去旅游时间的80%;最后,全额支付旅游费用,根本没有打折一说。王先生与旅行社理论方知由于自己没在陶瓷街消费购物,所以不能享受打折优惠。其他游客因为购物没有达到规定数额,同样没有打折优惠。结果,这次文化旅游令旅客备感精神疲惫。

案例评析

1. 《合同法》第六十条规定,当事人应当按照约定全面履行义务。在本案中,旅行社与游客存在合同关系。按照广告的宣传内容,该社应当带领游客领略瓷都景德镇的宜人风光,且应使其享受8折的费用优惠。但是,该社没有全面履行合同义务,必须承担违约责任。

2. 旅行社在广告中没有明确打折优惠是否属于附条件的服务项目,加上采用模糊不清的虚假宣传导致损害的客观形成。然而,游客在旅游前没有详细询问了解导游素质、景点情况与陶瓷街的购物目的及数额规定,忽略自己的知悉权,贸然行事,负有一定的过失责任。

3. 为了保护自身的合法权益,王先生等游客可以先与该社协商解决。如果双方协商不成,他们可以行使投诉权或诉讼权,向旅游行政管理部门进行投诉或向人民法院提起诉讼,请求判令该社承担违约法律责任,赔偿自己的相应损失。

案例2 员工发布虚假广告,公司有责先行赔偿。

某广告公司的广告宣称,参加某旅行社组织的长江三峡5日游,每人只需1200元,这项旅游活动内容丰富多彩,目前正在火热报名当中。李某看到这个广告非常兴奋,按照广告所登载的地址汇钱报名以后,一直等到广告所说的出发日期,

---

① 《消费者权益保护法》第三十一、三十二、三十三条。

也没收到出游通知。于是，李某找到广告公司要求赔偿。广告公司获悉此事随即调查，得知业务员张某为了完成工作指标，在未弄清真实名称、确切地址的情况下，贸然收下对方费用，即在报上发出广告。现在，他也不知该旅行社的确切地址。面对李某的索赔要求，广告公司觉得委屈，认为自己也是受骗者，因而不能赔偿损失，即使需要赔偿的话，也应当由张某承担。

案例评析

1. 《消费者权益保护法》第三十九条规定，消费者因经营者利用虚假广告提供商品或服务，其合法权益受到损害的，可向经营者要求赔偿。因此，广告经营者发布旅行社虚假广告的，旅游消费者可以请求工商行政管理部门予以惩处。广告经营者不能提供旅行社真实名称、确切地址的，应当承担赔偿责任。

2. 在本案中，广告公司觉得委屈，认为自己也是受骗者，因而不能赔偿损失，即使需要赔偿的话，也应当由张某承担。这种说法不能成立，因为业务员张某是代理公司履行职责的。在事发后不能提供该旅行社的真实名称和确切地址，广告公司依法有责予以赔偿。至于广告公司赔偿以后是否追偿张某，或对张某进行处罚，则是公司内部的管理问题。

案例3 假称老乡忽悠游客，受骗投诉依靠证据。

2003年1月2日至6日，福州关某二人参加A旅行社的北京双飞5日游。1月5日，北京B旅行社的地陪刘某擅自带领二人前往北京某珠宝城购买玉器。在介绍玉器时，柜台小姐告知自己老板来自福建宁德，并请出来与二人见面。相见之下，老板声称优惠老乡，特意提出到柜台里边恰谈购玉。之后，老板拿出所谓"缅甸真玉"，说以成本价格出售给二人。最后，二人花费1800元买下两个玉镯。回福州后，二人去福建省金银珠宝首饰检测中心鉴定，发现玉镯是假冒产品。于是，二人要求A旅行社协助退货，同时提供与A旅行社的合同书、团款发票、珠宝城的两张收据、福建省金银珠宝首饰检测中心出具的两份鉴定书等证据材料。但是，A旅行社称：游客手持某珠宝城出具的两张收据不是正式发票，没盖印章，难辨真伪，不能作为购买凭证。此外，游客不能证明两个商品及其收据与北京导游之间存在直接关系，因而无法进行退货，且不承担任何责任。于是，关某二人向福建省旅游质监所提出投诉。

案例评析

1. 依照有关民事诉讼"谁主张谁举证"的处理规则，关某作出具体陈述，说明自己曾被北京导游带到珠宝城购买玉镯，并且提出相应证据：（1）事件发生的准确时间（2003年1月5日）、地点（北京某珠宝城）、人物（地陪刘某、柜台小姐、老板及其他游客）等可靠情况；（2）出具珠宝城两个商品的收据书证；（3）检测中心出具证明玉镯属于假冒产品的鉴定书。

2. 福建省旅游质监所对案件事实当面质证后，认为 A 旅行社提出收据没盖印章，难辨真伪，不仅不能提供原告的作伪证据，而且不能证明游客购物与己没有关系，加之其他游客证明确有此事，因而辩解不能成立。此外，关某二人提供的收据虽然没有印章，但却属于事先印刷、统一格式的购物凭单，上面印有珠宝城的具体名称、柜台编号，空白之处还有柜台小姐手写的玉器名称、标号、价格、数量等具体内容。由此，二人提供的案件事实及其证据确凿无疑，且已形成较为完整的证据链，应予采信。

3. 根据双方所签合同是国家旅游局《国内旅游组团合同》的标准范本，按照其中第一条第六款规定：如购物为乙方在行程外擅自增加的，乙方应当赔偿甲方全部损失。在本案中，北京地陪带领游客到珠宝城购物并不属于旅行社的行程安排，双方签订的旅游合同没有约定。地陪导游擅自带领游客购物，所购物品又属假冒伪劣产品，旅行社赔偿游客的全部损失在责难逃。

案例 4 店家违法强行搜身，游客尊严不容践踏。

2002 年 5 月，游客牛某在某地旅游时，进入一家旅游商店，打算买块手表作为纪念。看了几块手表以后，牛某觉得都不满意，便将手表还给售货员。当他转身离店之际，售货员忽然声称少了一块，顿时引来众人围观，并将牛某带到经理室。其间，商店经理提出搜身及查包寻找手表下落。牛某考虑不让搜查，自己肯定无法脱身，只好违心同意店方。经过 1 个小时的仔细搜查，店方也未搜出手表。其间，牛某感到精神受到很大伤害，遂以自己的名誉权受到伤害向法院提起诉讼，要求该店向他公开赔礼道歉，并且给予经济补偿。

案例评析

1.《消费者权益保护法》第十四条规定，消费者在购买、使用商品及接受服务时，享有人格尊严、民族风俗习惯得到尊重的权利。第二十五条规定，经营者不得搜查消费者身体及其携带的物品，不得侵犯消费者的人身自由。据此，牛某有权维护尊严，依法提请国家保护。

2.《消费者权益保护法》第四十二条规定，经营者侵害消费者人格尊严或侵犯消费者人身自由的，应当停止侵害，恢复名誉，消除影响，赔礼道歉，并赔偿损失。在本案中，旅游商店擅自搜查消费者牛某身体，限制牛某人身自由 1 个小时之久，使牛某精神受到伤害，这是非常严重的侵权行为。因此，旅游商店应公开向牛某赔礼道歉，并且给予一定的精神补偿费。

第二节 旅游企业

一、旅游企业及其类型

1. 旅游企业

旅游企业,是以旅游资源作为依托,依法经营旅游产品与开展服务的经济组织或独立法人。作为社会的经济组织,旅游企业通常是向旅游者提供交通、游览、住宿、餐饮、购物、娱乐等各种服务的经营者。作为社会的独立法人,旅游企业构成旅游法律关系主体的重要部分,一般具备以下条件:(1)依法成立;(2)有必要的财产或者经费;(3)有特定的名称、组织机构及经营场所;(4)能够独立承担民事责任。

2. 旅游企业的不同类型

在旅游业中,旅游企业开展活动的范围广泛,是最活跃的经营者。依据从事旅游服务的不同性质,旅游企业可以分为旅行社、旅游饭店、旅游景点、旅游车船公司等各种企业。这些企业都是经营旅游产品或开展服务的专门组织。此外,还有许多既为国民经济各个部门和公众服务,又为旅游活动开展服务的辅助企业,涉及商店、餐馆、舞厅、影剧院、洗浴中心、公交公司及副食供应、设备制造、装潢修饰、工程建筑等各种企业。

二、旅游企业法人登记

旅游企业法人登记,是国家承认旅游企业法人资格的法定活动。旅游企业申请企业法人登记,依法领取《企业法人营业执照》,获得企业法人资格,其合法权益方能受到国家保护。根据我国《企业法人登记管理条例》的有关规定,旅游企业法人登记的主管机关是国家和地方各级工商行政管理部门。

1. 登记程序

旅游企业法人登记按照下列程序进行:(1)申请,向法人登记主管机关提出申请;(2)受理,主管机关对提交登记的申请材料进行初审,决定受理或不予受理;(3)审查,主管机关对企业登记的主要事项进行审查;(4)发照,主管机关核准登记注册内容,正式发放《企业法人营业执照》,以此方可开展经营;(5)公告,主管机关代表政府发布有关企业法人的登记公告,登记公告的发布具有法律效力。

2. 登记内容

旅游企业在申请法人登记注册时，应当如实进行申报。申请登记的主要事项有：旅游企业的法人名称、经营场所、法定代表人、住所、经济性质、经营范围、经营方式、注册资金、从业人数、经营期限、分支机构等。

3. 登记种类

旅游企业的登记种类包括开业登记、变更登记与注销登记三种形式，完成登记便会发布相应公告。

（1）旅游企业开业登记，是指旅游企业为了取得经营资格的登记注册。申请旅游企业法人开业登记的相关单位，经登记主管机关核准登记注册，领取旅游企业法人营业执照以后，旅游企业即告成立，且能凭据旅游企业法人营业执照刻制公章、开立银行账户、签订合同，进行旅游经营活动。

（2）旅游企业变更登记，是指已经登记注册取得合法经营权的旅游企业，因为法律事实变化向登记主管机关申请改变某些登记事项的变更注册。旅游企业法人申请变更登记的内容包括：名称、经营场所、法定代表人、住所、经济性质、经营范围、经营方式、注册资金、经营期限，以及增设或撤销分支机构。此外，旅游企业法人分立、合并或迁移也须办理变更登记。

（3）旅游企业的注销登记，是指旅游企业因为歇业、宣告破产、被撤销或其他原因终止营业，向法人登记主管机关办理的登记注册。旅游企业终止经营时必须履行注销登记的法律程序，完成注销登记手续则意味着旅游企业的经营资格正式终止。在旅游企业终止法人资格或经营活动时，分支机构不能独立承担民事责任，必须与其一并办理注销登记。①

三、旅游企业的应尽义务

旅游企业在经营活动中必须履行应尽义务，诚信经营，公平竞争，积极承担社会责任，依法做出或抑制自身的某种行为，为旅游者提供安全、健康、卫生、方便的旅游服务。作为一个经营者，旅游企业在向旅游者提供产品或服务时，必须根据《消费者权益保护法》的有关规定，积极履行下列义务：

1. 履行法定或约定义务。依照我国《旅游法》、《合同法》、《广告法》、《产品质量法》、《食品安全法》等有关法规或双方约定履行义务。

2. 接受监督批评义务。将产品或服务置于旅游者的监督之下，通过有效途径或方式接受旅游者的批评和建议。

3. 保证产品或服务符合保障人身、财产安全的义务。对于可能危及人身、财

---

① 《企业法人登记管理条例》第三、四、九、十四、十六、十七、十九、二十、二十三条。

产安全的产品或服务，应向旅游者作出真实说明和明确警示，并且标明或说明正确使用方法以及防止危害发生的方法；对于产品或服务存在严重缺陷，即使正确使用仍可能会造成旅游者人身、财产危害的，应向有关部门报告，同时告之旅游者采取防止危害发生的有效措施。旅游设施或服务取得质量等级的，其设施和服务不得低于相应标准；未取得质量等级的，不得使用相关质量等级的称谓和标识。

4. 提供产品或服务真实信息的义务。向旅游者提供有关真实信息，不得作出引人误解的虚假宣传；对旅游者询问产品或服务质量及使用方法等有关问题，应当作出真实、明确的答复，提供商品须明码标价。

5. 标明自身真实名称和营业标记的义务。如实标明自身名称和营业标记，不得使用未经核准登记的企业名称，不得擅自改动使用已经核准登记的企业名称，不得假冒他人企业名称或他人持有的营业标记，不得仿冒或使用相似他人的企业名称或营业标记，不得使用造成旅游者误认的企业名称或营业标记。

6. 主动出具购货凭证或服务单据的义务。按照国家有关规定或商业习惯，主动向旅游者出具购货凭证或服务单据。旅游者索要购货凭证、服务单据的，旅游企业必须出具，不得拒绝。

7. 保证产品或服务质量的义务。应保证使旅游者在正常使用产品或接受服务的情况下，提供具有合格质量、性能、用途和有效期限的商品或服务；以广告、产品说明、实物样品或其他方式表明产品或服务质量的，应当保证所提供的产品或服务的实际质量与所标明的质量相符。

8. 承担"三包"和其他责任的义务。按照国家有关规定或合同约定对产品承担包修、包换、包退的责任或其他责任，不得故意拖延或无理拒绝履行义务。

9. 不得以格式合同等方式限制旅游者权利的义务。不得以格式合同、通知、声明、店堂告示等方式作出对旅游者不公平、不合理的规定或减轻、免除其损害旅游者合法权益应承担的民事责任。

10. 尊重旅游者人身权利的义务。旅游企业不得对旅游者进行侮辱、诽谤，不得侵犯旅游者的人身自由。[①]

四、旅游企业的法律责任

1. 旅游企业的民事责任

旅游企业承担民事责任的法律依据，主要涉及《消费者权益保护法》与《产品质量法》等有关法规。在提供商品或服务中，旅游企业应当承担的法律责任包括以下几个方面：

[①]《消费者权益保护法》第十六、十七、十八、十九、二十、二十一、二十二、二十三、二十四、二十五条。

（1）造成旅游者或他人人身伤害的，应当支付医疗费、治疗期间的护理费、因误工减少的收入等费用；造成残疾的，还应支付残疾者自助具费、生活补助费、残疾赔偿金，以及由其抚养人所必需的生活费等。

（2）造成旅游者死亡的，应当支付丧葬费、死亡赔偿金及死者生前抚养人所必需的生活费用。

（3）对侮辱、诽谤、搜查旅游者的身体及其携带物品，侵犯旅游者人身自由的，应当停止侵害、恢复名誉、消除影响、赔礼道歉，并赔偿损失。

（4）造成旅游者财产损害的，应当按照旅游者的要求，以修理、重做、更换、退货、补足商品数量、退还货款和服务费用或赔偿损失等方式承担民事责任，有约定的，依约履行。

（5）对国家规定或旅游企业与旅游者约定"三包"的商品，应当负责修理、更换或退货。在保修期内两次修理仍然不能正常使用的，旅游企业应当负责更换或退货，对"三包"的大件商品，旅游者要求修理、更换、退货的，旅游企业应当承担运输等合理费用。

（6）以邮购方式提供商品的，应当按照约定提供。没有按照约定提供的，应当按照旅游者的要求履行约定或退回货款等项费用。

（7）以预收款方式提供商品或服务的，应当按照约定提供；未按约定提供的，应当按照旅游者的要求履行约定或退回预付款，并应承担预付款利息等项费用。

（8）经旅游行政管理部门或相关行政管理部门依法认定为不合格的旅游商品，旅游者要求退货的，应当负责退货返款。

（9）有欺诈行为的，应当按照旅游者的要求增加赔偿损失，增加赔偿金额为旅游者购买商品价款或接受服务费用的一倍。

2. 旅游企业的行政处罚

旅游企业的行政处罚主要根据《消费者权益保护法》明确规定的违法行为予以实施。旅游企业提供商品或服务造成的违法损害行为包括：（1）生产、销售的商品不符合保障人身、财产安全的要求；（2）在商品中掺杂、掺假，以假充真，以次充好，或以不合格商品冒充合格商品；（3）生产国家明令淘汰商品或销售失效、变质商品；（4）伪造商品的产地，伪造或冒用他人的厂名、厂址，伪造或冒用认证标志、名优标志等质量标志；（5）销售的商品应当检验、检疫而未检验、检疫或伪造检验、检疫结果；（6）对其商品进行引人误解的虚假宣传；（7）对提出的修理、重做、更换、退货、补足商品数量、退还货款和服务费用或赔偿损失的要求，故意拖延或无理拒绝；（8）侵害旅游消费者的人格尊严或侵犯旅游消费者的人身自由；（9）其他损害旅游消费者权益应予处罚的法定情形。

对于上述的违法行为，工商行政管理部门有权依照《消费者权益保护法》行使诸如责令改正、警告、没收违法所得、罚款、责令停产停业整顿、吊销营业执照等处罚方式。旅游行政管理部门同样可以采取相应的处罚方式。

3. 旅游企业的责任竞合及其承担

责任竞合，是指由于某一法律事实出现，导致产生两种或两种以上的民事责任。旅游企业的违法行为同时构成违约责任与侵权责任时，就会出现违约行为与侵权行为的责任竞合。两种责任虽然均有赔偿义务，但受损害方只能主张一项赔偿，不能请求双重赔偿。根据我国法律规定，因当事人一方的违约行为，侵害对方人身、财产权益的，受损害方有权依照本法要求其承担违约责任或依照其他法律要求其承担侵权责任。

4. 旅游企业的其他责任

根据我国相关法规，旅游企业应当配合依法实施的监督检查，如实说明情况并提供文件、资料，不得拒绝、阻碍和隐瞒。对于提供商品或服务，造成旅游者或他人人身伤害或死亡，构成犯罪的，或以暴力、威胁等方法阻碍国家有关行政部门工作人员执行公务的，依法追究刑事责任；未使用暴力、威胁方法拒绝、阻碍国家有关行政部门工作人员依法执行职务的，则由公安机关依照治安管理处罚的有关规定进行处理。[1]

五、不正当竞争行为及其法律责任

为了保障市场经济的健康发展，鼓励企业公平竞争，保护经营者与消费者的合法权益，我国《反不正当竞争法》规定，经营者在市场交易中，应当遵循自愿、平等、公平、诚信的原则，遵守公认的商业道德，同时界定：不正当竞争是指经营者违反该法规定，损害其他经营者的合法权益，扰乱社会经济秩序的行为。旅游企业在旅游市场中的不正当竞争行为通常涉及以下方面：

1. 欺诈交易

旅游企业采用欺诈交易手段损害同行的竞争对手，具体表现为四种形式：（1）假冒他人的注册商标；（2）擅自使用知名商品特有的名称、包装、装潢或使用与知名商品近似的名称、包装、装潢，造成与他人的知名商品相混淆，使购买者误认为是知名商品；（3）擅自使用他人姓名或企业名称，让购买者误认为是他人商品；（4）在商品上伪造或冒用认证标志、名优标志等质量标志。

2. 商业贿赂

为了达到销售目的或购买商品，排挤同行的竞争对手，有的旅游企业采取暗

---

[1]《消费者权益保护法》第四十、四十一、四十二、四十三、四十四、四十五、四十六、四十七、四十八、四十九、五十、五十一、五十二、五十三条。

中给予对方单位、个人回扣或采用财物及其他手段进行贿赂的违法行为。《反不正当竞争法》明确规定，商业贿赂是指经营者给予对方单位或个人回扣，受贿则是指对方单位或个人在账外暗中收受回扣。在旅游活动中，暗中给予对方单位或个人回扣的贿赂行为较为普遍，诸如旅行社或导游在安排团队就餐、购物、住宿、乘坐交通游览工具中，从有关部门收取回扣及旅游饭店大批购买服务用品时，经办人员从卖方单位收取回扣等。

3. 虚假宣传

旅游企业利用广告或其他方法，对商品或服务质量、制作成分、性能、用途、生产者、有效期限、产地等作引人误解的虚假宣传，以使游客产生误解，损害自身的合法权益。在旅游产品的销售活动中，一些旅行社是以广告或其他形式作虚假宣传，诱导游客作出错误的选择判断，参加违背自己意愿的旅游活动。

4. 侵犯商业秘密

商业秘密，是指能为权利人带来经济利益，并经权利人采取措施加以保密的技术信息或经营信息。侵犯商业秘密则指采用不正当的手段，获取、使用、披露或违反合同约定擅自允许他人使用权利人的商业秘密，给权利人造成重大损失的行为。旅游企业的客户资料是获取旅游经济利益的重要手段与特殊财产，应当属于商业秘密，一旦泄露将会造成重大损失。此外，旅游企业对于其在经营活动中知悉的旅游者个人信息，同样应当予以保密。

5. 低价销售

低价销售，是指为了达到排挤对手的利己目的，以低于成本的价格销售商品或服务。在旅游活动中，一些旅游企业存在着以低于成本的价格销售旅游产品的不正当竞争行为，最明显的就是采用"低团费"或"零团费"违规组织旅游活动。

6. 附加不合理的条件

在销售商品或服务活动中，旅游企业还有违背游客意愿附加不合理条件的违法行为，特别是旅行社的导游或领队在境外旅游中强迫游客接受附加的自费项目等不正当竞争行为。

7. 谎称进行有奖销售

在销售商品中，旅游企业采取谎称有奖销售，或故意让内定人员中奖的欺骗方式进行有奖销售，或是利用有奖销售的手段推销质次价高的旅游商品，引诱游客受骗上当。

8. 商业诽谤

商业诽谤是指为了谋取不正当的利益，通过捏造、散布虚假或引人误解的信息，达到损害他人商业信誉或商品声誉的行为。在旅游业中，商业信誉和商品声誉是旅游企业赢得竞争优势地位的基本条件，一旦遭到竞争对手的恶意损害，将会对其经营活动产生不利影响，甚至导致严重的经济损失。

根据我国《反不正当竞争法》的有关规定，旅游行政管理部门与工商行政管理部门对于上述不正当竞争行为，可以依法责令停止违法行为、没收违法所得，根据情节处以罚款、吊销业务营业证照等行政处罚。此外，上述行为适用其他法律认定处理时，还应结合《消费者权益保护法》、《广告法》、《民法通则》，《刑法》的有关规定进行处罚。①

六、典型案例及其评析

案例5 冰洞警示不明致害，查明事实追究责任。

2006年春节，游客李女士穿高跟鞋到某景区游览观光，途中因为景区冰洞之中地滑将腿摔断。出院以后，李女士与景区就赔偿问题发生争议。景区认为：冰洞门口已树立有"小心路滑、注意安全"的警示牌，自己尽到告知义务，况且李女士是成年人，本应知道冰洞之中地滑，存在可能的摔伤危险，所以不应承担赔偿责任。李女士称，冰洞门口虽然立有警示牌，但却太小且在暗处，一般游客很难注意。不仅如此，这个警示非常笼统，并未真实说明冰洞之中的路面有冰，且未明确警示不宜穿高跟鞋进入，以致自己将腿摔断，景区理应予以赔偿。双方争执各持己见，互不相让，诉至法院。

案例评析

1.《消费者权益保护法》第十八条规定，经营者应保证其提供的商品或服务符合保障人身、财产安全的要求，对可能危及人身、财产安全的商品和服务，应向消费者作出真实说明和明确警示，并且说明和标明正确使用商品或接受服务的方法及防止危害发生的方法。在本案中，法院经过调查认为：景区虽然知道冰洞之中路滑会对游客造成危害，并已设置警示牌，但却没有放在醒目位置。此外，李女士对警示笼统、不够明确及其没有具体方法防止危害的陈述真实，景区提供服务存在瑕疵，以致造成人身伤害，所以景区应当承担主要责任。作为一个成年人，李女士穿高跟鞋入洞游览，对冰洞之中的危险性存在主观认识不足，也应承担部分责任。

2.《消费者权益保护法》第四十一条规定，经营者提供商品或者服务，造成消费者或其他受害人人身伤害的，应当支付医疗费、治疗期间的护理费、因误工减少的收入等费用。若给李女士造成残疾，景区还应支付残疾者生活自助具费、生活补助费、残疾赔偿金以及需由李女士抚养人所必需的生活费用等。

---

① 《反不正当竞争法》第五、八、九、十、十一、十二、十三、十四条。

案例 6 免责声明归于无效,景区责任不能免除。

2005年5月,某旅行社组团出游一个景区。其间,游客张某看到景区推出蹦极项目,便欲参加这项活动。当时,景区人员指着旁边的一块牌子告诉他说:"你看清楚,再作决定"。张某顺着手指一看,牌上写着"蹦极危险,谨慎参加,出现意外,后果自负"。这时,导游也劝张某不要蹦极,游程没有这个项目,恐有意外。但是,张某不以为意,执意参加,结果因为设备故障摔成偏瘫。事后,张某找到旅行社与景区要求赔偿损害。该社认为,导游已经尽到警示义务,所以不应对此赔偿。景区则称,工作人员在张某蹦极前,已经告知"出现意外,后果自负",因而自己也不应当承担责任。

案例评析

1. 根据《导游人员管理条例》的有关规定,本案中的导游没有擅自增加旅游项目,而且知道蹦极危险,曾劝张某不要参加,已经切实履行自身的应尽义务,所以该社对摔伤事故没有责任。

2. 《消费者权益保护法》第二十四条规定,经营者不得以格式合同、通知声明、店堂告示等方式作出对消费者不公平、不合理的规定,或减轻、免除其损害消费者合法权益所应承担的民事责任。在本案中,景区虽以声明方式告知游客参加蹦极存在危险,但是,这个声明旨在免除自己从事危险游艺活动的经营责任,不仅没有法律效力,而且还应承担设备故障造成张某人身损害的法律责任。

案例 7 商业秘密遭到侵犯,依法维权挽回损失。

1994年7月至8月,A旅行社十余名业务骨干没有办理调动手续,便以出国留学、探亲、陪读等虚假事由,相继携带A旅行社的客户档案投奔B旅行社。B旅行社便以这些人员建立欧美部,随后利用所携档案展开经营,致使A旅行社蒙受重大经济损失。1994年9月,A旅行社向市中级人民法院诉称:B旅行社采用高薪加盟手段诱使其业务骨干,且以这些骨干所掌握的客户档案与国外客户联系业务,致使自己的国外客户一周之内取消原定期间(1994年8月至12月)的旅游团队151个,减少收入2196万元人民币,利润损失353万元人民币。为此,A旅行社要求法院制止被告的不正当竞争行为,归还有关客户档案,赔偿经济损失300万元。

B旅行社称:在业界中,旅游团队改变计划是常有的事。原告所说的客户档案主要是指国外旅游机构的地址、电话、传真资料等,这些资料在国外报纸广告上面随处可见,无密可言。A旅行社的骨干前来本社工作,属于人才的合理流动,法院应当驳回原告的诉讼请求。

案例评析

1. 《反不正当竞争法》第十条规定,商业秘密是指不为公众所知悉、能为权利人带来经济利益、具有实用性并经权利人采取保密措施的技术信息和经济信息。在本案中，A 旅行社在建立客户档案的工作中已经付出劳动和代价，而那些资料又不为公众所知，可以带来商业利润，应当视为旅行社经济信息类的商业秘密。B 旅行社称外国旅行机构资料的公开获得，并不符合客观事实，因为既然可以公开获得，那末为何被告偏偏是在 A 旅行社十余名业务骨干投奔以后方才获得与使用获益呢？

2.《反不正当竞争法》第二十五条规定，违法侵犯商业秘密的，监督检查部门应当责令停止违法行为，可以根据情节处以 1 万元以上 20 万元以下的罚款。B 旅行社采用高薪加盟手段诱使 A 旅行社业务骨干，并用 A 旅行社的商业秘密牟取私利，属于不正当竞争的违法行为，应当承担赔偿责任。

案例 8 违法竞争损人名誉，公开道歉再赔损失。

A 旅行社与 B 旅行社是某市两大旅行社。A 旅行社经营有方，生意兴隆；B 旅行社不善经营，生意冷清，近半年来没有赢利。2000 年 8 月，A 旅行社发现该市晚报多次发表有关自己经营信誉和服务质量的毁谤文章，指责自己坑骗游客、赚黑心钱。一时，A 旅行社的经营信誉严重受损，营业收入骤然下降。A 旅行社经过调查核实得知，该晚报上自称消费者的作者来信，均使用了虚假地址，进一步调查发现，发表文章的批评者都是由 B 旅行社授意所为。A 旅行社遂向法院提起诉讼，声称 B 旅行社损害其良好信誉，要求法院判决被告立即停止这种行为，公开登报赔礼道歉，消除被告在该市业界与群众之中所造成的恶劣影响，同时赔偿自己因为 B 旅行社的侵权行为所遭受的经济损失。

案例评析

1.《反不正当竞争法》第十四条规定，经营者不得捏造、散布虚假事实，损害竞争对手的商业信誉或商品声誉。在本案中，B 旅行社为了打击竞争对手，指使他人冒充消费者投稿毁谤，无中生有，散布虚假的损害事实，属于不正当竞争行为，这种行为已经构成商业毁谤，应当登报赔礼道歉、消除影响，赔偿原告的经营损失。

2.《旅行社条例》第五条规定，旅行社行业组织应当按照章程为旅行社提供服务，发挥协调和自律作用，引导旅行社合法、公平竞争和诚信经营。在本案中，B 旅行社严重损害 A 旅行社的商业信誉和商品声誉，应当承担法律责任。有鉴于此，旅行社行业组织应当积极协调，正确引导旅行社进行合法的公平竞争与诚信经营。

第三节 旅游行政管理部门

一、旅游行政管理部门及其特征

旅游行政管理部门是依法组织和管理旅游行政事务的政府机关。旅游行政管理部门的基本特征大致包括：（1）依法设定组织机构与职责权限；（2）法定机关予以批准，并且通过公开方式宣告成立；（3）有法定编制的工作人员；（4）经费源于国家拨款；（5）有办公地点和办公条件；（6）依法行使行政权力。

二、旅游行政管理部门的不同级次与行政行为

根据我国政府机关的不同级次，旅游行政管理部门通常分为国家与地方的旅游行政管理部门。我国国家旅游行政管理部门既是国务院的直属机构，又是国务院管理旅游业的职能部门，即为国家旅游局。地方旅游行政管理部门则指省、自治区、直辖市及其所属市、县与经济特区的旅游局。省、自治区、直辖市旅游局均向同级人民政府负责，并且接受国家旅游局的垂直领导和业务指导，形成业务上的领导与被指导关系。各级旅游行政管理部门应在统一领导、分级管理的原则下，加强旅游行业监管。

旅游行政管理部门的行政行为是指旅游行政管理部门对旅游业依法进行的监管活动。这种行为主要表现为：（1）行为主体是依法设置的旅游行政管理部门及其工作人员；（2）实施行为是在宪法、法定职权或授权范围内的合法活动；（3）行为意思表示真实、完全，内容合法、确定可行；（4）行为形式符合法律规定程序，并且遵守法定形式。

三、旅游质量监督管理所

旅游质量监督管理所（简称"质监所"）是我国各地旅游行政管理部门依法设立与加强监管旅游业服务质量的执法机构。依照分级设置原则，我国主要设有国家和省级质监所两个层级，地、市级以下的质监所则由省、自治区、直辖市旅游局根据旅游业发展的实际情况提出建议，报请当地人民政府决定设置。我国国家旅游局质监所、省、自治区、直辖市旅游局质监所与地、市旅游局质监所具体承担的职责范围有所不同。

国家旅游局质监所的职责范围是：（1）指导全国质监所的工作；（2）受理并

处理各类旅游质量投诉案件；（3）受理并处理中央各部门开办设立的国际旅行社和经营出境旅游业务的国际旅行社质量保证金的赔偿案件；（4）接受处理重大的跨省、自治区、直辖市的旅游投诉案件；（5）协同有关司指导全国旅游市场的检查工作；（6）协同有关司组织实施全国旅游质监员的培训与考核工作。

省、自治区、直辖市旅游局质监所的职责范围是：（1）指导本省范围内的各级质监所工作；（2）直接处理本地区重大的和跨地（州）、市的投诉案件及省级各部门旅游企业的投诉案件；（3）受理并处理本省（市、区）旅游局收取旅行社质量保证金及其赔偿案件；（4）根据委托开展旅游市场的监督工作。

地、市旅游局质监所的职责范围，由省、自治区、直辖市旅游局提出意见报请当地人民政府确定，同时依法管辖同级旅游局收取的旅行社质量保证金及其赔偿案件。

四、旅游行政处罚类型

旅游行政处罚分为六种类型：（1）警告，即向违法者提出警告或谴责，对其违法行为进行制止或予以教育避免再犯；（2）罚款，即强迫违法者缴纳一定数额的钱款；（3）没收非法所得与非法财物，即剥夺违法者的非法所得及其财产；（4）限制或剥夺违法者的行为权，责令停产停业、暂扣或吊销许可证、营业执照；（5）行政拘留，限制或剥夺违法者的人身自由；（6）法律、行政法规规定的其他行政处罚。

旅游行政管理机关对于违反旅游行政法规的公民、法人组织或其他组织，可以依法给予行政处罚。旅游行政管理机关在作出处罚决定之前应当告知当事人作出处罚决定的事实、理由、依据及当事人依法享有的权利，还应充分听取当事人的陈述和申辩，而不得因当事人的申辩加重处罚。[①]

五、旅游行政复议制度

旅游行政复议，是指公民、法人或其他组织对旅游行政管理机关的具体行政行为不服，认为自身合法权益受到侵犯，依法提出复议申请与法定受理的行政机关依法审查有关行为及作出决定的行政活动。旅游行政复议能有效地解决行政纠纷，是旅游者或旅游企业的合法权益得到补救的重要手段，也是上级旅游行政管理机关监督下级行政管理机关的重要途径。

申请人对县级以上地方各级人民政府旅游行政管理机关的具体行政行为不服，可向该部门的本级人民政府申请复议，也可以向上一级旅游行政管理部门申

[①]《行政处罚法》第四、五、八、三十、三十一、三十二条。

请复议；对旅游行政管理部门的具体行政行为不服的，或对复议决定不服的，可向人民法院提起行政诉讼，也可以向国务院申请裁决。

根据我国《旅游投诉暂行规定》：对复议决定不服的，可在接到复议决定之日起 15 日内，向人民法院提起诉讼。我国法律赋予公民、法人或其他组织不服行政机关行政处罚可以申请司法救济的相应权利，其目的是保护当事人的合法权益，维护和监督行政机关依法行使职权，纠正和防止违法或不当处罚。

申请旅游行政复议的范围包括：(1) 对旅游行政管理机关作出警告、罚款、没收非法所得、责令停业、暂扣或吊销许可证等行政处罚不服的；(2) 对旅游行政管理机关作出有关许可证、执照、资质证与资格证等证书变更、中止、撤销的决定不服的；(3) 认为旅游行政管理机关侵犯其合法经营自主权的；(4) 认为符合法定条件申请旅游行政管理机关应当颁发许可证、资质证与资格证书的，或申请旅游行政管理机关审批、登记有关事项，没有得到依法办理的；(5) 申请旅游行政机关履行保护人身权、财产权的法定职责，没有得到依法履行的；(6) 旅游行政管理机关其他具体行政行为侵犯其合法权益的。

六、典型案例及其评析

案例 9 游客行程被迫取消，投诉求偿到质监所。

2003 年 4 月 2 日至 11 日，杭州某国际旅行社组织 21 名游客参加新马泰 10 日游。按照旅游合同约定，旅游团将在马来西亚逗留 3 天。其间，由于我国发生"非典"疫情，马来西亚遂以安全为由，拒绝已获签证批准的该团入境。游客得知这个消息，都为不能到马来西亚旅游深感遗憾，纷纷要求领队采取措施，保证合同顺利履行。然而，尽管经过该社与境外地接社多方努力，旅游团仍被拒绝进入，以致该团被迫取消这段行程。回国之后，游客因为行程取消的退费事宜与该社发生分歧，且向当地旅游质监所发起投诉。

案例评析

1. 当地旅游质监所经过审理认为，旅行社本应依照约定履行合同，但却由于马来西亚政府拒绝入境，导致该团未能履约。这一事实对旅行社来说是不能预见、不能避免和不能克服的，因而应当视为不可抗力。

2. 《合同法》第一百一十七条规定，因不可抗力不能履行合同的，根据不可抗力的影响，部分或全部免除责任。在本案中，旅行社显然没有主观过错，自身也会因为旅游行程被迫取消受到损失，成为"非典"事件的受害者。因此，该事件中的旅行社可以免除或不需承担没有履行合同的违约责任。但是，按照我国《民法通则》与《合同法》公平、诚信的原则精神，旅行社虽不承担赔偿责任，但应退还游客支付而没有在马来西亚生成花销的有关费用。

案例 10 轻率购物提起投诉，查明证据不予受理。

2002年10月，杨某一家参加上海某旅行社组织的新马泰及港澳地区7日游。其间，杨某在新加坡购买了一些天然绿宝石。回沪以后，杨某将所购宝石送至上海珠宝鉴定中心进行检验，发现并非店家所称的天然宝石，而是人工培育品，遂要求该社给予经济赔偿。在与该社协商未果的情况下，杨某向上海旅游质监所提出投诉。上海旅游质监所在调查取证中，发现杨某所提供的由其本人签字认可的绿宝石发票及质量保证书中，明确写明该宝石为"人工培育绿宝石"，发票上有介绍该宝石的制作过程。显然，杨某在购买绿宝石时并未仔细阅读发票及质量保证书就轻率签名认购下来。上海旅游质监所经过调查，认为杨某的投诉请求证据不足，因而拒绝受理此案。

案例评析

1. 《旅游投诉暂行规定》第十九条规定，旅游投诉管理机关处理投诉案件，应以事实为根据，以法律为准绳。经调查核实，对事实清楚、证据充分的，可以根据情况作出处理决定。对于投诉者自身过错的，可以决定撤销立案，通知投诉者并说明理由。在本案中，由于游客杨某提供的证据不足，质监所对其提出的赔偿要求可以不予受理。

2. 出境游客在当地导游的诱导下，容易形成"冲动消费"，购买质次价高的商品。据此，游客在出境旅游购物时应当保持头脑冷静，不能轻信别人鼓动和虚假介绍。此外，在购物过程中，应当仔细阅读有关商品的品质说明和保证书，并妥善保留相关票据。

案例 11 投诉受理依法进行，裁决之前须查清楚。

2002年5月，4名游客与某旅行社签约进行云南5日游。但是，4名游客在旅行游览中遇到一系列不愉快的事情。旅游结束后，他们向市旅游局质监所提出投诉，反映该社漏接游客，任意缩短游览时间，全陪服务态度恶劣，降低餐饮、住宿、车辆及导游服务的质量标准等，并且提出加倍退还全部费用的强烈要求。2002年8月，市旅游局依据双方的陈述情况裁决判定：4名游客已经全程参加该社组织的游览活动，全部费用已经支出，不予支持加倍退还费用的要求。

4名游客不服裁决，依法要求省旅游局进行复议。省旅游局于2002年10月以事实不清、证据不足，撤销市旅游局质监所的行政裁决，责令重新调查处理。2003年2月，市旅游局质监所重新作出维持原判的处理决定。4名游客依然不服，在省旅游局尚未接到市旅游局重新报送的处理决定之前，又向国家旅游局提出申诉。对此，国家旅游局于2003年3月向省旅游局发出转办通知书，敦促责令省旅游局从速处理。

案例评析

1. 在本案中，市旅游局质监所在事实不清、证据不足的情形下，"依据双方的陈述情况"进行裁决，草率断案，这是典型的失职行为。产生错误的实质在于：没将双方当事人的权利义务划分清楚，因而造成当事人不服裁决。

2. 依据现行《行政处罚法》、《行政复议法》与《行政诉讼法》的相关规定，当事人对行政机关作出影响自己法定权利义务的具体行政行为不服的，除了法律特别规定以外，可选择在法定期限内向原行政机关的上一级行政机关或原行政机关所属的同级人民政府申请复议，对行政复议决定不服的，再向有管辖权的法院提起行政诉讼。本案中的4名游客为了维护消费权益，可在行政复议无效之后在法定期限内直接向有管辖权的法院提起行政诉讼。

案例12 导游证书吊销不发，申请复议最终无效。

1994年6月，导游王某在带团的过程中与某商店经营者串通欺骗游客消费，情节严重，被旅游行政管理部门依法吊销导游证。1996年6月，王某又参加该市组织的导游人员资格考试，成绩合格，取得导游人员资格证书。2001年6月，王某看到旅游市场十分旺，又想从事导游工作。于是，王某赶紧回到本市，带着导游人员资格证及有关材料前去申领导游证。结果，却被当地旅游行政管理部门拒绝。王某对于旅游行政管理部门的这一具体行政行为不服，便向上一级旅游行政机关申请复议。

案例评析

1.《导游人员管理条例》第二十四条规定，导游人员进行导游活动，欺骗、胁迫旅游者消费或与经营者串通欺骗、胁迫旅游者消费的，由旅游行政管理部门责令改正，处1000元以上3万元以下的罚款；有违法所得的，并处没收违法所得；情节严重的，由省、自治区、直辖市人民政府旅游行政管理部门吊销导游证并给予公告。本案例中，由于王某的行为属于与经营者串通欺骗游客消费，情节严重，损害游客的合法权益，所以才被吊销导游证。

2.《导游人员管理条例》第五条规定，被吊销导游证的，不得颁发导游证。本案例中，由于王某曾因违反有关法规被吊销过导游证，所以尽管重新参加导游人员资格考试，成绩合格，取得导游人员资格证书，旅游行政管理部门也不会给其重新颁发导游证。即使他向上一级旅游行政机关申请复议，同样无法重新获得导游证。

第四节 旅游纠纷及其处理

一、旅游纠纷及其类型

1. 旅游纠纷

旅游纠纷是旅游法律关系主体之间因为一方或双方过错造成对方权益受损而引起的矛盾争执。旅游纠纷可能发生在旅游活动中,也可能发生在旅游企业经营往来或旅游行政管理活动中。

2. 旅游纠纷的不同类型

旅游纠纷的类型包括:(1)按照纠纷主体划分,可以分为旅游者与旅游企业、旅游企业与旅游企业、旅游企业与旅游行政管理部门等旅游法律关系主体相互之间的旅游纠纷;(2)按照纠纷内容划分,可以分为旅行社、旅游饭店、交通运输、保险理赔等旅游纠纷;(3)按照纠纷对象划分,可以分为人身权益、财产利益、经营权能等旅游纠纷;(4)按照纠纷地域划分,可以分为国内旅游、出境旅游与入境旅游等旅游纠纷。

二、旅游纠纷的处理方式

旅游纠纷一旦发生,当事人便需通过某种方式,维护自身的合法权益。根据我国有关法规,当事人可以选择协商、调解、投诉、仲裁、诉讼的一种方式或几种方式处理发生的旅游纠纷。在旅游纠纷的处理方式中,协商、调解、投诉、仲裁是处理纠纷的非诉讼方式。一般来说,我国发生的旅游纠纷大多都是通过非诉讼的各种方式进行处理的,采用诉讼方式处理旅游纠纷的比例很小。

1. 协商

协商,是指纠纷发生以后,当事人依照法律和行业惯例或国际惯例,通过采取自愿、平等的磋商谈判,自行协议达成和解的处理方式。协商处理完全依靠当事人自行完成,是双方之间的观点冲突经过商议、互相妥协,达成一致的协调处置,无需第三者介入其中。这种方式能够及时、省时、便利、经济地处理纠纷,便于维护当事人的友好关系,并能履行新的协议,通常适用于标的不大、案情简单的旅游纠纷。这种方式的局限性是纠纷双方分歧严重时,往往难以协商处理;协议达成只能依靠双方自觉遵守,不能采取强制执行。

2. 调解

调解，是指纠纷发生以后，经第三人对当事人说服劝导、沟通调和，促使双方在互相妥协的基础上达成协议的处理方式。第三人促成双方达成协议的调解方式简便易行、开支较少，有利于处理纠纷与执行协议。

旅游纠纷的调解分为三种情况：(1) 民间调解，即民事关系的第三人在当事人发生纠纷的过程中对双方当事人进行调解；(2) 仲裁调解，即仲裁机构在当事人发生纠纷与申请仲裁的过程中对双方当事人进行调解，调解成功即撤销案件，调解不成或不愿调解时即进行仲裁；(3) 诉讼调解，即法院在当事人发生纠纷、提起诉讼与审理过程中对双方当事人进行调解，促使当事人在合法、自愿的基础上达成协议。

3. 仲裁

仲裁，是指纠纷发生以后，仲裁机构根据当事人的仲裁协议，以中间人的公断身份，按照一定的仲裁程序，审理纠纷与作出裁决的处理方式。一般来说，仲裁机构依法成立，拥有规定的特殊权限和专业人员，能够按照规定程序或规则裁决。仲裁裁决作出以后，具有国家强制力保证执行的法律效力。

4. 诉讼

诉讼，是指法院在发生纠纷的当事人及其他诉讼参与人的配合下，依照法定程序进行的处理方式。旅游纠纷的诉讼处理是当事人所选择的最正式、最严厉的处理方式。诉讼与仲裁的区别在于：(1) 诉讼按照法律规定由具有管辖权的法院受理，仲裁不实行级别管辖或地域管辖，仲裁委员会由当事人协议选定；(2) 法院审理案件实行两审终局制度，仲裁实行一裁终局制度；(3) 审判庭的执法者依法组成，仲裁庭的仲裁员由双方当事人选定组成；(4) 法院审判案件除了法律另有规定以外，一律公开进行审判，仲裁则不公开进行。

诉讼类型主要包括：(1) 民事诉讼，即指作为平等主体在经济交往和日常生活中因财产关系、人身关系而提起的诉讼活动。对于侵权或违约发生的旅游纠纷，当事人可向法院提起民事诉讼。(2) 行政诉讼，即指公民、法人或其他组织认为行政机关及法规授权的组织做出的具体行政行为侵犯其合法权益，依照法定程序起诉，且由法院在当事人及其他诉讼参与人的参加下，对具体行政行为的合法性进行审查与作出裁决的诉讼活动。在旅游活动中，公民、法人或其他组织认为旅游行政管理机关及其工作人员的具体行政行为侵犯自身合法权益，有权要求人民法院对该机关行政行为的合法性、合理性、公正性加以审理并作出裁决。(3) 刑事诉讼，即指审判机关、检察机关与侦查机关在当事人及诉讼参与人的参加下，依照法定程序追究被起诉者刑事责任的诉讼活动。在旅游活动中，情节严重的损害行为可能构成刑事犯罪，因而在特殊情况下，旅游纠纷也有可能转化成为刑事诉讼。

三、旅游投诉及其处理

旅游法律关系主体除可采用协商、调解、仲裁、诉讼方式处理旅游纠纷以外，还可采取投诉方式，请求旅游行政管理部门维护其合法权益。

1. 旅游投诉及其特点

旅游投诉，指旅游者、海外旅行商、国内旅游企业为了维护自身或他人的合法权益，对施加损害的旅游者或服务单位向旅游行政管理部门做出书面或口头形式的指控行为。旅游行政管理部门在当事人投诉以后，经过充分的调查审理，可以作出调解处理。

旅游投诉的主要特点：（1）纠纷发生在旅游活动中或与旅游活动关系密切；（2）投诉者是与纠纷有直接利害关系的人，即因被投诉者的行为直接导致其人身、财产的合法权益或经营信誉受到损害而依法行使相应请求权的人；（3）被投诉者有违法、违纪、违反经营或服务规则的损害性质；（4）被投诉者有主观过错；（5）受理机关是旅游行政管理部门所设立的旅游投诉管理机构，其处理投诉行为是旅游行政管理部门的具体行政行为。

2. 旅游投诉者及其权利义务

旅游投诉者，是指请求旅游行政管理部门维护自身或他人的合法权益，而使旅游投诉成立的人。旅游投诉者通常涉及两种情况：一是因被投诉者的侵权行为侵害人身或财产权利；二是发生合同违约纠纷。旅游投诉者一般包括中外的旅游者、旅游企业及其从业人员等旅游法律关系主体。

旅游投诉者的权利包括：（1）有权了解投诉请求的处理情况；（2）有权请求调解处理；（3）有权与被投诉者自行和解；（4）有权放弃或变更投诉。旅游投诉者的义务包括：（1）依照法定条件与范围进行投诉；（2）须向旅游投诉管理机关递交诉状；（3）按照被投诉者人数提出副本。

3. 旅游被投诉者及其权利义务

旅游被投诉者，是旅游投诉者指控侵害自身合法权益，要求追究相应责任，并由旅游行政管理部门通知应诉的人。被投诉者一般包括中外的旅游者、旅游企业及其从业人员等旅游法律关系主体。

旅游被投诉者的权利包括：（1）有权与投诉者自行和解；（2）有权依据事实反驳投诉请求与提出申辩；（3）请求保护合法权益。被投诉者的义务包括：（1）在接到通知之日起30日内作出书面答复；（2）协助旅游投诉机关调查核实投诉情节并提供证据；（3）不得隐瞒阻碍调查；（4）确有过错并损害投诉者利益的，应当主动赔礼道歉、赔偿损失。

4. 投诉状

投诉状，是旅游投诉者在合法权益遭受侵害或与他人发生旅游纠纷时，向旅游行政管理部门进行指控，陈明事实与提出理由，要求依法处理纠纷，维护自身合法权益的书面请求。投诉状还是旅游投诉管理机关受理投诉的必备材料与被投诉人提出申辩的参考内容，在投诉中具有重要的依据作用。

投诉者应向旅游投诉管理机关递交投诉状，递交投诉状确有困难的，可以口诉，由旅游投诉管理机关笔录记入，并由本人签字认可。投诉状应当符合《旅游投诉暂行规定》确立的格式和要求，清楚载明以下事项：(1) 投诉者的基本情况，包括姓名、性别、国籍、职业、年龄、单位（团队）名称及地址。(2) 被投诉者的基本情况，包括姓名或单位名称、所在地。(3) 投诉请求，涉及赔偿的经济损失、追究违约的法律责任等。(4) 事实根据，是投诉状的重要部分，侵权事实应当写明侵权行为发生的时间、地点、手段、情节、经过与后果等；合同纠纷应当写明签约时间、标的、原因、经过与后果等。(5) 投诉理由，写明被投诉人的行为违反哪部法规、何条何款、行为性质及其造成的实际损失等。(6) 证据，包括合同、票据、传真、物证、证人、证言与鉴定结论等。

四、旅游投诉的管辖权限

旅游投诉的管辖权限，是指各级旅游投诉管理机关受理旅游投诉纠纷的权限划分。旅游投诉的权限划分不仅关系到旅游行政管理机关行使权力，而且关系到国家机关能否及时、有效、准确地追究违法损害行为的法律责任与切实保护投诉者的合法权益。

1. 级别管辖

级别管辖，是指各级旅游投诉管理机关处理投诉的层级权限。根据旅游投诉规定，国家旅游投诉管理机关管辖全国范围内有重大影响或地方旅游投诉管理机关难以处理的重大案件；县级（含县级）以上的地方旅游投诉管理机关管辖本辖区内的投诉案件。此外，根据各地情况不同，各地旅游行政管理部门可以根据本地投诉的案件数量、人员编制和办案力量等具体情况，设置旅游投诉管理机关。

2. 地域管辖

地域管辖，是指旅游投诉管理机关处理投诉的地域权限。地域管辖一般根据行政区划加以确定，省级旅游投诉管理机关在本省行政管辖区域内行使权力；县级（含县级）以上的地方旅游投诉管理机关在本行政区域内行使权力。根据旅游投诉规定，跨行政区的旅游投诉，由被投诉者所在地、损害行为发生地或损害结果发生地的旅游投诉受理机关协商确定旅游投诉管理机关；或由上一级旅游投诉受理机关协调、指定旅游投诉管理机关。旅游投诉者可以自愿选择向被投诉者所在地、损害行为发生地或损害结果发生地的任何一个旅游投诉管理机关提出投诉。

3. 移送管辖

移送管辖，是指旅游投诉管理机关受理投诉以后，发现无权管辖该项案件，进而依法将其移送到有管辖权的旅游投诉管理机关审理。接受移送的旅游投诉管理机关，认为对被移送的案件无管辖权时，应当报请上级旅游投诉管理机关指定管辖，不再移送。

4. 指定管辖

指定管辖，是指上级旅游投诉管理机关指定下级旅游投诉管理机关对某一投诉案件行使管辖权。指定管辖实际上是赋予旅游投诉管理机关在受理案件上具有一定的自由权，以便适应错综复杂的处理情况。

5. 转移管辖

转移管辖，是指上级旅游投诉管理机关有权管辖下级旅游投诉管理机关管辖的投诉案件；下级旅游投诉管理机关对其管辖的投诉案件，认为需要上一级旅游投诉管理机关管辖的，可以报请上级旅游投诉管理机关管辖。

五、旅游投诉的处理程序

我国地方人民政府通常指定或设立统一的旅游投诉管理机构，一旦接到投诉事项，应当及时进行处理或移交有关部门处理，并且告知投诉者。

1. 处理原则

旅游投诉管理机关处理投诉，须以事实为根据，以法律为准绳。以事实为根据，是指处理或调解任何投诉应当"先取证，后调解"，以使调解有事实根据；以法律为准绳，是指根据客观事实依法作出公正结论或调解处理，不能仅凭感觉推断或凭感情好恶办案。

2. 投诉时效

投诉时效，指投诉人请求保护合法权益的有效期限。旅游投诉人向旅游投诉管理机关请求保护合法权益的投诉时效为60天。投诉人在法定期限内进行投诉，才有权利请求旅游投诉管理机关保护自身的合法权益。规定旅游投诉时效，可以督促投诉者及时行使投诉权，以免出现时过境迁，既不利于旅游投诉管理机关查处案件，也不利于及时处罚与有效教育违法当事人。

投诉时效按当事人知道或应知道权利被侵害时起算，不管当事人实际上是否知道权利受到侵害。有特殊情况的，旅游投诉管理机关可以延长投诉时效，这是合理保护权利人的一项措施。然而，旅游投诉管理机关应当从严掌握，不得滥用，因为时效有严肃性，不可随意，不能依照当事人的意志改变。

3. 处理过程

旅游投诉管理机关作出受理决定以后，应当及时通知被投诉者。被投诉者应在接到通知之日起30日内作出书面答复。其间，旅游投诉管理机关对被投诉者的书面答复必须复查，在事实清楚、证据充分的基础上作出调解。事实清楚，是指旅游投诉情节清楚，一般包括时间、地点、人物、起因、过程、结果等。对于造成损害情形的，还应查明损害行为及其结果之间的因果关系，损害结果的轻重程度等，双方纠纷的意见、理由及必要说明。证据充分，是指旅游投诉事实都有充分的客观证据。

4. 处理决定

旅游投诉管理机关查明事实以后，依据有关法规判定投诉双方的应尽责任，并且作出处理决定。处理决定包括几种：（1）属于投诉者的自身过错，可以决定撤销立案，通知投诉者并说明理由。对投诉者的无理投诉、故意损害被投诉者合法权益的，可以责令投诉者向被投诉者赔礼道歉，或者依据有关法规承担责任。（2）属于被投诉者的单方过错，可决定由被投诉者承担责任，同时责令被投诉者赔礼道歉或赔偿损失及承担全部或部分处理投诉费用。（3）属于投诉者与被投诉者的共同过错，可决定由双方承担各自责任，具体承担的责任方式，可由双方协商确定，也可以由投诉管理机关作出决定。（4）属于其他部门过错，可以决定转送有关部门处理。旅游投诉管理机关的处理决定应当采用旅游投诉处理决定书，并在15日内通知投诉者和被投诉者。①

六、典型案例及其评析

案例13 文盲书写诉状困难，笔录口诉受理维权。

2002年3月20日，一对农民夫妇到桂林旅游。他们在古物市场购买旅游纪念品时，不慎碰坏一把紫砂壶。对此，店主声称此壶出自名家之手，价值人民币8000多元，强行要求他们买走。由于这对夫妇很少旅游，加上出门在外人地两生，最终只好以5000元人民币的高价买下这把砂壶。两人返回所住酒店后，向大堂经理诉及此事。大堂经理建议他们起草一份投诉状，前往旅游行政管理部门举报。3月22日，这对夫妇来到桂林市旅游投诉管理机关，由于两人都是文盲，旅游投诉机关采取笔录口诉方式予以受理。后在当地工商行政管理部门的协助下，桂林市旅游投诉管理机关很快查清这把所谓的"名人紫砂壶"纯属假冒。在事实面前，店主只得将5000元人民币退还这对夫妇。

---

① 《旅游投诉暂行规定》第二、七、八、十、十一、十二、十三、十四、十五、十六、十七、十八、十九、二十、二十二条。

案例评析

1.《旅游投诉暂行规定》第九条规定,投诉者认为旅游企业欺诈、损害投诉者利益的行为,可以向旅游投诉管理机关投诉。在本案中,旅游纪念品的业主属于旅游企业,农民夫妇对其欺诈、损害游客的不法行为进行投诉是正当合法的,旅游投诉管理机关应当受理,并且及时予以查处。

2.《旅游投诉暂行规定》第十条规定,旅游者在其权益受到损害时应向有关旅游投诉管理机关进行投诉。对于递交投诉状确有困难的,投诉人可以直接进行口诉,由旅游投诉管理机关记入笔录,并由本人签字认可。在本案中,由于这对农民夫妇均系文盲,所以可以采取笔录口诉方式进行投诉。

案例 14 案件管辖依照地域,投诉须按法规确定。

2002 年 5 月初,河南王女士参加某旅行社组织的旅游团到四川乐山时,遇到寺庙和尚推销"开光玉佛"的装饰品,声称佩戴这玉佛可以消灾去病。王女士身患多种慢性疾病,听后便用 500 元买下一尊。回到家后,王女士并未感到这尊玉佛的"灵验"之处,便到附近名气较大的一所寺庙进行"鉴定",却被告知这尊玉佛并未"开光"。其后,王女士又到一家珠宝店核对价格,发现这尊玉佛远远高出市场价格。因为玉佛是在旅行社组织游览过程中购买的,所以王女士向所住城市的旅游投诉管理部门控告玉佛的质价不符,要求旅行社社赔偿购物的相应损失。

案例评析

1.《旅游投诉暂行规定》第七条规定,跨行政区的旅游投诉,由被投诉者所在地、损害行为发生地或损害结果发生地的旅游投诉受理机关协商确定管理机关;或由上一级旅游投诉受理机关协调指定管理机关。在本案中,王女士选择所住城市(即损害结果发生地)进行投诉,符合有关区域管辖的法规要求。

2. 在本案中,王女士购买玉佛虽然发生在旅游期间,但却属于个人行为,与旅行社没有关系。如果玉佛有质量问题,王女士可向出售者或生产者要求赔偿,该社没有义务承担责任,投诉该社没有理由。此外,王女士所购玉佛并非一般商品,付款含有捐赠性质,其购买行为不能视为普通消费,不能适用《消费者权益保护法》所规定的"质价相符"条款处理。

案例 15 申请复议超过时限,只能维持原判处理。

2001 年 9 月,某公司 20 人参加某旅行社组织的新加坡、马来西亚及中国香港 8 日游。双方签订合同规定,出团日为 12 月 26 日,每人交纳 5700 元人民币。12 月 26 日,旅游团在领队的带领下,乘车抵达上海机场准备出境时,方才发现新加坡使馆将签证的有效期限截止到 12 月 26 日,导致该团无法出境。经过双方紧急协商,决定改变原来行程。随后,该社按照游客要求先赴香港,重新办理出境手续,全额承担变更行程、重新签证等费用支出,然后再去新加坡与马来西亚。

最终,该社按照新的安排完成游览,整个行程比原合同延期两日。旅游结束后,游客要求该社承担违约赔偿责任。该社则多次派人与游客协商解决纠纷并发函致歉,但却未能达成一致,游客就此向市旅游质监部门提出投诉。2002年3月10日,旅游质监部门发出《旅游投诉处理决定书》责令该社赔偿全额旅游费用的10%。6月10日,该团游客商议过后不同意市旅游质监部门的处理决定,遂向上级旅游投诉管理部门申请复议,要求该社退还其全部团费的30%,上级旅游投诉管理部门对此未予受理。

案例评析

1. 《旅游投诉暂行规定》第二十一条规定,投诉人或被投诉人对旅游投诉管理机关作出的处理决定或行政处罚决定不服的,可直接向法院起诉,也可以在接到处理决定通知书之日起15日内,向处理机关的上一级旅游投诉管理机关申请复议;对复议决定不服的,可在接到复议决定之日起15日内,问法院起诉。在本案中,该团游客在市旅游质监部门作出处理决定后15日内未按要求申请复议,所以只能执行原来处理决定。

2. 在本案中,游客与旅行社所签订的旅游合同,虽因该社工作失误没有按期得到履行,但该社经与游客协商变更原定安排,最终完成游览行程,应推定为双方认可合同变更。因此,该社在变更合同后已经履行自身义务,并且承担因为变更合同而产生的相应费用,所以不须承担工作失误之责。对此,游客要求该社退赔30%的旅游费是不合法的。

案例16 旅游投诉处理得当,游客受骗终获补偿。

2009年4月中旬,北京游客陈女士到云南旅游,在一个景区附近花费3000元买下两条"白金项链",返回家中收藏起来。两个半月后,陈女士拿出项链时,发现两条"白金项链"已经变成锈铁链子。经过有关专家鉴定,该项链是纯铁制品。陈女士气愤之余,找来好友诉说受骗经过,表示要将此事投诉到云南省旅游局。但好友说,这事已过两个半月,超出旅游投诉时效,恐怕投诉难被受理。陈女士却不甘心,试着写信进行投诉,说明受骗经过并将"白金项链"一并寄去。云南省旅游局接到投诉后,旋即责令当地旅游投诉管理机关对该事件进行查处。经过及时调查发现,所诉受骗的内容属实,随后作出相应处理。

案例评析

1. 《旅游投诉暂行规定》第二十二条规定,向旅游投诉管理机关请求保护合法权益的投诉时效期限为60天。投诉时效期限从投诉者知道或应知道其权利被侵害时算起。有特殊情况的,旅游投诉管理机关可以延长投诉时效期限。在本案中,由于两条"白金项链"是纯铁制品,生锈过程有滞后性,投诉时效期限应从知道该项链为赝品时起算,所以王女士的投诉并未超过时效。

2. 《旅行社条例》第四十三条规定，旅行社损害旅游者合法权益的，旅游者可向旅游行政管理部门、工商行政管理部门、价格主管部门、商务主管部门或外汇管理部门投诉，接到投诉的部门应当按其职责权限及时调查处理，并将调查处理的有关情况告知旅游者。在本案中，云南省旅游局接到信件后，迅即责令当地旅游投诉管理机关对该事件进行查处，这种行政管理行为符合旅游法规精神，值得称赞。

第三章 旅游合同法规制度

第一节 旅游合同法规概述

一、订立合同及其作用

1. 合同及其不同种类

合同，是指平等主体的自然人、法人组织、其他组织之间设立、变更、终止权利义务关系的约定协议。根据不同的划分标准，合同大致可以分为书面合同与口头合同、双务合同与单务合同、有偿合同与无偿合同、主合同与从合同等不同种类。

2. 订立合同的主要作用

订立合同具有以下的主要作用：（1）自合同产生之日起，当事人必须受到合同约束，按照约定履行义务；（2）如果情况发生变化，需要变更或解除合同时，当事人应协商解决，任何一方不得擅自变更或解除合同；（3）除了不可抗力等法定情况以外，当事人不履行合同义务或履行合同义务不符合约定的，应当承担违约责任；（4）在当事人发生纠纷时，合同可以作为解决纠纷的法律依据。

二、合同法及其基本原则

1. 合同法

合同法是调整平等法律主体相互之间交易关系的法律规范，用于调整自然人、法人组织、其他组织之间设立、变更、终止的民事关系。合同法是适应商品经济发展的特殊产物与保护市场经济的重要手段。

2. 合同法的基本原则

合同法的基本原则是立法机关制定《合同法》的根本准则，不仅作为当事人在订立与履行合同中应当遵守的行为规范，还能作为司法机关或仲裁机构处理纠纷的主要依据。

《合同法》的基本原则主要涉及：（1）平等原则。当事人具有平等的法律地位，一方不得将自己的意志强加给另一方。（2）自愿原则。当事人依法享有自愿订立合同的权利，任何单位和个人不得非法干预。（3）公平原则。当事人应公平合理确定各方的权利义务。（4）诚信原则。当事人行使权利、履行义务应当做到诚实信用。（5）遵守法律和维护道德原则。当事人订立、履行合同，应当遵守法律、行政法规，尊重社会公德，不得扰乱社会经济秩序，损害社会公共利益。这些原则贯穿于《合同法》中，具有指导、约束与规范当事人的重要作用。

三、订立合同的法定形式

《合同法》明确规定，当事人订立合同有三种形式，即书面形式、口头形式与其他形式。这三种形式都是合同的法定形式，具有相同的法律效力，当事人可以根据需要选择采用。

1. 书面形式

书面形式，指当事人以文字方式表达合同的订立形式，包括合同书、信件以及数据电文（包括电报、传真、电子数据交换和电子邮件）等。书面合同的表现形式包括作为合同凭证的各种票据。书面形式的最大优点是内容明确、责任清楚、保存方便、有据可查，发生争议时便于举证，有利于当事人主张权利与法院依法审判或仲裁机构作出裁决。书面形式分为一般与特殊两种。特殊书面合同形式除了具有一般书面合同形式的内容以外，还须经过公证、鉴证等特殊程序。

2. 口头形式

口头形式，指当事人以交谈方式表达合同的订立形式。口头形式运用方便、迅速、简单、宜行，有利于促成交易关系，不足之处是难以分清各方责任，发生争议举证困难。

3. 其他形式

其他形式，指当事人通过实施沉默不语的某种行为表示合同的订立形式，一般包括推定形式或默示形式。这种形式可由行为推定合同已经订立。例如，高速公路收费站的收费表示与交费行为可被推定双方形成合同关系。

四、旅游合同的依法运用

旅游业为旅游者提供服务，明确各方当事人的权利义务，需要通过合同订立行、游、住、食、购、娱等项活动，保障实现合同各方当事人的合法权益。

1. 旅游业中的合同运用

在旅游业中，我国一向较为重视运用合同。1989年2月，国家旅游局发布实施《关于对导游人员实行合同管理的通知》。1996年10月，国务院发布实施的《旅行社管理条例》明确规定旅行社与其聘用的经营人员，应当签订书面合同，约定双方的权利义务。同年11月，国家旅游局发布实施的《旅行社管理条例实施细则》对旅行社运用合同开展业务作出规定。2009年1月，国务院颁布的《旅行社条例》在旅行社的设立、经营、监督检查与法律责任等有关方面均涉及合同问题。

在国际旅游业中，旅游交易法制化已经成为发展趋势。这种趋势主要表现为发达国家为了保护旅游者的合法权益，通过立法推行交易合同制，要求旅行社、旅游饭店、车船公司、餐饮娱乐等有关企业与旅游者订立合同。我国旅游法规同样要求旅游企业遵守法律规范，采用合同约定各方应当履行的权利义务。因此，推行合同法规制度，符合中国旅游业的现实需要与发展趋势，有利于规范旅游交易行为，提高旅游服务质量，有利于实现各方的合法权益，减少发生各种纠纷，有利于我国旅游业与国际接轨。

2. 旅游合同及其特征

旅游合同是旅游法律关系主体之间设立、变更、终止权利义务关系的特殊协议。除了具备一般合同的特点以外，旅游合同还有以下鲜明特征：（1）旅游者与旅游企业是合同主体；（2）旅游产品的无形性、不可储藏性、不可移动性与综合性，决定旅游合同标的具有明显的特殊性；（3）主要根据《合同法》的总则规定，同时参照《合同法》的分则规定；（4）可以参照其他法规。

3. 旅游合同的不同种类

旅游合同可从不同角度分为：（1）单项服务的旅游合同与多项服务的旅游合同；（2）一次性的旅游合同与长期性的旅游合同；（3）附条件的旅游合同与附期限的旅游合同；（4）标准化的旅游合同与非标准化的旅游合同。

4. 旅游合同的表现形式

旅游合同通常采用书面形式，原因在于：（1）旅游企业的服务情况，只有通过旅游者亲身体验与综合评判才能作出；（2）旅游费用的数额较大；（3）涉及大量的外国游客；（4）发生纠纷的可能性大等。为此，旅游企业在组织、接待游客中注重采用书面形式订立合同，以备查考。但在明确双方法律关系的情况下，可以采用口头形式。此外，游客可以通过持有的各种票据，证明自己与旅游企业之间存在的合同关系。有些票据虽然没有直接反映双方的权利义务，但可依法确认双方的法律关系。

五、典型案例及其评析

案例1 境外强行收费结怨，殴打游客依法制裁。

2004年1月22日，张先生夫妇参加北京海欣国旅所组织的泰国8日游。按照约定，每人交纳4730元团费，并且参加1000元的自费项目。此外，该社承诺不再交纳费用。然而，到了泰国曼谷以后，导游沈某却说因为该团人数不足，海欣国旅已将游客转给洋海国旅，强行要求张先生夫妇每人再交2000元的自费金。张先生夫妇认为已经交够费用，坚持不从，遂与沈某发生矛盾。沈某和泰国导游威胁张先生说："泰国是枪支泛滥的国家，若不交钱，所有一切不能保证。"当地导游甚至不让张先生夫妇随团旅游。1月29日，张先生夫妇乘飞机从泰国返京时，沈某竟伙同几人在北京国际机场航站楼内对张先生夫妇进行殴打。随后，警方将沈某等3人强制拘留。经过诊断，张先生左肩韧带断裂，眼睛出血，司法鉴定为轻伤偏重，他的妻子也有多处软组织损伤。

案例评析

1. 《合同法》第三条规定，合同当事人的法律地位平等，一方不得将自己的意志强加给另一方。在本案中，张先生夫妇参加海欣国旅所组织的泰国8日游，是接受服务的旅游者，海欣国旅则是组织旅游的服务者，两者之间的法律地位是平等的，任何一方不得将自己的意志强加给另一方。

2. 由于张先生夫妇坚持不交2000元的自费金，而与导游沈某发生矛盾，最终导致在首都机场航站楼遭到沈某等人殴打。就此而言，沈某等人一旦违法侵害游客的人身安全，公安部门就会予以拘留处罚，以维护社会安全稳定。如果沈某等人侵害行为严重，还会受到更为严厉的法律制裁。

案例2 履行合同违反诚信，遭到处罚自作自受。

2000年3月3日，某印刷厂与某旅游服务公司签订一份加工合同。合同约定：印刷厂为旅游服务公司加工旅游工艺品包装纸盒150万个，加工费为每个1元，印刷厂须于3月25日前提供样品纸盒10个，在检验合格时双方共同封样公证，旅游服务公司分批提供原材料。

印刷厂在签订合同后，积极筹备，落实场地，组织40多名职工准备生产，且于3月22日送出按照要求制作的10个样品纸盒。然而，旅游服务公司未经仔细检验遂称不合规格。其后，双方补充签订协议，规定印刷厂务必于4月30日前将合格样品送到旅游服务公司。否则，加工合同自行失效。

4月28日，印刷厂送出第二批样品。经过检验，旅游服务公司认为合格，但以"订立合同标的太大，必须进行实地考察"为由，拒绝进行封样公证，也不提供原材料。直到年底，旅游服务公司既不派人实地考察，更不提出封样公证与提供原材料。在此期间，印刷厂多次发出函电催告，旅游服务公司一概置之不理。对此，印刷厂向法院提起诉讼，要求旅游服务公司赔偿印刷厂停工待料造成的经济损失12万元。

案例评析

1. 在本案中，印刷厂与旅游服务公司双方签约的主体合格，意思表示真实一致，内容亦无违法之处，因而加工合同有效，具有法律约束力。因此，双方应当依照约定履行各自的应尽义务。

2. 《合同法》第六条规定，当事人行使权利、履行义务，应当遵循诚实信用原则。在本案中，印刷厂为履行合同积极准备，努力承担自身义务，是有诚意的，而旅游服务公司在对方提供合格样品后，却以种种理由拒绝封样公证，且不履行合同内容，这就说明旅游服务公司在订立合同后，没有履行合同诚意，违反诚实信用原则，因而应当承担赔偿责任。

案例 3 口头合同依据不足，质监部门调查维权。

居住东北哈尔滨市的杨某一家准备"五一"期间去新马泰旅游。经与数家旅行社的接触洽谈，最后决定交纳团费 1 万元参加宏达海外旅行社定于 1992 年 4 月下旬出行的新马泰 15 日游。4 月 1 日，该社在杨某交纳 500 元定金以后，开出盖有"哈尔滨宏达海外旅行社南岗区营业部财务章"的一张收据。至此，杨某以为事已办成，没有想到应与对方签订合同。4 月 15 日，杨某全额缴清剩余团费 9500 元。随后，该社便给杨某全家办好出国旅行的有关手续。不料，马来西亚旅行社在旅游期间擅自降低服务标准，导游服务态度恶劣，所住酒店也由四星级变成二星级。导游常带游客购物，并且劝说游客参加自费娱乐项目。其间，杨某儿子因为团餐食物不净导致上吐下泻，不仅花掉医疗费 1200 元，而且耽误观赏 3 个景点，使得全家游兴大减。由于服务质量极差，全团游客抱怨不已。返回以后，杨某和其他游客找到宏达海外旅行社去讨说法，结果受到冷漠接待。由于该社对此问题一拖再拖，游客只好向哈尔滨市旅游质监所提出投诉。

案例评析

1. 在本案中，质监所调查发现，宏达海外旅行社没有资格组团出国，是超范围的经营行为。此外，该社与没有任何许可文件的所谓"南岗区营业部"签订旅游承包合同，由承包人以其名义开展经营，年终收取承包费用，属于非法经营业务。尽管如此，质监所从保护游客利益角度，认定杨某等人与该社已就旅游的具体细节达成一致，形成事实上的合同关系。根据调查的法律事实，所谓的"南岗区营业部"的承包人不能成为合同主体，无法承担违约责任，所以宏达海外旅行社作为非法经营业务者，必须承担赔偿责任。

2. 在本案中，由于双方采用口头约定，游客没有书面合同，难以提供有关证据，所以对于游客投诉的服务质量，无法核实细节问题。对此，质监所只能根据反映情况进行交涉，判定该社给予一定的损害赔偿，返还部分旅游费用。此外，杨某交付定金之际，本应注意收据盖章落款字样"办公室"、"财务科"或"财务章"等属于无效，而应认定"哈尔滨宏达海外旅行社"或"营业部"为落款字样的公章或合同专用章属于有效。同时，还须注意不能仅以合同经手人的签字为准，而应要求加盖公章，即便签字者是法定代表人也是如此，还要检查合同专用章与营业执照上的名称是否完全一致。

案例 4 债权债务归于一人，合同混同即可终止。

某旅行社与某三星级旅游宾馆为了确立合作关系，于 2000 年 1 月订立为期 3 年的合作协议。双方约定该社接待的游客一律安排到旅游宾馆饮食住宿，费用半年结算一次。2000 年下半年，宾馆接待该社游客 3400 人次，总计食宿费用 10 多万元。但是，由于该社资金周转出现困难，不能及时进行结算。2001 年初，该社经营不善亏损，不仅旧账没有还清，新账又欠 4000 余元。双方经过反复协商，不能达成一致。为此，旅游宾馆将该社告上法庭，请求支付两年来所欠宾馆的食宿费用 10 多万元及逾期应付款项利息。在法院审理中，该社一度提出破产申请。后经旅游行政管理部门的调解，旅游宾馆将该社兼并成为自己的旅行部，致使债权债务消灭从而撤诉。

案例评析

1. 在本案中，旅游宾馆与旅行社为了确立双方关系订立合同。但是，由于该社资金周转出现困难，双方合作无法进行。最后，通过旅游宾馆兼并该社而使债权债务归于一人，引起原来债务消灭，双方合同得以终止。

2. 本案合同终止属于债的混同，这种混同最终导致债权债务归于消灭。混同成立是以债权债务归于一人的事实为构成要件；混同结果则绝对地消灭债权债务及以合同关系所产生的从债权和从债务，但涉及第三人利益或法律有例外规定的除外。

第二节 旅游合同的订立及其效力

一、合同订立

1. 合同主体

自然人、法人组织及其他组织都能成为合同主体。不过，合同主体必须具有相应的民事权利能力和民事行为能力。民事权利能力是指法律赋予民事主体享有民事权利和承担民事义务的资格；民事行为能力是指民事主体以自己的行为取得民事权利和承担民事义务的资格。对于旅游合同来说，设立条件与经营范围符合法规的旅游企业具有民事权利能力,精神状态与年龄符合法定条件的旅游者则有民事行为能力。

2. 合同条款

合同条款是当事人规定权利义务关系及其达成协议的主要内容。旅游合同也不例外。旅游合同条款包括:

(1) 当事人的名称(姓名)和住所。

当事人的名称(姓名),是指法人组织或其他组织在登记机关注册所用的正式名称;姓名,是指公民个人在身份证或户籍登记上的正式名称。住所,对法人组织或其他组织而言,指在登记机关注册的经营机构所在地;对公民个人而言,指长久住所。明确当事人的名称(姓名)可以确定身份;明确当事人的住所对于履行合同与法院受理诉讼案件有重要意义。旅游合同当事人通常包括旅游者与旅游企业等合同主体。

(2) 标的。

标的,是指合同权利义务的共同对象。标的指向应当明确、具体、肯定,使用明白的语言表达真实意思。旅游合同的标的涉及旅游产品及其服务等。

(3) 数量。

数量,是指确定当事人的权利义务时,采用数字和计量单位表示大小、多少、高低、轻重的计算方式。若不约定标的数量,当事人将无法确定双方的权利义务。旅游合同中的旅游期限、住店天数、行李件数等都与数量有关。

(4) 质量。

质量,是指确定当事人的权利义务时,衡量性质好坏优劣的等级标准,一般包括标的的规格、款式、质地、性能等多种要素。旅游合同中的质量标准不仅表现在旅行社、旅游饭店、车船公司、旅游景点、娱乐设施的等级标准上,而且体现在旅游从业人员的服务态度与服务质量上。一般来说,旅游合同的质量依据往往参照国家技术监督部门所制定的有关服务质量标准。

(5) 价款或报酬。

价款,是指标的物的支付款项;报酬,是指提供服务的回报酬金。在订立旅游合同过程中,应当明确价款或报酬的计算标准、金额总数、支付条件与结算方式。在旅游合同中,价款往往就是支付旅游产品的团费款额;报酬则是旅游企业提供服务的回报酬金。

(6) 履行时限、地点、方式。

履行时限,是指履行合同的约定期限。旅游合同的履行时限,是指完成旅游合同义务的约定期限,是确定违约与否的因素之一。旅游合同应当准确写明时限,分别规定即时履行、定时履行或分期履行。在旅游合同中,履行时限还表现为"一日游"、"五日游"或"十日游"等不同时限。

履行地点,是指履行合同的地理位置。在旅游合同中,履行地点表现为旅游组团的出行地点、交接地点、住宿地点与游览地点等。履行地点还是在合同争议时确认法院管辖范围的重要依据。

履行方式,是指合同当事人履行义务的形式和方法。履行方式与当事人的物质利益密切相关,应当作出具体规定。旅行社组织境外旅游时,必须配备领队人员是旅游合同不可忽视的履行方式。

(7) 违约责任。

违约责任,指当事人违反合同约定承担的法律后果,是保证合同履行的重要条款,直接关系到当事人的切身利益。违约分为两种情况,一是不予履行,二是履行不当。在旅游活动中,旅行社收到团费不予履行的情况通常比较少见,一般都是履行不当,即宣传所列的服务项目与实际履行不相符合或降低标准。违约责任的承担形式包括继续履行、支付违约金或赔偿损失等,当事人可以规定违约致损的计算方法、赔偿范围与赔偿方式等。

(8) 解决争议的具体方法。

解决争议的具体方法,指当事人在履行合同发生争议时的处理途径。当事人解决争议须在自愿、平等的基础上通过协商予以选择。解决争议可以采用协商、调解、仲裁、起诉等处理途径。我国通常实行或裁或审的解决方法,协商、调解不是处理合同争议的必经程序。

3. 要约与承诺

要约,是希望与他人订立合同的意思表示。发出要约的人称为要约人,要约所指向的人称为受要约人。在旅游业中,要约人与受要约人涉及游客与旅行社、旅游饭店,车船公司等旅游企业等。旅游者到旅行社提出参加组团旅游可以视为旅游合同的要约表示;旅行社的组团广告或招徕游客也可视为旅游合同的要约表示。一项要约应当具备两个条件:(1)内容必须确定具体。确定是指内容肯定、毫不含糊;具体是指细节清楚,没有保留。(2)受要约人一经承诺,表示接受,双方便可达成协议,且受协议意思约束。

通常,要约到达受要约人之时生效。不过,要约可以及时撤回,撤回通知应在要约到达受要约人之前或与要约同时到达受要约人。要约可以及时撤销,撤销要约的通知应在受要约人发出承诺通知之前到达;但有下列情形之一的,要约不得随意撤销:(1)要约人确定承诺期限或以其他形式明示要约不可撤销的;(2)受要约人有理由认为要约人已为履行合同作出准备工作的。

要约失效,是指要约不再对要约人和受要约人产生法律约束力。有下列情形之一的要约失效:(1)拒绝要约的通知到达要约人;(2)要约人依法撤销要约;

(3) 要约确定的承诺期满，受要约人未作承诺；(4) 受要约人对要约内容作出实质性的变更。

承诺，是受要约人同意要约的意思表示。一项有效承诺必须符合五个条件：(1) 须由受要约人向要约人作出；(2) 须有明确同意要约的意思表示；(3) 须在要约的有效期限内作出；(4) 须与要约内容一致；⑤须以通知方式作出。

二、合同成立及其生效

1. 合同成立

合同成立是指两个或两个以上的当事人经过要约与承诺阶段，依法对于合同条款达成合意的法律行为。《合同法》明确规定，承诺生效时合同成立；承诺通知到达要约人时生效。

2. 合同生效

合同依法成立之时产生效力，具体表现在：(1) 当事人签字盖章；(2) 当事人之间形成法律关系；(3) 具有法律强制约束力；(4) 条款内容是发生争议的处理依据。

根据我国《民法通则》及有关法规，旅游合同的生效条件应当包括：(1) 主体合格；(2) 意思表示必须真实；(3) 不违反法律或社会公德；(4) 具备国家法规必备的形式要件。

3. 合同订立的法律责任

合同订立的法律责任是指一方当事人在订立合同中，因为过错给对方当事人造成损失，所应承担的赔偿责任。

在订立合同的过程中，当事人有下列情形之一，给当事人造成损失的，应当承担赔偿责任：(1) 假借订立合同为由，以损害对方利益为目的，恶意进行的磋商行为；(2) 故意隐瞒与订立合同有关的重要事实或提供虚假情况；(3) 违背诚实信用原则的其他行为；(4) 不得泄露或不正当使用从对方知悉的商业秘密。在订立合同的过程中，无论合同是否成立，当事人违反义务给对方造成损失的，应当承担赔偿责任。

三、格式合同的成立与生效

1. 格式合同

格式合同，指当事人一方在订立合同时未与对方协商，预先拟定合同条款的制式合同。在旅游活动中，旅游合同、车票、船票、保单等一般都是格式合同。在格式合同中，没有参加拟定条款的一方当事人必须接受全部条款，双方才能达成协议。

2. 格式合同的法律特征

格式合同的法律特征主要包括：（1）格式合同是对公众发出要约，表达特定的交易内容；（2）格式合同是一方事先行制定的；（3）格式合同一般采取书面形式；（4）格式合同的定型化致使对方当事人不能协商条款内容；（5）合同条款的制定一方通常具有经济优势或垄断地位，而另一方为不特定的、大量分散的消费者。在旅游实践中，旅行社都是事先已制定出格式合同的具体内容。旅游者如果接受便可签约，享受旅行社的旅游服务；若不同意合同条款则意味着无法享受旅行社的旅游服务。

3. 格式合同的成立条件

格式合同的成立条件通常出于需要大量运用合同、协商内容固定重复、行业形成垄断地位与国家采用标准合同等多种原因。在开展经营中，旅游企业面对前来的旅游者既无可能也无必要逐个协商合同内容。此外，旅游企业将自己认可的协商内容采用格式合同条款反映出来，或是规定必备条款，用以保护自身权益。这些原因是旅游业中格式合同的成立条件。

4. 格式合同的明显弊端

格式合同的好处很多，可以避免重复繁琐的交易协商、事先预防经营风险、降低企业经营成本，能够达到简便易行、省时省力的协议效果，但也存在明显弊端。通常，格式合同的拟定一方可以利用优势地位，限制对方平等自由的协商权利，详细拟定不利对方的利己条款。即便如此，作为社会经济发展的客观产物，格式合同运用有其合理性，不能因为存在弊端即行取消。目前，旅游企业采用格式合同开展经营活动较为广泛。为了加强旅游业的监督管理，国家和地方旅游局还制定出旅行社专门使用的旅游格式合同范本，依法规定旅行社参照使用，以便防止格式合同或格式条款侵害旅游者合法权益的问题出现。

5. 格式合同的限制条件

为了保护弱者利益，实现合同公平原则，必须对于格式合同的条款内容进行限制，以使格式合同生效。格式合同的限制条件主要包括：（1）提供格式合同一方必须增加提示义务的相应条款，提请对方注意免除或限制责任，并按对方的要求作出必要说明；（2）提供格式合同一方有意免除自身责任、加重对方的责任承担、排除对方合法权利的条款无效；（3）对于合同条款理解涉及两种以上解释的，应当按照通理解予以解释；（4）对于理解合同条款发生争议的，应当作出不利于提供格式合同一方的相应解释。旅游企业在格式合同的限制条件下，依法采用格式合同方为有效；旅游者也只有在格式合同的限制条件下，才能保证合法权益的最终实现。

四、无效合同、可变更或可撤销合同

1. 无效合同

无效合同,是指违反法律规定,不能产生法律效力的合同。无效合同的事由包括:(1)一方以欺诈、胁迫手段订立合同,损害国家利益;(2)恶意串通,损害国家、集体或第三人利益;(3)以合法形式掩盖非法目的;(4)损害社会公共利益;(5)违反法规的强制性规定。此外,合同主体不合格或意思表示不真实都有可能导致无效合同形成。无效合同可以分为全部无效和部分无效。其中,部分无效是指合同部分内容失去效力,其他部分仍然有效。

2. 可变更或可撤销合同

可变更或可撤销合同,是指一方当事人有权要求人民法院或仲裁机构予以变更或撤销的合同。合同变更或撤销的事由包括:(1)重大误解;(2)显失公平;(3)欺诈;(4)胁迫;(5)乘人之危。这些事由使对方在违背真实意思的情况下订立合同。但是,有下列情形之一的,撤销权归于消灭:(1)具有撤销权的当事人,自知道或应知道撤销事由之日起,一年内没有行使撤销权;(2)明确表示或默示放弃撤销权的。

3. 合同无效与被撤销的法律后果

合同经由确认无效或被撤销以后,将会导致合同部分或全部内容失去法律约束力。合同被确认为无效或被撤销后,虽然不能产生当事人的预期效果,但却并非不产生法律后果,而应根据当事人的过错大小,采取返还财产、赔偿损失;取得的财产收归国家所有或返还集体、第三人。双方都有过错的,则应承担各自责任。

五、旅游合同的订立与生效

旅游合同是旅游企业与旅游者之间确定法律关系的协议。在旅游企业与旅游者发生纠纷时,旅游合同是确定违约、承担责任的重要依据,也是受理投诉、审理案件的重要证据。

1. 旅游合同的订立前提

旅游合同的订立前提是应当保证协议合理、准确、可行、有效。例如,在订立包价旅游合同时,旅行社应当告知旅游者:(1)不适合参加旅游活动的情形;(2)旅游活动中的安全注意事项;(3)旅行社依法减免责任信息;(4)旅游目的地的相关法规、风俗习惯与宗教禁忌,中国法律不许参加的活动等;(5)提示按照规定投保人身意外伤害保险;(6)法律、法规规定的其他应当告知事项。此外,旅行社应向旅游者提供旅游行程单。旅游行程单是包价旅游合同的组成部分。

旅行社委托其他旅行社代理销售包价旅游产品或与旅游者订立包价旅游合同的，应在包价旅游合同中载明委托社和代理社的基本信息。旅行社将包价旅游合同中的接待业务委托给地接社履行的，应在包价旅游合同中载明地接社的基本信息。

2. 旅游合同的订立内容

旅游合同的订立内容不外乎是当事人权利义务的各项条款。在开展业务中，旅行社与旅游者往往采用书面形式订立包价旅游合同，其中包括旅行社、旅游者的基本信息，行程安排，旅游组团的最低人数，交通、住宿、餐饮等服务安排及其标准，导游服务的相应费用，游览、娱乐等项目的具体内容及时间安排，自由活动的时间安排，旅游费用及其交纳的期限和方式，违约责任和解决方式，法律、法规规定和双方约定的其他事项。

3. 旅游合同成立、变更与解除

旅游合同成立、变更与解除依法作出规定。例如，旅行社招徕旅游者组团旅游，因未达到约定人数不能出团的，组团社可以解除合同。但是，境内旅游应当至少提前7日通知旅游者，出境旅游应当至少提前30日通知旅游者。因未达到约定人数不能出团的，经过征得旅游者书面同意，组团社可以委托其他旅行社履行合同。经旅游者同意，旅行社将包价旅游合同中的接待业务委托给其他具有相应资质的地接社履行的，应当与地接社订立书面委托合同，约定双方的权利和义务，向地接社提供与旅游者订立包价旅游合同的副本，并向地接社支付不低于接待和服务成本的费用。地接社应当按照包价旅游合同和委托合同提供服务。

组团社对旅游者承担责任，受委托的旅行社对组团社承担责任。旅游者不同意的，可以解除合同。此外，旅游者可将包价旅游合同中自身的权利义务转让给第三人，旅行社没有正当理由不得拒绝，因此增加的费用由旅游者或第三人承担。

4. 旅游合同订立前后的费用承担

旅游合同订立前后的费用承担直接涉及当事人的权利义务，必须作出明确规定。例如，组团社在旅游行程开始前因未达到约定成团人数解除合同的，应向旅游者退还收取的全部费用；旅游者解除合同的，组团社应在扣除必要的费用后，将余款退还旅游者。因不可抗力或旅游合同当事人已尽义务仍不能避免的事件影响旅游行程，不能继续履行合同时，旅行社和旅游者均可解除合同；不能完全履行合同的，旅行社向旅游者作出说明，可在合理范围之内变更合同；旅游者不同意变更的，可以解除合同。合同解除时，组团社应在扣除已经支付的费用后，将余款退还旅游者；合同变更时，增加费用由旅游者自行承担，减少费用则退还旅游者。对旅游行程中解除合同的，旅行社应协助旅游者返回出发地或旅游者指定的合理地点。由旅行社的原因导致合同解除的，返程费用由其承担。

对旅游者有患传染病等可能危害其他旅游者健康和安全的疾病，携带危害公共安全的物品且不同意提交有关部门处理；从事违法、违反社会公德或严重影响其他旅游者权益的相关活动，不听劝阻、不能制止及法律规定的其他情形，旅行社可以解除合同。对于此类情形解除合同的，组团社应在扣除必要的费用后，将余款退还旅游者；给旅行社造成损失的，旅游者应依法承担赔偿责任。

对于危及旅游者人身、财产安全的情况，旅行社应当采取安全措施，因此支出的相应费用，由旅行社与旅游者分担。对于造成旅游者滞留的情况，旅行社应采取相应的安置措施。因此增加的食宿费用，由旅游者自行承担；增加返程费用则由旅行社与旅游者分担。

5. 旅游合同的违约责任

旅游合同的违约责任不可忽视，一旦违约必须追究。例如，旅行社在旅游行程中，应当按照包价旅游合同的约定履行义务，不得擅自变更旅游行程安排。旅行社不履行包价旅游合同义务或履行合同义务不符合约定的，应当依法承担继续履行、采取补救措施或赔偿损失等违约责任；造成旅游者人身损害、财产损失的，应当依法承担赔偿责任。在安排自行活动期间，旅行社没有尽到安全提示、救助义务的，应对旅游者的人身损害、财产损失承担相应责任。因旅行社的过错给旅游者造成损失的，旅行社应当承担赔偿责任。旅行社具备履行合同条件，经旅游者要求仍拒绝履行，造成旅游者人身损害、滞留等严重后果的，旅游者还可要求旅行社支付旅游费用一倍以上三倍以下的赔偿金。

对地接社等相关方面造成违约的，组团社承担责任，然后可向地接社等相关方面追偿。对地接社等相关方面原因造成的人身损害与财产损失，旅游者可以要求地接社等相关方面承担赔偿责任，也可要求组团社承担赔偿责任。住宿饭店应当按照旅游服务合同约定为旅游团队提供住宿服务，未能按照服务合同提供服务的，应向旅游者提供不低于原定标准的住宿服务，因此增加的费用由住宿饭店承担。

由于旅游者自身原因导致包价旅游合同不能履行或不能按照约定履行，或造成旅游者人身损害、财产损失的，旅行社不承担责任。旅游者在旅游活动中或在解决纠纷时，损害旅行社等相关方面或其他旅游者的合法权益的，依法承担赔偿责任。[1]

---

[1]《旅游法》第五十七、五十八、五十九、六十、六十一、六十二、六十三、六十四、六十五、六十六、六十七、六十八、六十九、七十、七十一、七十二、七十三、七十四、七十五条。

六、典型案例及其评析

案例5 合同主体没有资格，违法经营将受处罚。

2001年7月，某市旅游局质监所接到游客张某等15人的投诉请求，声称他们与某旅行社签订一份旅游合同，参加该社所组织的海南环岛8日游。但在旅游过程之中，该社安排的服务标准明显违反合同约定，诸如约定的三星级宾馆改为二星级，在岛上游览时约定乘坐的豪华空调中巴变成普通中巴，餐饮标准也低于约定标准。经旅游局质监所核查确认，不仅游客反映的情况属实，而且发现该单位既未获得当地旅游行政管理部门批准，又没有在当地工商管理部门注册登记，而是某公司的几名人员拼凑而成的，属于无证非法经营旅行社业务。据此，旅游行政管理部门依法责令该单位停止无证的非法经营，全部没收其非法所得，并处罚款1万元。

案例评析

1.《合同法》第九条规定，当事人订立合同，应当具有相应的民事权利能力和民事行为能力。在本案中，所谓的"旅行社"没有获得主管部门批准，并且未在工商管理部门注册登记，没有相应的民事权利能力和民事行为能力，不能成为旅游合同的法定主体。因此，本案合同主体属于非法经营旅行社业务，所签旅游合同无效。

2.《合同法》第六十条规定，当事人应当按照约定全面履行自己的义务。在本案中，如果合同主体属于合法旅行社，就应按照法律全面履行自己在住宿、餐饮、运输工具等方面的约定义务。在履行合同中，服务项目低于约定的服务标准，属于典型的违约行为，应当承担相应责任。

案例6 慎重对待合同主体，落实不当引来麻烦。

2005年6月初，李某到天马旅行社向工作人员询问赴海南三亚组团旅游的有关情况。随后，他从带来的提包中，拿出5000元钱交纳团费，提出参加前往三亚的旅游活动。但在填写个人资料时，接待小姐发现李某只有17岁，便立即向经理汇报。为此，经理即与李某家中进行联系，要求李某父母接听电话。然而，李某父母经商在外，当时在家的李奶奶接了电话。李奶奶年事已高，耳朵很背，没有弄清情况。结果，旅游团队出发那天，李某父母带他来到该社，表示不知孩子准备外出旅游，回来获悉这个情况才匆忙赶来制止出行。对此，经理表示已给李某家人去过电话，还得到过李奶奶的口头同意；如果李某父母不同意其随团旅游，可以退还已交团费，但要扣掉合同载明的违约金，用以弥补旅行社的相关损失。李某父母则要全额返还团费。双方最后协议不成，李某父母遂向旅游质监所提出投诉。

案例评析

1.《民法通则》第十一条规定，18周岁以上的公民是成年人，具有完全民事行为能力，可以独立进行民事活动，是完全民事行为能力人。完全民事行为能力，是指法律赋予达到一定年龄与精神状态正常的自然人能够独立进行民事活动的必备条件。未满18周岁的公民为限制民事行为能力人，不宜从事与其年龄或智力不相符合的社会活动。在本案中，李某外表看似成熟，并与该社双方意思表示一致，但这个是判断标准。作为一个未成年人，李某不适于独立签订旅游合同，应当由其父母决定或由法定代理人代办签约。因此，双方签约应以一方主体年龄不符法规认定无效，该社不仅不应与李某签约，还应积极退还旅游费用。

2.《合同法》第五十六条规定，无效的合同或被撤销的合同没有法律约束力。该社认为自己谨慎从事，并且征得家属同意，但对李奶奶在电话中的认可情况缺乏证据，因而旅游质监所不予采纳。即便李奶奶表示同意，也要考虑其年事已高，神志状态清醒与否等相关情况，所以应由其父母出具同意李某参加这次旅游的书面意见，合同方能视为有效。

案例 7 要约承诺未能一致，损失责任谁来承担。

2002年4月1日上午，海口市某商贸公司与北京某旅行社通电联系，拟将组织16人前往北京旅游观光。该社当即传真回复报价："每人旅游费用800元，每人返程火车订票费用30元，旅游团到京后交齐所有费用。"11时左右，商贸公司发回传真，同意其中"每人旅游费用800元"的在京游程接待标准。下午2点半，该社传真商贸公司没有提到"每人返程火车订票费用30元，旅游团到京后交齐所有费用"的回复内容。4月12日，商贸公司传真该社："返程订票费用稍高，我方拟将自行订票；旅游费用先行支付60%，余款在离京上火车时给付。此外，我方16人将在13日早上到达北京西站，希望作好接车准备。"随后，商贸公司便于下午5点组织16人乘火车赴京。该社见到传真立即回复："因贵公司确认时间太晚，我旅行社无法接待。"

在这种情况下，商贸公司要求旅游质监部门协调督促该社接待到京的16人。于是，该社根据商贸公司所提要求，同意有条件地接待16人，提出每人每天增加10元住宿费，到京立即付清全部费用，返程车票自行办理，不再收费。商贸公司表示接受。4月13日早晨，商贸公司16人到达北京西站，该社按时派车前往接团以后，按照商贸公司要求安排食宿并组织游览。4月22日，商贸公司16人完成旅游返回海口，向旅游质监部门提出投诉，主要内容归结如下：（1）由于北京某旅行社突然中断双方协议，商贸公司为了避免无人接待的危难困境，委托出租汽车公司到站接人，结果造成双重接站，损失租车费用300元钱；（2）双方解决纠纷花销电话费用200元；（3）该社乘人之危迫使商贸公司增加住宿费用1260

元；(4)鉴于以上的违约行为，商贸公司请求责成该社赔偿临时租车费、电话费和额外加收的住宿费。

案例评析

1. 依照合同法律规定，合同成立体现双方当事人达成一致的意思表示，需要经过要约和承诺两个步骤。在本案中，旅行社发出回复传真"每人旅游费用800元，每人返程火车订票费用30元，旅游团到京后交齐所有费用"，属于要约，而商贸公司只是同意在京游程的接待标准，所以不能视为承诺。随后，该社传真重复提出要求确认"每人返程火车订票费用30元，旅游团到京后交齐所有费用"的要约内容；商贸公司的传真则称"返程订票费用稍高，我方拟将自行订票；旅游费用先行支付60%，余款在离京上火车时给付"。这个回复与旅行社意思明显不同，出现变更，仍然不能视为承诺。这些情况表明双方意思表示并不一致，没有达成相同意见，因而4月12日前，合同关系并未成立。在合同条款没有达成的情况下，商贸公司组织人员前往北京，造成损失应当自行承担任。

2. 旅行社增加住宿费用并非"乘人之危"。"乘人之危"，是指一方当事人利用对方处于危难之中，为了牟取不正当利益迫使对方作出不真实的意思表示而严重损害对方利益的不法行为。在本案中，商贸公司能够找到汽车出租公司接人，说明当时并未处于"危难"境地，所以不能认定该社"乘人之危"。该社与商贸公司最终达成一致意见，同意接待该旅游团时每人每晚增加10元住宿费。这是应商贸公司请求旅游质监部门介入情况下双方达成的，协议内容依法生效。每晚增加10元住宿费，数额不大，不是违背游客意愿所附加的不合理条件，而是该社针对紧急情况作出应对的合理措施。综上所述，商贸公司的投诉主张没有事实和法律依据，因而旅游质监部门对其要求不予支持。

案例8 旅行社欲迟延履约，游客梦碎解除合同。

赛车迷马先生家住南京，听到上海将要举办F1赛车兴奋不已。随后，他便看到一家报纸刊登某旅行社组织观摩上海F1赛车旅游团的广告，其中提到：除使游客饱览上海的美景以外，还可观赏首场比赛。于是，马先生前往该社，得知门票价格比起实际票价高出许多，约占团费一半以上。可是，马先生观看比赛的心情迫切，便赶紧签约期望看上首场比赛。就在邻近出发之时，该社突然通知马先生，出于某种原因，上海之行将要推迟3天出发，并对此表示歉意。马先生十分恼火，提出解除旅游合同，退还所交全部团费，并且赔偿因看不到首场比赛的精神损失。该社对于解除合同表示否定，认为即使延误3天，同样能让马先生看到F1比赛，不会产生损失和影响，要求继续履行合同。马先生指出：这个旅游团费用高昂，这次旅游就是冲着广告提到的"还可观赏首场比赛"去的，如果不看首场比赛，自己没有旅游必要。若是其他场次门票，自己独自赴上海也能买到。双方协商不成，马先生便投诉到旅游行政管理部门。

案例评析

1. 《合同法》第九十四条规定，当事人一方迟延履行债务或有其他违约行为致使不能实现合同目的，另一方可以解除合同。在本案中，马先生签约参加该社组织的观摩活动，根本目的是想观赏 F1 的首场比赛，而该社的迟延履行将无法实现合同约定的这个目的，所以该社在通知马先生延期参加旅游活动时，马先生享有单方解除合同权。

2. 在本案中，该社组织旅游的主打产品是满足赛车迷的观赏需求，以手中门票吸引游客，很多游客正是为了门票参团的。旅游行政管理部门通过调查，确定问题在于该社的广告宣传原本告知游客可以观赏首场比赛，所以对于该社所谓延误出发不会影响观看 F1 比赛的辩解推托不予支持。此外，由于马先生不能证明因看不到首场比赛而遭到的精神损失，所以旅游质监所不支持其要求赔偿的精神损失。

第三节 旅游合同的履行与担保

一、合同履行

1. 合同履行及其原则

合同履行，是指合同当事人按照协议内容全面、彻底地完成各自的应尽义务。合同能否得到履行，直接关系到当事人的合法权益能否实现。对于违背应尽义务而不履行合同的当事人，《合同法》明确规定予以必要的法律制裁。

合同履行除了遵守《合同法》自愿、平等、公平、诚信的一般原则以外，还应依循以下原则：（1）全面履行合同原则。当事人必须按照合同关于主体、标的、数量、质量、价款或报酬、履行地点、履行期限、履行方式等有关约定，全面履行自身义务。（2）协助履行合同原则。当事人必须彻底履约，在合同终止后继续完成及时通知、相互协助、严格保密等附随义务。（3）经济合理履行原则。当事人还须讲求经济效益，合理付出最少成本，取得最佳的合同效益。（4）协商一致变更原则。如果当事人遇到某种意外情况，继续履行合同将会显失公平时，则应允许协商一致变更合同或解除合同。

2. 合同履行的有关规定

（1）合同条款出现瑕疵的履行规定。

当事人在合同生效后，对质量、价款或报酬、履行地点、履行期限、履行方式等内容没有约定或约定不明的，可以进行补充协议；不能达成补充协议的，按照合同有关条款或交易习惯予以确定。

(2) 合同条款约定不明的履行规定。

当事人在合同条款约定不明时，可以按照具体情况予以履行。例如，质量要求不明确的，按照国家或行业标准予以履行；没有国家或行业标准的，按照通常标准或实现合同目的的标准履行。价款或报酬不明确的，按照订立合同时履行地的市场价格履行；应当执行政府定价或政府指导价格的，按照有关法规履行。履行地点不明确的，给付货币在接受货币一方所在地履行；交付不动产在不动产所在地履行；其他标的则在履行义务一方所在地履行。履行期限不明确的，债务人可随时履行，债权人也可随时要求履行，但应当给对方必要的准备时间。履行方式不明确的，按照有利于实现合同目的的方式履行。

(3) 债务人向第三人的履行规定。

当事人约定由债务人向第三人履行债务的，债务人没有履行债务或履行债务不符合约定的，应向债权人承担违约责任。

(4) 第三人向债权人的履行规定。

当事人约定由第三人向债权人履行债务的，第三人不履行债务或履行债务不符约定的，债务人应向债权人承担违约责任。

(5) 当事人发生变化的履行规定。

债权人发生分立、合并或变更住所没有通知债务人，致使履行债务发生困难的，债务人可以中止履行或将标的物提存。但是，当事人不得在合同生效后因对方姓名、名称变更或法定代表人、负责人、承办人的变动而不履行合同义务。

3. 合同履行的抗辩权

抗辩权，指当事人一方根据法定事由向对方行使请求权或否认对方行使权利的对抗权，目的在于消灭对方的请求权或使对方的权能效力延期发生。合同履行的抗辩权主要涉及同时履行抗辩权、先履行抗辩权与不安抗辩权等。

同时履行抗辩权，是指双务合同的当事人没有先后履行顺序的，应当同时履行合同之时，合同一方在对方履行之前有权拒绝对方要求或在对方履行债务不符合约定时，有权拒绝对方要求。

先履行抗辩权，是指当事人互负债务，有先后履行顺序的，先履行一方未履行之前或履行债务不符合同约定，后履行一方有权拒绝其相应的履行请求。

不安抗辩权，是指双务合同成立以后，先履行债务的当事人在有确定证据证明后履行债务的当事人在签约后不能履行合同义务，或有不能履行合同义务的可能性时，在对方没有履行或提供担保前，有权中止履行合同的义务。①

二、合同担保

1. 合同担保及其作用

合同担保，指当事人为了确保合同履行，依照法规或合同约定所采取的法律措施。合同担保具有保障合同履行的重要作用，能使债权人将违约风险转回本源，确保自己在债务人不履行债务时得到补偿，同时能使债务人积极增强履行债务的主动性和自觉性，形成担保监督机制，有效降低违约行为的发生概率。在旅游业务中，担保形式运用广泛，不仅用于旅游合同，而且用于其他方面。

2. 合同担保的不同形式

合同担保的形式多样、种类复杂。《担保法》规定担保涉及保证、抵押、质押、定金与留置等五种形式。其中，保证、抵押、质押和定金是由当事人通过协商自愿采取的担保形式；留置则是依据法规直接实施的担保形式。

保证，指担保人与债权人约定表示在债务人不履行债务时，自己承担履行债务或承担责任的法律行为。保证分为以下类型：（1）按照保证的产生根据，可划分为法定保证与约定保证；（2）按照保证的人数多少，可划分为单独保证与共同保证；（3）按照保证的方式不同，可划分为一般保证与特别保证；（5）按照保证的责任期限，可划分为定期保证与无期保证。

抵押，指债务人或第三人不转移财产的占有权，将该财产作为清偿债务担保的法律行为。抵押分为不动产抵押、动产抵押、权利抵押、企业抵押、共同抵押、最高额抵押等不同种类。债权人在债务人不履行债务时，有权依法优先受偿该财产折价或拍卖价款。

质押，指债务人或第三人将其财产移交债权人所有作为清偿债务的法律行为。质押分为不动产质押、动产质押与权利质押等。债权人在债务人不履行债务时，有权依法优先受偿该财产的拍卖价款。

定金，指当事人订立合同或履行之前，依据法规或双方约定，一方给予对方预付钱款担保履约的法律行为。定金给付数额多少可以按照以下方式决定：一是当事人自行约定；二是依法确定在主合同标的价款中的所占比例；三是依法确定给付定金的上限数额。

留置，指债权人在债务人不履行债务时，依法扣留债务人的财产物品，并优先受偿其折价、拍卖或变卖价款的法律行为。留置权人的权利包括：（1）标的物留置权；（2）孳息收取权；（3）留置物的使用权；（4）必要费用偿还请求权；（5）

---

① 《合同法》第六十、六十一、六十二、六十三、六十四、六十五、六十七、六十八、六十九、七十条。

留置物的转让权；(6) 留置物的优先受偿权。留置权人的义务包括：(1) 保管留置物；(2) 不得擅自使用或出租留置物；(3) 对留置物不得擅自提供担保或予以处分；(4) 留置权消灭时，返还留置物；(5) 因保管不善致使留置财产毁损、灭失的，应当承担赔偿责任。

留置担保的范围包括主债权及利息、违约金、损害赔偿金、留置物保管和实现留置的各种费用。留置权因下列原因归于消灭：(1) 债权消灭；(2) 留置物消灭；(3) 债务人另行提供担保并被债权人接受；(4) 留置权的最终实现。

三、定金与押金和预付款的相互区别

定金与押金和预付款都是当事人一方按照约定给予对方的预付钱款，在合同履行中极易被人混淆运用，因而需要加以区分。

1. 定金与押金的主要区别

押金，是指一方当事人将一定费用提交对方保证自己不会损害对方利益的抵押方式，如果出现损害情形则须据实支付或另行赔偿。定金与押金两者的区别在于：(1) 定金具有预先给付的明显特征；押金除了作为抵押预付以外，还与履行主合同并行或相继进行。(2) 定金的担保对象是主合同中的主给付，数额低于标的金额，不得超过法定比例；押金是主合同中的从给付，数额往往高于或等于被担保的债权价款。(3) 定金在一方违约时将会产生丧失或双倍返还的法律后果；押金则无双倍返还的不利后果。

2. 定金与预付款的相互区别

预付款是履行合同的支付手段，目的在于解决合同一方资金周转的短缺问题。定金与预付款的区别在于：(1) 目的不同。定金作为履行合同的担保形式，旨在保证合同履行，在当事人违约时起着制裁违约方与补偿受损方的约束作用；预付款是合同履行期限未到而提前支付的一种价款，旨在提前履行约定的部分义务或全部义务。(2) 支付不同。定金只是部分价款或服务费用，是按主合同标的价款的一定比例予以支付的，一般不能超过主合同标的价款；预付款可以是部分价款，也可以是全部价款或者更多。(3) 用途不同。在合同履行的情况下，定金依据双方认同，可以抵作标的价款也可收回；预付款则作为价款或部分价款。(4) 结果不同。定金作为担保方式在违约者不能履约的情况下，承担丧失或双倍返还的不利后果；预付款则在没有履约的情况下，无论何方违反约定，均不得作为制裁性的给付使用。

四、典型案例及其评析

案例9 合同履行善始善终，附随义务也要践行。

1999年5月，某江南水乡旅游宾馆与某造纸厂签订合同，约定造纸厂给旅游宾馆提供4吨卫生纸、餐巾纸、擦鞋纸等宾馆用纸，且由造纸厂用船送到旅游宾馆附近的码头。7月15日，造纸厂将纸品送到预定码头，宾馆人员核实纸品数量、质量以后，随即便给送货人员开出收据。由于纸品数量较多，宾馆派去的汽车不能一次运走，剩下2吨留在船上。为此，宾馆人员要求船上的送货人员在码头上稍等一会儿，待车回来运走剩余纸品。当时，送货人员表示同意。

　　在等待中，造纸厂打来电话称厂方有事，让其速归。于是，送货人员便将剩余的2吨纸品堆上码头，开船回厂。当时，正值盛夏，天气无常，在宾馆人员回来取货之前，下了一场雷阵雨，将这2吨纸品全部淋湿。对此，宾馆要求造纸厂赔偿损失。造纸厂认为自己已经完成送货义务，并有宾馆的收据为证，拒绝赔偿。双方相互争执不下，诉至法院。

案例评析

　　1. 在本案中，造纸厂将双方约定的供应纸品送到约定的交货地点——水运码头，宾馆出具验货收据。此时，双方完成法定手续，造纸厂已经完成交货义务，合同就此终止失效。

　　2.《合同法》第九十二条规定，合同的权利义务终止后，当事人应当遵循诚信原则，根据交易习惯履行通知、协助、保密等义务。这条规定明确要求当事人不得因为合同终止而不履行附随义务。在本案中，造纸厂应当依照诚信原则，在交付货物后承担法定的附随义务，诸如照料、保管义务，况且送货人员当时已经承诺代为看管，待车回来，结果却未承担附随义务，造成剩余纸品被雨淋湿，所以应当承担责任。

　　案例10　严格履行双务合同，行使抗辩有法可依。

　　2001年12月2日，某旅游涉外饭店与某家具有限责任公司签订客房家具买卖合同。双方约定：家具公司供给旅游饭店包厢木床、沙发、茶几、梳妆写字两用台桌等木制家具200套，总价款380万元；旅游饭店在签约后20日内预付货款40万元；家具公司于次年4月10日前将家具运至旅游饭店指定仓库准备交货时，旅游饭店另行支付152万元（40%的总货款）；在检验和收到货款后，家具公司负责15日完成安装，旅游饭店在安装完成后10日内付清余款；如果违约，每天按照货款总额的1%支付违约金。

　　签约以后，旅游饭店于12月18日将预付款40万元汇入家具公司所指定的银行账户。2002年4月10日，家具公司将家具运至指定仓库，并提交出产品商检的合格证明。但是，由于旅游饭店不能按约支付152万元，家具公司没有卸货。等候数日，旅游饭店仍然无法付足货款，双方协商亦无结果。随后，家具公司的运货车队返回公司。对此，旅游饭店诉至市中级人民法院，要求家具公司返还40

万元的预付货款，并按约定支付违约金。

案例评析

1. 《合同法》第六十七条规定，当事人互负债务，有先后履行顺序，先履行一方未履行的，后履行一方有权拒绝其履行要求。先履行一方履行债务不符合约定的，后履行一方有权拒绝其相应的履行要求。在本案中，家具公司派车将货送到指定仓库，并提交出产品商检的合格证明，而旅游饭店却不能履行支付152万元的货款义务，且在家具公司等待数日中仍然不能筹到货款。因此，家具公司有理由相信该旅游饭店没有能力履行合同，可以行使先履行抗辩权，拒绝交货，其行为合法有效。

2. 在行使先履行抗辩权时，必须具备以下四个法律要件：(1) 所订立的是双务合同；(2) 合同债务已届履行期限；(3) 先履行一方未履行义务，后履行一方有权拒绝其履行要求；(4) 先履行一方履行债务不符合约定的，后履行一方有权拒绝其相应的履行要求。在本案中，家具公司行使先履行抗辩权时必须具备这些条件，才能行使先履行抗辩权。

案例 11 依法有权不安抗辩，维护权益随心如愿。

某旅行社为了扩大业务规模，欲将原来房产转让。后经介绍，李某表示愿意购买。2001年11月，双方经过协商达成房屋买卖合同，其中约定：该社将其房产转让李某，总价款为34万元；双方合同经过公证及房产管理部门登记后3日之内，李某先付10万元；该社在当年12月底前，将该房腾空交付李某；李某迁入后再一次性付清剩余的24万元。

在经过公证和房产管理部门登记该项合同后，李某当即交付房款10万元。当年12月初，该社负责人在一次业务活动中得知李某曾因吸毒被劳教三年，释放后仍不务正业，还有诈骗他人嫌疑。由于担心李某无力付款，又考虑到付款可能来路不明，会给房产交易带来麻烦，该社便以房价过低为由，要求解除所签合同。对此，李某表示：该项合同已经公证并在房产管理部门登记，如果该社12月底不能腾房，他将申请司法部门采取措施。该社只好提出担心李某不能按时兑现资金，要求李某寻找保人，保证资金不出问题，并表示在李某找到保人之前中止履行该项合同。对此，李某答应寻找保人，但却始终没有履行。12月中旬，李某到深圳去做生意，直到次年1月底才返回，见到该社仍未腾房，立即提出腾房要求。在这种情况下，该社便以李某没找保人为由，提出不再转让房产。李某认为该社的违约行为侵害了其合法权利，诉至法院。

案例评析

1. 《合同法》第六十八条规定，应当先履行债务的当事人，有确切证据证明对方有下列情形之一的，可以中止履行合同：(1) 经营状况严重恶化；(2) 转移财产、抽逃资金，以逃避债务；（3）丧失商业信誉；（4）有丧失或可能丧失履行债务能力的其他情形。在本案中，双方签订的双务合同已经履行法律规定的必要手续，经过公证的法律效力非比寻常，该社则为先履行义务人。但是，由于李某属于劳教释放人员，而且长期不务正业，该社担心并非多余。因此，该社具备行使不安抗辩权的法定条件，中止履行合同行为合法有效。

2.《合同法》第六十九条规定，当事人依法中止履行的，应当及时通知对方。对方提供适当担保时，应当恢复履行义务。中止履行后，对方在合理期限内未恢复履行能力，或未提供适当担保的，中止履行的一方可以解除合同。在本案中，该社行使不安抗辩权后，除了履行通知义务及在李某提供担保时应当恢复履行义务之外，还应承担举证义务。

案例 12 支付定金作为担保，自己违约断难再要。

2001 年 6 月，某旅游饭店与某电器公司签订一份买卖合同。双方约定：电器公司供给旅游饭店某种型号的电视机 240 台，单价 2100 元，总计价款 50 多万元；签订合同三天以后，旅游饭店向电器公司交付 10 万元定金；8 月底前，旅游饭店再将剩余货款汇入电器公司账户，款汇到账后 10 日内电器公司将货送到；到期不履行合同者，承担货款 4%的违约金。

8 月中旬，电器公司在旅游饭店交付 10 万元定金后，发去传真，要求付款。但是，旅游饭店复函声称资金短缺，希望发货以后付款。对此，电器公司予以拒绝。后来，电器公司多次催促均无结果，遂于同年 12 月底依据合同约定条款向某仲裁委员会提出公断，要求旅游饭店支付违约金，并赔偿其一切损失。旅游饭店辩称因为一时短缺资金而请求对方先行发货，对方没有履行义务，所以要求电器公司返还 10 万元定金，自己则不承担赔偿责任。

案例评析

1.《合同法》第一百一十五条规定，当事人可以依照《担保法》约定一方向对方给付定金作为债权担保。给付定金的一方不履行约定债务的，无权要求返还定金；收受定金的一方不履行约定债务的，应当双倍返还定金。在本案中，旅游饭店虽然已向电器公司按照约定支付定金，但却没有履行先行付款的约定义务，所以无权要求返还定金。

2.《合同法》第一百一十六条规定，当事人既约定违约金，又约定定金的，一方违约时，对方可以选择适用违约金或定金条款。在本案中，旅游饭店交付定金与违约金在目的、性质、功能与作用等方面要求基本相同。两者一般不能并罚，只能由非违约方选择一种。如果电器公司已经选择不还定金，就不能再要求执行违约金予以赔偿，否则便对旅游饭店过于苛刻，有失公平，所以仲裁委员会不能支持电器公司的此项请求。

案例13 采用定金不能随意，解决争议必须明辨。

1999年8月，韩某与某国际旅行社签约参加东南亚6日游。双方约定：9月30日旅游团离京直飞泰国，旅游费用4750元，先交"定金"3800元，用于办理护照、签证和订购机票等费用支出，剩余款额在取机票时一次付清。合同订立后，韩某支付3800元，该社开出"定金"发票。

然而，9月初，韩某因为所在单位突然派他出差外地一个月，无法按照计划出游，所以提出解除合同，要求退还已交付的3800元。该社称其所交款项已经用于办理护照、签证和机票。对此，韩某表示：如果该社的确花去部分费用，可以扣除，但该社应提供相关凭证并退还余款。该社认为，根据《合同法》的有关规定，韩某不能履行约定，根本无权要求返还3800元的定金。

案例评析

1. 《担保法》第九十一条规定，定金数额由当事人约定，但不得超过主合同标的额的20%。在本案中，该社所谓"定金"的3800元约占全部旅游费的80%，大大超过法定比例，所以这笔款项从数量看不是定金，而接近于预付款。

2. 在本案中，该社与韩某缺乏法律知识，将预付款与定金混为一谈。根据以上情况推定，韩某所交付的3800元可定性为预付款，该社没有约定违约金时，只能扣除用于韩某办理护照、签证、机票退票等项费用，而将余款退还韩某。

第四节 旅游合同的变更、转让、终止及违约责任

一、合同变更

1. 合同变更及其意义

合同变更，是指合同依法成立以后直到尚未履行或尚未完全履行时，由于某种法律事实出现致使合同内容发生改变。在履行合同中，由于出现某种情况或当事人的原来需求发生变化，致使继续履行合同对当事人产生不利。这时，旅游合同的变更不仅必要，而且难免。

2. 合同变更的主要条件

合同变更的主要条件大致包括：（1）合同关系合法有效；（2）合同内容发生变化；（3）经过各方协商一致；（4）直接遵守法规变更或法院裁决。《合同法》明确规定，当事人协商一致，可以变更合同。但是，当事人对合同变更的内容约定不明确的，推定为未变更。

二、合同转让

1. 合同转让及其类型

合同转让，指当事人一方将合同全部或者部分权利义务转让给第三人的法律行为。根据转让的内容不同，合同转让可以分为权利转让、义务转让、权利义务一并转让；根据转让的程度不同，可以分为全部转让和部分转让。

2. 债权转让

债权转让，指债权人通过协议，依法转移自己全部或部分债权给第三人的法律行为。例如，某饭店转移自己全部或部分债权给某旅行社。债权人转让债权的相应条件：一是须有债权的处分能力；二是债权具有可转让性。债权人转让权利时应当注意：（1）通知债务人；（2）转让权利后受让人取得与主债权有关的从权利；（3）依法应当办理批准、登记手续的，依照规定办理相应的批准或登记手续。

3. 债务转让

债务转让，指债务人通过协议，依法转移自己全部或部分债务给第三人的法律行为。例如，某旅行社转移自己全部或部分债务给某饭店。债务人转让债务的相应条件：一是须有处分能力；二是债务具有可转让性。债务人在转让债务时应当注意：（1）经债权人同意；（2）新债务人应当承担与主债务有关的从债务；（3）依法应当办理批准、登记手续的，依照规定办理相应的批准或登记手续。

4. 权利义务一并转让

权利义务一并转让，指一方当事人将其权利义务一并转移给第三人，由第三人享受权利和承担义务。例如，旅行社相互之间的转团行为。权利义务一并转让的相应条件：一是权利义务的转让人有处分能力；二是转让的债权、债务具有可转让性。权利义务一并转让时应当注意：（1）须经对方当事人同意；（2）依法应当办理批准、登记手续的，依照规定办理相应的批准或登记手续。

三、合同终止

1. 合同终止的含义及其必然

合同终止，是指由于发生某种法律事实，合同设定的权利义务在客观上归于消灭。在现实生活中，合同当事人可以根据法律事实与法定程序设立权利义务关系，同样可以根据法律事实与法定程序，消灭设立的这种关系。

2. 合同关系的终止情形

通常，当事人订立合同是期望达到某种目的，但在合同成立以后出现某种法律事实致使目的无法实现或没有必要实现时，双方终止合同关系成为可能。合同关系的终止情形主要包括：

（1）合同解除。因为合同当事人一方的意思表示或双方协议，提前解除双方权利义务关系的终止方式。

（2）债务履行。债务人依约完全履行义务，债权人依约实现所有权利，订立合同目的实现，双方权利义务关系归于消灭。这是最常见与最理想的终止方式。

（3）债务抵消。合同双方互负给付义务以后，按照法规或双方约定将两项义务相互充抵，终止合同。

（4）免除债务。债权人在免除债务人的部分或全部债务时，合同双方的权利义务关系部分或全部终止。

（5）同归一人。合同双方并为一人，债权债务同归一人，合同双方的权利义务关系终止。

（6）依法提存。债务人出于债权人的原因造成无法给付合同标的物时，将标的物交给提存机关，致使双方权利义务关系终止。标的物提存以后，除了债权人下落不明以外，债务人应及时通知债权人或债权人的继承人或监护人。

（7）其他情形。法律规定或当事人约定终止的其他情形。

四、违约责任的法律规定

1. 违约责任及其形态

违约责任，指当事人违反合同约定承担的法律后果。违约责任的形态分为：当事人不履行合同义务或履行合同义务不符约定所产生的民事责任。前者是指合同当事人不能履行或完全拒绝履行义务。后者是指合同当事人因某种情形，未能全面履行义务或能够全面履行义务而拒不履行。

2. 归责原则

归责原则是依法确定行为人应当承担法律责任的基本准则。一般来说，只要合同当事人不履行约定义务，那就必须承担责任，除非法律规定免责，这是承担违约责任的基本原则。归责原则还涉及：（1）过错责任原则，即公民、法人由于过错侵害国家、集体的财产，侵害他人人身、财产的，应当承担民事责任。（2）过错推定责任原则，即根据损害事实发生推定行为人有主观过错，只有行为人证明自己确无过错时，才能免除损害责任。（3）无过错责任原则，即尽管没有主观过错，但法律规定应当承担民事责任的，依法承担民事责任。（4）公平责任原则，即当事人对造成损害都没过错的，可以根据实际情况，由当事人分担民事责任。[①]

3. 违约责任的承担依据

违约责任的承担依据主要包括：（1）当事人双方违约的，应当承担各自责任；

---

① 《民法通则》第一百零七、一百一十一、一百一十二、、一百一十三、一百一十四、一百一十五条。

（2）当事人一方不履行合同义务或履行义务不符合约定的，应当承担违约责任；（3）在承担合同违约责任后，对方还有其他损失的，当事人应赔偿损失；（4）当事人一方因第三人的原因造成违约的，应向对方承担责任，然后可以依照法律或约定解决与第三人之间的纠纷问题。

4. 违约责任的承担方式

《合同法》明确规定，违约责任的承担方式主要包括继续履行、进行补救、赔偿损失与付违约金等。

（1）继续履行，指当事人一方不履行合同义务或履行合同义务不符约定时，另一方当事人可以要求其在合同履行期限届满后，继续按照合同约定完成义务的法律行为。

（2）进行补救，指违约一方采取弥补违约后果的法律行为。补救行为具体包括：修理、更换、重做、退货、减少价款或报酬。

（3）赔偿损失，指违约一方因不履行或不完全履行合同义务给对方造成损失时，根据约定或依照法规赔偿对方当事人所受损失的法律行为。

（4）付违约金，指当事人根据约定或依照法规，违约一方向对方支付的补偿款项。违约金有不同类型：一是法定违约金，即按法律直接规定的比例支付违约金；二是约定违约金，即按当事人之间约定的具体数额或计算方法支付违约金；三是惩罚性违约金，即除了赔偿对方损失以外，还要支付违约金；四是补偿性违约金，即按双方当事人对违约可能造成损失的预先估计，确定补偿的相应金额。[①]

五、典型案例及其评析

案例 14 合同变更协议有效，必须依法承担责任。

2001 年 5 月，某三星级旅游宾馆与某建筑公司签订一份装修合同。双方约定：建筑公司负责装修旅游宾馆，采用人理石材铺地，并且负责供应原料，费用总计 120 万元。签约以后，建筑公司按照合同规定施工。就在工程完毕之际，旅游宾馆要求改装会议室，换用木制板材铺地。建筑公司表示同意。为了购买木制板材，重新装修会议室，建筑公司用工用料 5 万元。在装修工程验收合格后，建筑公司要求旅游宾馆另行支付改装会议室的附加费用。但是，旅游宾馆却只同意按照合同约定支付 120 万元。由于双方协商不成，建筑公司提起诉讼，要求旅游宾馆承担变更合同以后自己附加支出的改装费用。

案例评析

1. 《合同法》第七十七条规定，当事人协商一致，可以变更合同。法律、行

---

① 《合同法》第一百零六、一百零七、一百一十一、一百一十二、、一百一十三、一百一十四、一百三十二条。

政法规规定变更合同应当办理批准、登记等手续的，依照其规定。在本案中，旅游宾馆提出改装要求，建筑公司同意实施，双方属于协商一致。由于这项合同变更不是法律规定应当经过批准、登记方能生效的，所以这项合同变更有效，不需另外办理批准或登记手续。

2.《合同法》第二百五十八条规定，定作人中途变更工作要求，造成承揽人损失的，应当赔偿损失。在本案中，旅游宾馆提出改装会议室的要求时，建筑公司已将会议室装修完毕。但是，为了满足旅游宾馆提出新的装修要求，建筑公司多支出 5 万元的改装费用，所以旅游宾馆理应承担这笔费用。

案例 15　合同变更发生分歧，依法推定为未变更。

2000 年 10 月，中国某五星级酒店与美国某海产品公司订立一份购货合同。合同规定：美方公司向中方酒店提供海产品，龙虾为每千克 240 元人民币、深海鱼为每千克 220 元人民币，交货方式为海路运至天津，交货时间是 2001 年 1 月底以前。随后，海产品国际市场价格比签约时上涨 20%。2000 年 12 月 10 日，美方公司发来函电，要求"变更交货地点为上海，交货方式由海运改为空运"。中方酒店接到函电，认为美方公司要求很不合理，便于 12 月 12 日回电表示"同意交货方式由海运天津改为空运上海，但每千克海产品价格应当下调 12%"。对此，美方公司没有同意，且于 12 月 26 日复函提出"维持海运天津不变，但交货时间改为 2001 年 3 月底"。中方酒店见美方不愿降低价格，遂复函称"因 2001 年 3 月已经错过中国春节的消费旺季，不同意于 3 月底前交货"。此后，中方酒店多次催促按时交货，美方公司均置之不理，并据国际海产品市场的价格变动作为理由提出将以"情势变更"解除合同。对此，中方酒店依据双方合同约定的仲裁条款，向中国国际贸易仲裁委员会提起仲裁。

案例评析

1.《合同法》第七十八条规定，当事人对合同变更的内容约定不明确，推定为未变更。在本案中，双方虽然谋求变更合同，但经磋商，终未能够达成一致，约定内容也不明确，所以推定合同没有变更。

2. 美方公司提出将以"情势变更"作为理由要求解除合同，显然没有法律依据。情势变更，是指合同成立以后，由于履约的社会情况发生变化或合同成立所依据的基础丧失，致使维持合同关系显失公平时，法律允许解除合同或变更合同条款内容的法定事由。在本案中，国际海产品市场的价格变动，是正常情况下的交易风险，交货地点与运输方式也不属于交易基础，情势变更不能成立，所以美方公司不能免除违约责任。

案例 16　转让合同权利有效，约定义务必须履行。

2000 年 5 月初，某百货大楼与某空调厂签订一份购销合同。双方约定，

2000年7月1日前，空调厂向百货大楼支付柜式空调200台，每台6400元，价款总额128万元，百货大楼预付定金12万元，交付方式为百货大楼到空调厂验收提货，然后付清购货款项。如有一方造成违约，即须支付价款总额20%的违约金。

签约以后，百货大楼得知本市某旅游饭店为了通过星级评定，准备安装200台柜式空调，于是找到这家饭店，经过推销达成协议，以每台空调6550元、价款总额131万元成交，双方约定旅游饭店直接前往厂方提货。随后，百货大楼致函空调厂，声称所购空调已转让给旅游饭店，请求允许旅游饭店于同年6月30日提货，货款将在7月2日一次付清。对此，空调厂未予答复。6月24日，旅游饭店致函通知空调厂，称其将于6月30日提取空调，请求作好发货准备。6月30日，旅游饭店前往提货时，空调厂以旅游饭店无权提货为由拒付。后经多次催促履约，空调厂仍拒绝发货。对此，百货大楼诉至法院，请求判令空调厂承担责任，双倍返还预付定金或者支付25.6万元的违约金。

案例评析

1. 《合同法》第七十九条规定，债权人可将合同的权利全部或部分转让给第三人。在本案中，某百货大楼与空调厂签订合同，符合平等、自愿、等价、有偿的法定原则与商业规则，且在达成协商一致的基础上签订协议，因而合同依法有效，并可转让。

2. 《合同法》第八十条规定，债权人转让权利的，应当通知债务人。未经通知，该转让对债务人不发生效力。在本案中，百货大楼按照规定，已经通知空调厂转让合同权利事宜，且空调厂收到通知没有异议。在这种情况下，空调厂应向新的债权人旅游饭店履行合同，按时交货。但是，空调厂在合同约定的期限内拒绝交货，违反转让合同约定，没有履行应尽义务，因而必须承担违约责任，双倍返还预付定金或者支付25.6万元的违约金。

案例17 主债权转让第三人，从债权则一并转移。

2010年，某工艺美术公司需要装裱120幅国画。业主李某得知以后，提出承担这项工作。工艺美术公司出于担心装裱之中损害国画，要求李某寻找保人。于是，李某找到好友张某，并且签订担保合同，随后李某开始装裱。在装裱中，工艺美术公司将这120幅国画的所有权转让给刚刚落成的某高级宾馆，同时约定高级宾馆可直接向李某索画。在转让国画过程中，工艺美术公司通知李某有关事宜，却未告知保人张某。装裱期满后，高级宾馆向李某索画时发现其中两幅遭到污损，后经评估损失约达4万元人民币。为此，高级宾馆要求赔偿，但李某称自己无钱，不能赔偿。高级宾馆转而要求保人张某承担责任。张某认为高级宾馆不是合同一方当事人，因而拒绝承担责任。双方为此发生争执，诉至法院。

案例评析

1. 《合同法》第八十条规定，债权人转让权利的，应当通知债务人。在本案中，债权人工艺美术公司转让国画债权时，已经履行通知李某的应尽责任，因而工艺美术公司与某高级宾馆之间的转让合同依法有效。对此，李某作为债务人，应向新的债权人高级宾馆履行义务。

2. 《合同法》第八十一条规定，债权人转让权利的，受让人取得与债权有关的从权利。《担保法》第二十二条规定，保证期间，债权人依法将主债权转让给第三人的，保证人在原保证的担保范围内继续承担保证责任。在本案中，作为转让主债权的从权利，在主债权转移后随之转移，所以保证人张某拒绝承担责任的主张是不合法的，而应继续承担责任。

案例18 债权人违约不收货，债务人有权办提存。

2006年8月，某旅行社经理韩某到印刷厂要求印刷一批旅游宣传品，总价款12400元。随后，韩某付清印刷货款，当即约定20天后提货。如果不能按期交货，印刷厂赔偿价款5%的违约金。在临近约定的交货期限时，印刷厂电话通知该社前来提货。该社回复：韩经理出差在外，等他回来再去提货。又过了一个月，印刷厂再次通知该社提货，乃至愿意代为送货，但该社回电拒绝接收。于是，印刷厂将这批旅游宣传品提存保管，并向所在地的公证处进行公证。一个月后，韩某到印刷厂要求提货时，被告知去提存处自行提取。对此，韩某拒绝支付提存保管的额外费用980元，声称双方当初商定20天后提货，并未规定具体时间，所以提存保管费用应由印刷厂予以支付。双方协商产生纠纷，诉至法院。

案例评析

1. 《合同法》第一百零一条规定，有下列情形之一，难以履行债务的，债务人可将标的物提存：(1)债权人无正当理由拒绝受领；(2)债权人下落不明；(3)债权人死亡未确定继承人或丧失民事行为能力未确定监护人；(4)法律规定的其他情形。在本案中，韩某在双方约定的提货期限内下落不明，所在单位又拒绝受领该批货物，所以标的物符合提存条件，印刷厂将该批货物提存是合法的。

2. 《合同法》第一百零三条规定，提存费用由债权人负担。在本案中，该批货物的债权人是旅行社，所以提存货物产生的保管费用应由该社予以支付。

第四章 旅行社法规制度

第一节 旅行社法规概述

一、旅行社及其法规建设

1. 旅行社

旅行社,是指从事招徕、接待、组织旅游者等经营活动,为旅游者提供相关旅游服务,开展国内旅游业务、入境旅游业务或出境旅游业务的企业法人。在旅游业中,旅行社代办出入境与签证手续,提供导游、交通、门票、用餐、住宿等有偿服务,是旅游者行、游、住、食、购、娱等各项活动的联系纽带。

2. 旅行社的法规建设

十一届三中全会以后,我国旅游业蓬勃发展。1985年5月,为了适应我国旅游业体制改革的实际需要,有力促进旅游业的健康发展,国务院颁布实施《旅行社管理暂行条例》(简称《暂行条例》)。这个条例对于全国旅行社的业务活动作出规定,是我国旅游法制建设史上的第一个行政法规。1988年6月,为了有效贯彻实施这个条例,细化条款以便操作,国家旅游局针对有关管理问题,发布实施《旅行社管理暂行条例施行办法》。

1991年7月,国家旅游局与国家工商行政管理局联合发出《关于加强对全国旅行社审批、登记、年检管理的通知》,决定加强对旅行社的审批备案、登记管理,开始实行旅行社的业务年检。1993年,为了适应市场经济发展要求,吸收国际旅行社业管理的成功经验,不断加强对旅行社的行业监管,国家旅游局着手修改《暂行条例》。1995年1月,国家旅游局发布《旅行社质量保证金暂行规定》及其《实施细则》,确立实行旅行社质量保证金制度。随后,国家旅游局陆续发布《旅行社质量保证金赔偿试行标准》、《旅行社质量保证金赔偿暂行办法》,初步形成比较规范、操作性强的旅行社管理制度。1996年10月,国务院发布实施《旅行社管理条例》，这个条例标志着我国旅行社的行业管理全面走上正规发展的法治道路。其后，国家旅游局发布实施《旅行社管理条例实施细则》（简称《实施细则》）。

2001年12月，中国加入世贸组织。为了认真履行我国对旅行社业的有关承诺，国务院提出修改《旅行社管理条例》，明确作出外商投资旅行社的组织形式、设立条件、批准程序、经营范围、分支机构等有关规定。2003年6月，国家旅游局与商务部共同发布《设立外商控股、外商独资旅行社暂行规定》，这项法规对于中国旅行社业入世以后不断扩大对外开放，促进我国旅行社业的健康发展提供了法律保障。2009年1月，为了加强对旅行社的监督管理，保障旅游者和旅行社的合法权益，维护旅游市场秩序，国务院审议通过《旅行社条例》。2013年4月，第十二届全国人大常委会第二次会议通过《旅游法》，针对规范旅游市场、保护旅游者合法权益为目标，从多方面加强对旅行社的行业管理，对旅行社提出严格的法律制约，这部法规的发布实施标志着我国旅行社的法规建设进入新的发展阶段。

二、旅行社的监管部门及其职责

根据我国颁布实施的《旅行社条例》，旅行社的监管部门及其工作职责主要包括以下方面：

1. 职责分工

国务院旅游行政主管部门负责全国旅行社的监管工作，县级以上地方人民政府的旅游管理工作部门按照职责分工负责本行政区域内旅行社的监管工作。县级以上各级人民政府的工商、价格、商务、外汇等有关部门，应当按照职责分工，依法对于旅行社进行监管。

2. 监督管理与投诉处理

旅游、工商、价格、商务、外汇等行政管理部门依法加强对旅行社的监督管理，一旦发现违法行为，应当及时予以处理。对于损害旅游者合法权益的旅行社，旅游者可向旅游行政管理部门、工商行政管理部门、价格主管部门、商务主管部门或外汇管理部门投诉，接到投诉的有关部门应当按照职责权限，及时进行调查处理，并将处理的有关情况告知旅游者。

3. 及时公告

旅游、工商、价格、商务、外汇等行政管理部门还应及时向社会公告监督检查的有关情况。公告内容具体包括：《旅行社业务经营许可证》（简称《业务经营许可证》）的颁发、变更、吊销与注销情况，旅行社的违法经营行为及其诚信记录、旅游者的投诉信息等。旅行社及其分社应当接受旅游行政管理部门对其旅游合同、服务质量、旅游安全、财务账簿等情况的监督检查，并按国家有关规定向旅游行政管理部门报送经营与财务信息等统计资料。

4. 违规处分

旅游、工商、价格、商务、外汇等行政管理部门及其工作人员有下列违规情形之一的，对直接负责的主管人员及其他直接责任人员依法予以处分：（1）发现违法行为不及时予以处理；（2）未及时公告对旅行社监督检查情况；（3）未及时处理旅游者投诉并将调查处理的有关情况告知旅游者；（4）接受旅行社馈赠；（5）参加由旅行社支付费用的购物活动或游览项目；（6）通过旅行社为自己、亲友或其他个人、组织牟取私利的。[①]

三、旅行社业务经营许可制度

1. 业务经营许可制度及其体现

旅行社业务经营许可制度，是指旅行社开展业务经营活动必须得到国家旅游行政管理部门审批许可的管理制度。我国旅行社的业务经营许可制度通常体现在旅行社必须获得国家旅游行政管理部门批准颁发的业务经营许可证。这个证书是旅行社开展业务经营活动的资格证明，没有取得业务经营许可证的旅行社，不得从事旅游业务。

2. 业务经营许可证

旅行社业务经营许可证由国家旅游局统一印制，分为国际旅行社业务经营许可证与国内旅行社业务经营许可证。旅行社业务经营许可证由正本和副本组成。正本应与旅行社营业执照一并悬挂在营业场所的显要位置，以便有关部门监督检查及旅游者与其他企业辨认识别；副本用于旅游行政管理部门年检和备查。旅行社业务经营许可证应当注明旅行社的名称、许可证编号、企业性质及组织形式、注册资本和质量保证金、法定代表人和主要负责人、经营范围、颁证日期及有效期等内容。

3. 申请补换

旅行社业务经营许可证的有效期为3年。旅行社应在许可证到期前3个月内，到原颁证机关换发。旅行社损坏或遗失业务经营许可证时应到原颁证机关申请换发或补发，遗失业务经营许可证还须在发现之日起尽快在全国性报纸上声明作废。

4. 违规处理

旅游行政管理部门对旅行社不符合设立条件、未经审核批准经营旅游业务、没有按照规定换发业务经营许可证、申请经营出境旅游业务未经许可的各种情形，应当采用书面通知申请人并说明理由。对旅行社在经营中违反法规情节严重的，旅游行政管理部门有权吊销其业务经营许可证。

[①]《旅行社条例》第一、二、三、四十一、四十二、四十三、四十四、四十五、六十六条。

四、旅行社质量保证金制度

为了加强对旅行社服务质量的监督管理，保护旅游者的合法权益，提高旅游业的服务质量，国家旅游局经国务院批准，对旅行社实行质量保证金制度。旅行社质量保证金，是指旅行社取得业务经营许可证后，到指定银行开设质量保证金的专用账户，交存符合开办业务标准的资金数额，用于保障旅游者合法权益的专项用款。

1．交纳数额

根据我国颁布实施的《旅行社条例》，旅行社应自取得业务经营许可证之日起3个工作日内，在国务院旅游行政主管部门指定的银行开设专门账户，及时存入法定数额的质量保证金，或依法向作出许可的旅游行政管理部门及时提供资金额度不低于质量保证金数额的银行担保。

经营国内旅游业务和入境旅游业务的旅行社，应当存入质量保证金20万元；经营出境旅游业务的旅行社，应当增存质量保证金120万元；旅行社缴存的质量保证金及其产生的利息属于缴存的旅行社所有。旅行社不再从事旅游业务的，可凭旅游行政管理部门出具证明，从银行取回质量保证金。

2．使用规定

旅游行政管理部门使用质量保证金的具体情形主要包括：（1）旅行社违反旅游合同约定，侵害旅游者合法权益，经旅游行政管理部门查证属实的；（2）旅行社因解散、破产或其他原因造成旅游者预交旅游费用损失的。对于人民法院判决、裁定及其他生效的法律文书认定旅行社损害旅游者合法权益，旅行社拒绝或无力赔偿的，人民法院可从旅行社的质量保证金账户上划拨款项予以赔偿。旅游行政管理部门、人民法院依据法规在划拨质量保证金后3个工作日内，将划拨单位、划拨数额、划拨依据文书等情况，及时通报给旅行社。

3．减少存额

旅行社自交纳或补足质量保证金之日起3年内未因侵害旅游者合法权益受到行政机关罚款以上处罚的，旅游行政管理部门可将旅行社质量保证金的交存数额降低50%，并向社会发布公告。旅行社可凭省、自治区、直辖市旅游行政管理部门出具的证明减少交纳质量保证金。

4．及时补足

旅行社在旅游行政管理部门使用质量保证金赔偿旅游者的损失或依法减少质量保证金后因侵害旅游者合法权益受到行政机关罚款以上处罚的，应在收到旅游行政管理部门补交质量保证金的通知之日起 5 个工作日内补足质量保证金。①

五、旅行社年检制度

旅行社年检制度，是指旅游行政管理部门检查、分析与评估旅行社前一年度业务经营活动状况，检查监督旅行社执行国家法规情况，并依法对违法经营的旅行社进行处罚的管理制度。这项制度可以促进旅行社提高经营管理水平，调整规范旅行社的经营行为，是推动旅行社业健康发展的重要手段。

1. 业务年检

对旅行社的业务年检，国家旅游局依据旅游业的发展状况，制定有关考核指标，统一组织全国旅行社的年检工作，各地旅游行政管理部门负责实施具体工作。旅行社应按照旅游行政管理部门的要求提供有关报表、文件和材料。在业务年检中，旅游行政管理部门对所提交的年检报告书、资产状况表、财务报表与有关文件、材料，通过采取书面审阅和实地检查的不同方式，对旅行社的基本情况、业务经营、服务质量、旅游安全、人员管理、财务管理、资格认证、遵纪守法等有关情况进行检查，从中作出"通过业务年检"、"暂缓通过业务年检"、"不予通过业务年检"的不同结论，并对结论予以公告。

旅游行政管理部门在业务年检中，必须依法严格检查，提出结论一定做到查之依法，持之有据，并应作出相应处理。对于"通过业务年检"的旅行社，依旧许可经营旅游业务活动。对于"暂缓通过业务年检"或"不予通过业务年检"的旅行社，应当提出结论依据，并且根据实际情况决定是否许可继续经营旅游业务活动。

2. 暂缓通过业务年检的结论依据

在年检年度内存在下列情形之一的旅行社，暂缓通过业务年检：（1）注册资本、质量保证金不足条例规定最低限额的；（2）歇业超过半年的；（3）以承包或挂靠等方式非法转让经营权或部分经营权的；（4）超范围经营的；（5）未按规定组织管理人员及导游人员、领队人员等从业人员教育培训或集中培训不够规定标准时数，经理资格证未达到要求的；（6）未按规定投保旅行社责任险的；（7）经营过程中有零团费、负团费现象的；（8）有重大投诉尚在调查处理过程中的；（9）有年检主管部门认定的其他违反法规、规章行为的。

被暂缓通过业务年检的旅行社，由主管部门依照法规、规章给予警告、限期改正等行政处罚。该旅行社应按法规和主管部门的整改要求，在限期内改正其违规行为，报告年检主管机关，由其验收纠正情况，作出通过或不予通过业务年检

---

① 《旅行社条例》第十三、十四、十五、十六、十七、十八、十九条。

的决定。

3. 不予通过业务年检的结论依据

在年检年度内存在下列情形之一的旅行社，不予通过业务年检：（1）拒不按照规定补足注册资本与质量保证金的；（2）未经营旅游业务超过1年的；（3）国际旅行社连续两年未经营入境旅游业务的；（4）严重超范围经营的；（5）以承包或挂靠等方式变相转让许可证，造成严重后果的；（6）连续2年未按规定组织管理人员及导游、领队等从业人员教育培训或集中培训不够规定标准时数、经理资格证没有达到要求的；（7）发生严重危害旅游者合法权益事件的；（8）拒不参加年检的；（9）未建立合法、公开的报酬机制，致使导游人员私拿回扣，造成恶劣影响的；（10）有年审主管部门认定的其他严重违反法规、规章行为的。

不予通过业务年检的旅行社，由年检主管部门依照法规、规章给予行政处罚，依法注销或建议注销其旅行社业务经营许可证，并通知工商行政管理部门注销其营业执照。

六、典型案例及其评析

案例1 违规租借许可证书，承担责任无法推诿。

2010年，甲旅行社在"十一"旅游黄金周期间，为了扩大业务活动，将业务经营许可证借给张某，准许其以甲社名义经营业务，同时支付租借费用。双方通过合同约定，如果经营出现问题，张某承担赔偿责任。其后，游客李某在参加张某以甲旅行社名义组织的一次旅游中严重摔伤，被送到医院手术治疗。张某见势不妙解散营业机构，不知去向。事后，李某找到甲旅行社要求赔偿，但甲旅行社以自己与张某所签合同作为凭据，拒绝承担法律责任。

案例评析

1.《消费者权益保护法》第三十七条规定，使用他人营业执照的违法经营者提供商品或者服务，损害消费者合法权益的，消费者可以向其要求赔偿，也可以向营业执照的持有人要求赔偿。在本案中，张某不具备旅行社经营资格，违法操作，主观存在明显过错，造成伤害理应赔偿；甲旅行社违规将自己的营业执照租给他人非法牟利，也应承担赔偿责任。李某可向甲旅行社或张某两者之中的任何一方索求赔偿。此外，由于违反国家法规，甲旅行社与张某所签的免责合同属于无效。因此，不论能否找到张某，甲旅行社均有责任赔偿李某。

2.《旅行社条例》第四十七条规定，旅行社转让、出租、出借旅行社业务经营许可证的，由旅游行政管理部门责令停业整顿1至3个月，并没收违法所得；情节严重的，吊销旅行社业务经营许可证。受让或租借旅行社业务经营许可证的，由旅游行政管理部门或工商行政管理部门责令停止非法经营，没收违法所得，并处 10 万元以上 50 万元以下的罚款。在本案中，旅行社与张某还应分别受到旅游行政管理部门或工商行政管理部门的行政处罚。

案例 2 无权经营出境旅游，欺诈必受法律严惩。

2009 年"五一"节即将来临时，宋小姐与几位朋友相约准备利用休假前往香港地区、泰国旅游。她们先后联系多家旅行社，却因时间安排不当没能谈成。就在打算放弃计划之时，一位自称某旅行社服务网点的业务经理孙某满口答应：能在最短时间内将她们出境旅游的事情办好，且向宋小姐等人出示该社在报上登载的出境旅游业务广告，还说该社准备组织 4 个团队，将在"五一"节前后出行。对此，宋小姐等人提出首批出境，便立即与孙某签订"出境旅游团队协议书"和"中国公民赴境外考察协议书"，总共支付签证费、机票等各种费用 4 万多元人民币。

然而，她们一直没有接到孙某的发团通知。其间，她们多次电话询问，都被孙某以种种借口拖延。最后等到休假结束，出境旅游已无可能。于是，她们便向孙某提出退还全部团款的合理要求，结果发现受到欺诈。无奈之下，她们只得向有关部门进行投诉。经过调查，孙某所说的旅行社属于国内旅行社，没有资格办理出境旅游业务，至于所说的"服务网点"是违规设立的，并没有在工商部门注册登记。

案例评析

1.《旅行社条例》第十一条规定，旅行社设立专门招徕旅游者、提供旅游咨询的服务网点应依法向工商行政管理部门办理设立登记手续，并向所在地的旅游行政管理部门备案。在本案中，孙某经营的服务网点未向工商部门注册，无权从事旅游业务。

2.《消费者权益保护法》第四十九条规定，经营者提供商品或服务有欺诈行为的，应当按照消费者的要求增加赔偿其受到的损失，增加赔偿的金额为消费者购买商品的价款或者接受服务费用的一倍。在本案中，孙某经营的服务网点如果属于国内旅行社，便无资格办理出境旅游业务，所以孙某与宋小姐等人签订出境旅游协议纯属欺诈行为，应当退还签证费、机票费、旅游费等 4 万元，并应赔偿一倍的损失费 4 万元。同时，由于该国内旅行社违规设立服务网点，登载办理出境旅游的业务广告，所以应当承担连带责任，共同赔偿有关损失。

案例 3 连年不投责任保险，年检罚款理所当然。

2001 年 12 月，某县旅游局在例行年检时发现某旅行社没有投保旅行社责任险，遂责令其立即改正。2002 年 12 月，旅游局再次年检时，发现该社依旧没有 2002 年度投保旅行社责任险的相关资料，随即询问该社经理。该社经理说："我们年初就投保了旅行社责任保险，现在一时想不起来将资料放到哪儿了，反正已经到了年底,这些资料都没用了,就别查了。"旅游局的工作人员要求他去保险公司开个投保证明材料。无奈之下,该社经理说出自己没有投保,同时辩解:"现在市场竞争激烈,经营实在很不容易,一年下来挣不了多少钱,况且今年没出事故,请您高抬贵手让我们过了吧,明年一定第一个办理责任保险。"但是,旅游局的工作人员坚持原则,不予通融,后经县旅游局研究决定,责令该社停业整顿30天,并且罚款2万元。

案例评析

1.《旅行社投保规定》第十八条明确规定,县级以上人民政府旅游行政管理部门应当对于旅行社投保旅行社责任保险的情况进行监督检查,并将旅行社责任保险投保和理赔情况纳入旅行社年检范围。第十九条规定,旅行社应当妥善保管旅行社责任保险投保和理赔的相关资料,接受旅游行政管理部门的检查。在本案中,尽管该社当年没有发生责任事故,但是,按照规定应当接受投保情况的有关检查,否则将会受到处罚。对此,县旅游局对该社的严格检查是合法的。

2.《旅行社投保规定》第二十一条规定,未投保旅行社责任保险的,由旅游行政管理部门责令限期改正;逾期不改的,责令停业整顿15天至30天,可以并处人民币5000元以上2万元以下的罚款;情节严重的,可吊销其旅行社业务经营许可证。据此,县旅游局有权责令该旅行社停业整顿,并且对其予以罚款。

案例4 违约降低服务标准,赔偿差额再加一倍。

孙小姐等25名游客与某旅行社签订合同,参加该社的桂林4日游。双方约定,游客每人交纳团费1400元,该社提供空调旅游大巴,住宿标准为双人标间、独立卫生间等。在旅游中,该社违约将承诺的空调旅游大巴换成普通客车,将住宿标准从双人标间、独立卫生间变成四人普通间、公共卫生间等。返回以后,孙小姐等游客认为该社违约擅自降低服务标准,致使他们的合法权益受到侵害,要求赔偿相应损失,具体数额为每人团费的一半即700元。该社辩解:由于时逢旅游旺季,目的地接待能力受到限制,自己凭借以往关系才解决了交通住宿问题,否则孙小姐等游客很有可能露宿街头,所以降低旅游交通与住宿标准是出于旅游旺季所致,属于不可抗力,因而拒绝予以赔偿。

案例评析

1.《合同法》第一百一十七条规定,不可抗力,是指不能预见、不能避免并不能克服的客观情况。在本案中,作为专门提供旅游服务的经营企业,该社对于旅游目的地在旅游旺季的接待能力,是应当能够预见的,所以降低孙小姐等25名游客的服务标准是有过错的,违约事实显而易见,并非属于不可抗力,应承担违约责任。与此相应,孙小姐等游客的赔偿要求虽然合法,但其要求的赔偿数额不能得到旅游投诉机关支持。

2.《旅行社质量保证金赔偿暂行标准》第六条规定,旅行社安排的旅游活动及服务档次与协议不符,造成旅游者损失,应当退还旅游者合同金额与实际花费的差额,并赔偿同额违约金。在本案中,旅游质监部门通过调查发现:该社安排的交通工具差额每人每天 40 元,住宿标准差额每人每天 60 元。同时,旅游质监部门责令该社赔偿孙小姐等 25 名游客每人每天实际差额 100 元,另行支付每人同额违约金 100 元,总共赔偿 25 位游客 15000 元。

第二节　旅行社的设立制度

一、旅行社的设立申请

1. 旅行社的经营划分

根据经营许可证及营业执照的经营范围,我国旅行社可以分为两个部分,一部分是经营国内旅游业务和入境旅游业务的旅行社,另一部分是经营国内旅游业务、入境旅游业务和出境旅游业务的旅行社。

2. 旅行社的设立条件

在申请设立时,经营国内旅游业务和入境旅游业务的旅行社,应当具备以下条件:(1)有固定的经营场所;(2)有必要的营业设施;(3)有符合规定的注册资本,即申请设立经营国内旅游业务和入境旅游业务的旅行社,应有不少于 30 万元的注册资本;(4)有必要的经营管理和导游人员;(5)向所在地省、自治区、直辖市旅游行政管理部门或委托设区的市级旅游行政管理部门提出申请及其相关证明文件;(6)法律、行政法规规定的其他条件。

3. 旅行社的设立材料

除了具备设立条件以外,旅行社还须提供设立申请及其相关证明。这些材料主要涉及以下内容:

(1)申请书。申请书是提出设立旅行社的愿望表示,内容包括申请设立旅行社的中英文名称及英文缩写、设立地址、企业形式、出资人、出资额和出资方式,以及申请人、受理申请部门全称、申请书名称和申请时间。

(2)法定代表人履历表及其身份证明。法定代表人是代表法人行使民事权利、履行民事义务的主要负责人。旅行社的法定代表人涉及旅行社的经理或董事长等。法定代表人的身份证明是企业法人向人民法院证明其身份时所使用的书面文件。

(3)企业章程。企业章程是指企业依法规定公司名称、地址所在、经营范围、管理制度等重大事项的书面文件,其中包括公司组织、开展活动与股东共同经营意愿的基本准则。

(4) 验资证明。验资证明是指具有验审资格的法定机构表明资金确实存在的书面文件。旅行社的验资证明是依法设立的验审机构对申请设立旅行社的注册资本与质量保证金的客观存在提供证据的法律文件。旅行社的验资机构应当是由国家主管部门指定,商业银行及其主管部门认同的会计师事务所、审计师事务所或律师事务所。

(5) 经营场所有关证明。经营场所是企业拥有或租用的。旅行社拥有经营场所开展业务的,应向旅游行政管理部门出具产权证明或使用证明;租用场所开展业务的,应向旅游行政管理部门出具至少一年租期的租房协议。

(6) 营业设施情况证明。旅行社应当拥有营业设施,有关证明可以采用商业部门销售出具的发票收据,也可采用投资部门提供设施的使用证明,用户名称则应当为该旅行社或申请人。

(7)《企业名称预先核准通知书》。《企业名称预先核准通知书》是工商行政管理部门预先审核批准设立企业名称、住所、注册资本与所属行业等内容的必要证明。

旅行社取得经营许可满两年,且未因为侵害旅游者合法权益受到行政机关罚款以上处罚的,可以申请经营出境旅游业务。在申请经营出境旅游业务时,旅行社应向相关的旅游行政管理部门提出申请,并由相关的旅游行政管理部门将申请材料报国务院旅游行政管理部门,作出许可或不予许可的决定。

二、旅行社的许可登记

1. 许可决定及其通知

对于申请设立经营国内旅游业务和入境旅游业务的旅行社,旅游行政管理部门受理以后,应自受理申请之日起20个工作日内作出许可或不予许可的决定。予以许可的,向申请人颁发业务经营许可证,申请人应持业务经营许可证向工商行政管理部门办理设立登记;不予许可的,书面通知申请人并说明理由。

对于申请设立经营出境旅游业务的旅行社,旅游行政管理部门受理以后,应自受理申请之日起20个工作日内作出许可或不予许可的决定。予以许可的,向申请人换发业务经营许可证,旅行社应持换发的业务经营许可证到工商行政管理部门办理变更登记;不予许可的,书面通知申请人并说明理由。

2. 办理登记

旅行社变更名称、经营场所、法定代表人等登记事项或终止经营的,应到工商行政管理部门办理相应的变更登记或注销登记,并在登记办理完毕之日起 10

个工作日内,向原许可的旅游行政管理部门备案,换领或交回业务经营许可证。

三、旅行社的分支机构

1. 分支机构

旅行社的分支机构主要包括分社与服务网点。旅行社分社,是指旅行社申请设立的不具备独立法人资格、以设立社名义开展旅游业务经营活动的分支机构。旅行社服务网点则是旅行社专门设立招徕旅游者、提供旅游咨询的分支机构。

2. 分社设立及其登记

旅行社设立分社的,应持业务经营许可证副本向分社所在地的工商行政管理部门办理设立登记手续,并自设立登记之日起3个工作日内向分社所在地的旅游行政管理部门备案。旅行社分社的设立不受地域限制。但是,分社的经营范围不得超出设立社的经营范围。此外,经营国内旅游业务和入境旅游业务的旅行社设立一个经营业务的分社增存5万元;经营出境旅游业务的旅行社设立一个经营业务的分社增存30万元。

3. 服务网点的设立登记

旅行社设立服务网点应依法向工商行政管理部门办理设立登记手续,并向所在地的旅游行政管理部门备案。旅行社服务网点应当接受旅行社的统一管理,不得从事招徕、咨询以外的活动。

四、外商投资旅行社的设立经营

1. 外商投资旅行社的申请条件

外商投资旅行社,一般包括中外合资经营旅行社、中外合作经营旅行社和外资旅行社。外商投资旅行社的申请条件:(1)有固定的经营场所与必要的营业设施;(2)注册资本不得少于250万元人民币,交纳质量保证金60万元人民币;(3)是旅行社或主要从事旅游经营业务的企业;(4)遵守中国法律及中国旅游业的有关法规;(5)是本国(地区)旅游行业协会的会员,具有良好的国际信誉和先进的管理经验;(6)外商投资旅行社的投资者应是依法设立的公司,最近3年无违法或重大违规记录,符合国务院旅游行政主管部门所规定的审慎和特定行业的要求;(7)设立外商控股旅行社的境外投资年旅游经营总额4000万美元以上;(8)设立外商独资旅行社的境外投资年旅游经营总额应在5亿美元以上。

2. 外商投资旅行社申请审批的所需材料

(1)设立申请书。(2)设立旅行社可行性研究报告。(3)旅行社章程。(4)旅行社经理、副经理履历表。(5)开户银行出具的资金信用证明、注册会计师及会计师事务所或审计师事务所出具的验资报告。(6)是旅行社或从事旅游经营企业的证明材料。（7）设立外商独资旅行社，提供外方投资者年旅游经营总额在 5 亿美元以上的证明材料；设立外商控股旅行社，提供外方投资者年旅游经营总额在 4000 万美元以上的证明材料。（8）是本国(地区)旅游行业协会会员的证明材料。（9）具有良好的国际信誉和先进的旅行社管理经验的证明材料。（10）经营场所及设备情况证明。

3. 外商投资旅行社的审批程序

设立外商投资旅行社时，申请人先向所在地的省级旅游行政管理部门提出申请，省级旅游行政管理部门审查同意后，报国务院旅游行政主管部门，并且提交有关法定的证明文件。对于省级旅游行政管理部门的报送请示及其申请材料，国家旅游局质量规范与管理司自受理之日起 30 个工作日内审查完毕，作出同意或不同意的决定，并通知省级旅游行政管理部门。对同意受理申请提出审批意见的，报国家旅游局局长批准，由国家旅游局颁发《外商投资旅行社业务经营许可审定意见书》及外商投资企业批准证书，通知申请人向国务院旅游行政主管部门领取业务经营许可证，申请人可持业务经营许可证和外商投资企业批准证书向工商行政管理部门办理设立登记手续；对不同意设立的，书面通知申请人并说明理由。

4. 外商投资旅行社的经营范围

外商投资旅行社不得经营中国内地居民出国旅游业务以及赴香港特别行政区、澳门特别行政区和台湾地区的旅游业务，但是国务院决定或我国签署的自由贸易协定和内地与香港、澳门关于建立更紧密经贸关系安排的另有规定除外。[①]

五、典型案例及其评析

案例 5 合资申请设立企业，法定条件必须完备。

1990 年，某市的甲、乙两家私营企业主与刘某看到旅游业发展迅猛，协商准备成立一家国际旅行社，经营出境旅游业务。为此，甲企业主投资 10 万元，乙企业主投资 10 万元，刘某投资 5 万元，并且聘请一个具有旅行社经理资格证书的人作经理，还从社会上招聘一名兼职会计。然后，三方将出资情况交由某会计师事务所审计并取得验资报告后，委托刘某携带设立申请书、聘用经理的资格证书、会计师事务所的验资报告、经营场所和经营设备的证明材料到当地工商行政管理部门申请登记设立国际旅行社。但是，工商行政管理部门经过审核没有批准设立申请，三方得知没有批准大惑不解。

案例评析

1.《旅行社条例》第六条规定，申请设立经营国内旅游业务和入境旅游业务

[①]《旅行社条例》第六、七、八、九、十、十一、十二、二十一、二十二、二十三条。

的旅行社，应有不少于 30 万元的注册资本。第十三条规定，经营国内旅游业务和入境旅游业务的旅行社，应当存入质量保证金 20 万元；经营出境旅游业务的旅行社，应当增存质量保证金 120 万元。本案例中，当事人申请设立国际旅行社的注册资本仅有 25 万元，不仅低于 30 万元注册资本的有关规定，而且缺少 120 万元质量保证金的投资缺口。

2.《旅行社条例》第八条规定，旅行社取得经营许可满两年，未因侵害旅游者合法权益受到行政机关罚款以上处罚的，可以申请经营出境旅游业务。第九条规定，申请经营出境旅游业务的，应当向国务院旅游行政主管部门或其委托的省、自治区、直辖市旅游行政管理部门提出申请。予以许可的，向申请人换发旅行社业务经营许可证，旅行社应持换发的旅行社业务经营许可证到工商行政管理部门办理变更登记。在本案中，当事人申请经营出境旅游业务资格尚不具备，一是没有取得国内旅游业务的经营许可，二是没有达到经营国内旅游业务的合法年限，三是没有符合申请经营国际旅游业务的合法业绩，四是当事人只有经过有审批权的旅游行政管理部门审核批准，才能领到业务经营许可证，还须向当地工商行政管理机关领取营业执照。

案例 6 公司名称自有章法，弄清权益勿惹麻烦。

2000 年 3 月，某市一家经营旅行社业务的有限责任公司开业，注册名为"四海旅行社有限责任公司"（简称"A 公司"）。同年 6 月，与 A 公司相距 200 多米的另一街道上，又有一家从事旅游用品制造业的有限责任公司注册，名称为"四海旅游用品有限责任公司"（简称"B 公司"）。两家公司距离很近，但却分属两个行政区，且分别向各自所在区的工商机关办理了公司名称注册登记。对此，A 公司认为自己先行使用"四海"的名称注册，B 公司侵犯了自己的名称专用权，遂与后者打起名称权官司，要求追究 B 公司的侵权责任，B 公司则认为自己没有侵权。

案例评析

1.《公司法》第九条规定，依照本法设立的有限责任公司，必须在公司名称中标明有限责任字样。一般而言，公司名称通常应由四个部分组成：（1）地名（可以根据实际情况选用或不用）；（2）字号（这是公司的独有标志）；（3）经营业务；（4）法律性质。在本案中，两个公司的名称符合《公司法》的有关要求，在公司的名称中均已标明"有限责任"字样，所以这两个公司的名称合法。

2.《企业名称登记管理规定》第六条规定，企业只准使用一个名称，在登记主管机关辖区内不得与已登记注册的同行业企业名称相同或者近似。据此，侵犯名称专用权有两个条件：（1）在同一行政辖区内；（2）属于同一行业之内。在本案中，两个公司相隔不远，但却属于不同行政辖区，A 公司从事旅行社行业，B

公司经营旅游用品，所属行业也不相同，因而 B 公司未对 A 公司名称构成侵权。

案例 7　分社并非独立法人，权利义务均归总社。

某省一家大型旅行社，下有 A、B 两个分社。2008 年 10 月，B 分社持总社营业执照与某企业签订一份旅游合同，约定 B 分社承担该企业 350 人赴海南旅游的接待、导游等项活动，旅游费用总计为 26 万元。可是，由于 B 分社经理李某将旅游费用投入股市严重亏损，造成游客无法成行。

因此，该企业向当地法院提起诉讼，要求 B 分社赔偿经济损失。B 分社经理李某要求总社一起参加诉讼，但总社认为：（1）B 分社常年在外经营，平时收益自行享受，仅按约定支付有限的承包费用；（2）按照公司章程规定，委任下属分社经理，须经董事会作出决定，但 B 分社的李某是总社经理擅自以公司名义任命职务的，并非公司董事会决定委任的，所以应由分社自己承担赔偿责任。

案例评析

1.《旅行社条例》第十条规定，分社的经营范围不得超出设立分社的旅行社的经营范围。《公司法》第十三条规定，公司可以设立分公司，分公司不具有企业法人资格，其民事责任由公司承担。在本案中，B 分社经理李某持有总社的营业执照，足以致使游客确信其身份的合法性，所以 B 分社的超范围经营所应承担的违规责任与违约责任均应当由总社承担。至于李某任职不符公司规定，这是该社的内部问题，也不能以 B 分社自行享受平时收益而免除总社应承担的法律责任。

2.《旅行社条例》第四十六条规定，分社的经营范围超出设立分社的旅行社的经营范围的，由旅游行政管理部门或工商行政管理部门责令改正，没收违法所得，违法所得 10 万元以上的，并处违法所得 1 倍以上 5 倍以下的罚款；违法所得不足 10 万元或没有违法所得的，并处 10 万元以上 50 万元以下的罚款。在本案中，总社除了承担赔偿责任以外，还应受到有关行政管理部门的相应处罚。

案例 8　申办经营旅游业务，所需资金必须备齐。

李某与三名导游及一名具有旅行社经理资格的人员，打算建立一个国内旅行社。他们在该市工商银行存入 30 万元人民币，且与当地旅游行政管理部门签订缴纳 20 万元质量保证金的承诺书，五人共同起草旅行社章程以后，租到办公用房一处并购置所需经营设施。对此，他们以设立旅行社的条件齐备，向当地旅游行政管理部门提出申请设立国内旅行社。在接到旅游行政管理部门颁发的业务经营许可证后，他们忙于开业经营，没有考虑提交质量保证金的有关问题，也未投保旅行社责任险。不久以后，他们受到旅游行政管理部门的查处惩罚。

案例评析

1.《旅行社条例》第十三条规定，旅行社应自取得旅行社业务经营许可证之日起 3 个工作日内，在国务院旅游行政主管部门指定的银行开设专门的质量保证金账户，存入质量保证金或向作出许可的旅游行政管理部门提交依法取得的担保额度不低于相应质量保证金数额的银行担保。在本案中，李某等人组建旅行社，虽然接到旅游行政管理部门颁发的业务经营许可证，但却没有及时依法办理缴纳质量保证金的有关手续就忙于经营，这种违规行为应当依法受到查处。

2.《旅行社条例》第四十九条规定，旅行社违规不投保旅行社责任险的，由旅游行政管理部门责令改正；拒不改正的，吊销旅行社业务经营许可证。因此，李某等人应当赶紧依法办理投保旅行社责任险的有关手续，以免受到吊销业务经营许可证的严厉处罚。

第三节 旅行社的经营制度

一、旅行社的经营原则

旅行社在经营活动中应当遵循自愿、平等、公平、诚信的原则，努力提高服务质量，切实维护旅游者的合法权益。

1. 自愿原则，是指旅行社应当依照当事人的意愿设立、变更和终止旅游法律关系，不得通过欺诈、胁迫等手段，强迫旅游者和其他企业在非自愿的情况下与其建立旅游法律关系。

2. 平等原则，是指旅行社与旅游者或其他企业法人之间发生业务关系时应当进行平等协商，彼此善意地正当竞争，不得将自己的意志强加给对方当事人。

3. 公平原则，是指旅行社应当本着公平精神进行交易，合情合理地规定权利与承担义务，在获得正当利益的同时，维护旅游者的合法权益。

4. 诚信原则，是指旅行社应当以诚信方式履行义务，对旅游者和其他企业诚实不欺、恪守诺言、认真负责、讲求信用。

二、旅行社的经营规定

旅行社除了按照上述经营原则开展服务以外，还要遵守《旅游法》与《旅行社条例》的经营规定。这些有关的经营规定主要包括以下方面：

1. 旅行社向旅游者提供的服务信息必须真实、准确，不得进行虚假宣传，误导旅游者，不得以低于旅游成本的报价招徕旅游者。

2. 旅行社为旅游者安排或介绍的旅游活动不得含有违反法律、法规规定的内容。经营出境旅游业务的旅行社不得组织旅游者到国务院旅游行政主管部门公布的中国公民出境旅游目的地之外的国家和地区旅游。

3. 旅行社应按规定交纳旅游服务质量保证金，用于旅游者权益损害赔偿及垫付旅游者人身安全遇有危险时的紧急救助。

4. 旅行社未经旅游者同意，不得在旅游合同约定之外提供其他有偿服务。旅行社组织、接待旅游者，不得指定具体购物场所，不得安排另行付费的旅游项目，经双方协商一致或旅游者提出要求，且不影响其他旅游者行程安排的除外。

5. 旅行社为旅游者提供服务，应与旅游者签订合同，载明各项法定事项，且对旅游合同的具体内容作出真实、准确、完整的说明。所谓载明各项法定事项包括：（1）旅行社的名称及其经营范围、地址、联系电话及旅行社业务经营许可证编号；（2）旅行社经办人的姓名、联系电话；（3）签约地点和日期；（4）旅游行程的出发地、途经地和目的地；（5）旅游行程中交通、住宿、餐饮服务安排及其标准；（6）旅行社统一安排游览项目的具体内容及时间；（7）旅游者自由活动的时间和次数；（8）旅游者应当交纳的旅游费用及交纳方式；（9）旅行社安排的购物次数、停留时间及购物场所的名称；（10）需要旅游者另行付费的游览项目及其价格等有关内容。

6. 旅行社组织团队出境旅游或组织、接待团队入境旅游，应当按照规定安排持有国家规定导游证、领队证的领队或导游全程陪同。

7. 旅行社需对旅游业务作出委托的，应当委托给具有相应资质的旅行社，并且征得旅游者的同意，与接受委托的旅行社就接待旅游者的事宜签订委托合同，确定接待旅游者的各项服务安排及其标准，约定双方的权利义务。

8. 旅行社对可能危及旅游者人身、财产安全的事项，应向旅游者作出真实的说明和明确的警示，并且采取防止危害发生的必要措施。

9. 旅行社接待入境旅游发生旅游者非法滞留我国境内的，应及时向旅游行政管理部门、公安机关和外事部门报告，并协助提供非法滞留者的信息。对旅游者在境外滞留不归的，旅行社委派的领队人员应及时向旅行社和中华人民共和国驻该国使、领馆、相关驻外机构报告。

三、旅行社的人员管理

根据我国颁布实施的《旅行社条例》，旅行社的人员管理主要涉及以下内容：

1. 旅行社聘用导游人员、领队人员应当依法签订劳动合同，向其支付不低于当地最低工资标准的报酬，缴纳社会保险费用。

2. 旅行社对所委派的导游人员和领队人员应当进行严格管理，尤其注意不得发生以下行为：（1）拒绝履行旅游合同约定的义务；（2）非因不可抗力改变旅游合同安排的行程；（3）欺骗、胁迫旅游者购物或参加需要另行付费的游览项目。

3. 旅行社不得要求导游人员和领队人员接待不支付接待和服务费用或支付费用低于接待和服务成本的旅游团队，不得要求导游人员和领队人员承担接待旅游团队的相关费用。

4. 在发生危及旅游者人身安全的情形时，旅行社及其委派的导游人员、领队人员应当采取必要的处置措施并及时报告旅游行政管理部门。在境外发生的，还应及时报告中华人民共和国驻该国使、领馆、相关驻外机构与当地警方。①

四、典型案例及其评析

案例9 广告宣传谎称抽奖，虚假不实应当严惩。

2009年4月，某旅行社为了提高经济效益，在某市电视台制作一期带有宣传性质的广告节目。在播放广告中，字幕打出该社名称、许可证号码、地址和联系电话等，大肆介绍该社承办的国际、国内旅游线路及其旅游目的地国家、地区、景观名胜，但对价格、服务标准等收费问题则含糊其词、一带而过。同时，该社声称每月将从游客之中抽取两名幸运者，退还已付的全部费用。广告播出，反响强烈，参加该社组织旅游的人员大增。3个月内，该社获利28万元，后被其他旅行社联合举报。经当地旅游行政管理部门查实确认，该社此间总共组织三批客人赴新马泰旅游，抽奖三次只有两次抽出一等奖，获奖者是该社经理的直系亲属。

案例评析

1. 《旅行社条例》第二十四条规定，旅行社向旅游者提供的旅游服务信息必须真实可靠，不得作虚假宣传。《反不正当竞争法》第十三条规定，不得从事谎称有奖或故意让内定人员中奖的欺骗方式进行有奖销售。在本案中，该社违规对旅游者的虚假宣传及其采取谎称有奖竞销属于严重的违规行为。

2. 《旅行社条例》第五十三条规定，旅行社违规向旅游者提供的旅游服务信息含有虚假内容或作虚假宣传的，由工商行政管理部门依法给予处罚。《反不正当竞争法》第二十六条规定，经营者采用谎称有奖或者故意让内定人员中奖的欺骗方式进行有奖销售的，监督检查部门应当责令其停止违法行为，根据情节处以1万元以上10万元以下的罚款。因此，对于该社的严重违规，应当依据《旅行社条例》与《反不正当竞争法》从重处罚。

案例10 误机责任终究到底，全陪地陪兼及游客。

1998年9月，刘某等8名游客报名参加北京某旅行社组织的海南5日游。双方约定，9月30日中午12点飞赴海南，10月4日下午3点乘机返京，并有导游

---

① 《旅行社条例》第四、五、二十四、二十五、二十六、二十七、二十八、二十九、三十、三十一、三十二、三十三、三十四、三十六、三十七、三十八、三十九、四十条。

全程服务。后因该社没有买好全陪导游的机票，未派全陪导游随团前往海南。但该社承诺已与地接社联系妥当，可以保证接待质量。旅游团乘机离京时，该社曾派导游到机场送行，并将返程机票交给刘某，告知返程时间为10月4日下午3点。10月3日，旅游团在从三亚返回海口途中，地陪导游询问刘某何时乘机离开，获得答复是次日下午3点。

10月4日上午9点多，刘某拿出机票确认返程时间，突然发现机票上标明的起飞时间是当天上午8点10分，并非组团社所说的下午3点。误机以后，地接社经多方努力，积极帮助刘某购票返回北京。但是，原票出于打折优惠，不得转签或者退票。当时，刘某想到单位尚有急事要办，只得先行支付票款12600元。返京以后，刘某便向北京组团社索要票款。该社认为，返程机票已经交由刘某保管，在旅游中地接社导游曾询问过返程时间，只是刘某疏忽大意造成误机，因而损失不应当由自己承担。但考虑到游客的实际利益，同意补偿机票损失的10%。结果，双方各执己见，无法达成一致。

案例评析

1. 组团社有违约行为，对误机事件负有责任。在本案中，因为该社曾与游客约定派出导游提供全陪服务，但出发前却以导游没有买到机票为由，取消全程陪同服务。在旅游服务中，全陪导游的主要职责就是落实旅游日程安排、监督地接社履行合同以及协调、处理旅途中所发生的问题。如果全陪导游随团，履行职责核实机票肯定是能避免误机事故的。此外，该社只派导游到机场送行，将机票交给刘某时没有告知返程机票的变动情况。因此，组团社未派导游提供全程服务与游客误机有直接关系。

2. 地接社没有按照国家标准提供服务。1995年国家技术监督局发布的《导游服务质量标准》的送站服务规定要求，旅游团（者）离站的前一天，地陪导游应当确认交通票据及离站时间。在本案中，地接社在没有组团社导游全陪的情况下安排全程，负责组织落实全部旅游活动，但地陪导游未按规定查验机票，确认返程的确切时间，只作询问轻率认定返程时间，导致发生误机事故。

3. 游客刘某存在过失。刘某负责保管机票，应有核对查验义务，发现问题应及时提出，特别是在10月3日地陪导游向其询问时，刘某仍未查验机票，依旧答复未变更的返程时间。如果刘某查验机票，误机事故仍可避免。刘某过于疏忽大意，也是造成误机事故的原因之一，依法承担次要责任。

4. 《旅行社条例》第三十五条规定，旅行社违反旅游合同约定，造成旅游者合法权益受到损害的，应当采取必要的补救措施。否则，可以根据《旅行社条例》第六十一条规定，由旅游行政管理部门或工商行政管理部门责令改正，处1万元以上5万元以下的罚款；情节严重的，由旅游行政管理部门吊销旅行社业务经营许可证。

案例 11 低价出团损害游客，委派冒牌"领队"有责。

2009 年 5 月，某报记者龚某代表 31 名游客前往某省海外旅游公司报名参加泰国 6 日游，签订出境旅游合同，其中约定：旅游费用标准应为 2600 元/人，但旅游公司"低价出团"，按照 1800 元/人的标准收费。其后，旅游公司委派尚未取得领队证的曾某担任"领队"出行。在游览中，泰国地陪强迫游客必须按照 1500 元/人的自费标准参加活动，否则终止旅游行程。对此，曾某不仅没有制止，反而告知游客必须交纳费用。结果，全团 31 名游客在曾某和地陪的多次强迫下，以 1000 元/人的自费标准参加活动，总计用款 31000 元。此后，泰国地陪又向他们收取自费项目用款 6200 元。回国以后，龚某投诉旅游公司经营违规，并且提出赔偿要求。

案例评析

1. 《旅行社条例》第二十七条规定，旅行社不得以低于旅游成本的报价招徕旅游者。《反不正当竞争法》对此同样予以禁止。在本案中，旅游公司与游客签约支付 1800 元/人的价格标准低于泰国 6 日游的成本价。旅游公司低价收取团费的做法，必然通过节省派遣领队费用、选择境外信誉不良的地接社、强迫或诱导游客增加自费服务项目、增加购物次数和时间、降低服务质量标准等手段极力获取非法利益，严重损害游客权益，因而应当受到制裁。

2. 《领队人员管理办法》第七条规定，未取得领队证的人员，不得从事出境旅游领队业务。《中国公民出国旅游管理办法》第十六条规定，组团社及其旅游团队领队应当要求境外接待社按照已约定的团队活动计划安排旅游活动，不得强迫或变相强迫旅游者参加额外付费项目。境外接待社一旦提出违法要求，组团社及其领队人员应当予以制止。在本案中，该社委派未取得领队证的曾某随团，明显属于违规行为。假若曾某具有合法的领队资格，那么应当履行职责，及时阻止泰国地陪的强迫行为。

案例 12 护照有误判罚游客，旅行社应赔偿损失。

1999 年 1 月，上海某汽车配件厂与上海 A 旅行社签订合同，组织本厂 39 名职工出境进行中国香港、新加坡 6 日游。该社由于没有资格办理业务，便将此次旅游活动交由上海 B 国际旅行社代办。其后，游客王某在拿到自己护照之时发现除了名字以外，照片、身份证号码、出生年月都不对头，便当即向 B 社反映。B 社经理考虑已与境外某社签好合同，如果延误可能会给自己造成经济损失，于是指使导游哄骗王某："对方已经搞定这事，没有问题。"

结果，王某一过香港海关，就被检查人员发现，遂以非法使用他人护照定罪判罚监禁 3 个月。后经单位和该社全力"营救"，王某才获释返回上海。回沪以后，王某状告 A、B 两家旅行社，要求索赔精神损失费和误工损失费共计人民币 9.4 万余元。

案例评析

1.《旅行社条例》第四十六条规定，未取得相应的旅行社业务经营许可，经营出境旅游业务的，由旅游行政管理部门或工商行政管理部门责令改正，没收违法所得，违法所得 10 万元以上的，并处违法所得 1 倍以上 5 倍以下的罚款；违法所得不足 10 万元或没有违法所得的，并处 10 万元以上 50 万元以下的罚款。在本案中，A 旅行社没有资格办理业务，却与某汽车配件厂签订出境旅游合同，这种没有旅行社业务经营许可的违规行为应当受到法律制裁。

2.《旅行社条例》第三十七条规定，旅行社将旅游业务委托给其他旅行社的，接受委托的旅行社故意或重大过失造成旅游者合法权益损害的，应当承担连带责任。在本案中，接受委托代办证照的 B 旅行社有重大过失，明知办错游客护照，但却为了本社利益，采用哄骗手段造成游客合法权益受到严重侵害，应当承担连带责任。此外，游客应当吸取教训，发现出境旅游护照存在问题，必须坚持要求更换，而决不能心存侥幸，铸成大错。

第四节　旅行社的法律责任

一、旅行社的法律责任及其类型

1. 旅行社的法律责任

旅行社的法律责任，是指旅行社在经营活动中，因不履行或不适当履行义务的违规行为，侵害对方合法权益而承担的不利后果。旅行社的法律责任一般涉及民事责任和行政责任，在特殊情况下可能涉及刑事责任。

2. 旅行社法律责任的主要类型

旅行社应当承担的法律责任大致包括以下类型：（1）违反设立许可规范的法律责任；（2）违反接待履约规范的法律责任；（3）违反聘用人员规范的法律责任；（4）违反其他经营规范的法律责任。

二、违反设立许可规范的法律责任

违反设立许可规范，是指旅行社违反旅游法规之中有关国家旅游行政管理业务经营许可规定，违规设立或构成违规设立条件的不法行为。违反设立许可规范受到惩处的不利后果主要包括：

1. 旅行社未经许可经营旅行社业务的，由旅游行政管理部门或工商行政管理部门责令改正，没收违法所得，并处 1 万元以上 10 万元以下罚款；违法所得 10 万元以上的，并处违法所得 1 倍以上 5 倍以下罚款；对有关责任人员，处 2000 元以上 2 万元以下罚款。

2. 旅行社未经许可经营国内旅游业务、入境旅游业务、出境旅游业务，分社经营范围超出设立分社旅行社的经营范围或旅行社服务网点从事招徕、咨询以外活动的，由旅游行政管理部门或工商行政管理部门责令改正，没收违法所得，违法所得 10 万元以上的，并处违法所得 1 倍以上 5 倍以下的罚款；违法所得不足 10 万元或没有违法所得的，并处 10 万元以上 50 万元以下的罚款。

3. 旅行社不得出租、出借或以其他形式非法转让旅行社业务经营许可证。旅行社转让、出租、出借旅行社业务经营许可证的，由旅游行政管理部门责令停业整顿 1 至 3 个月，并没收违法所得；情节严重的，吊销旅行社业务经营许可证。受让或租借旅行社业务经营许可证的，由旅游行政管理部门或工商行政管理部门责令停止非法经营，违法所得不足 10 万元或没有违法所得，并处 10 万元以上 50 万元以下的罚款。

4. 旅行社违规设立有其他情形之一的：（1）变更名称、经营场所、法定代表人等登记事项或终止经营，未在规定期限内向原许可的旅游行政管理部门备案，换领或交回旅行社业务经营许可证。（2）设立分社未在规定期限内向分社所在地旅游行政管理部门备案。（3）不按国家有关规定向旅游行政管理部门报送经营和财务信息等统计资料，由旅游行政管理部门责令改正；拒不改正的，处 1 万元以下罚款。

5. 旅行社未在规定期限内向其质量保证金账户存入、增存、补足质量保证金或提交相应银行担保及违规不投保旅行社责任险的，由旅游行政管理部门责令改正；拒不改正的，吊销旅行社业务经营许可证。

三、违反接待履约规范的法律责任

违反接待履约规范，是指旅行社违反旅游法规之中有关接待游客与履行合同活动规定的不法行为。违反接待履约规范的不利后果主要包括：

1. 旅行社及其从业人员组织、接待旅游者，安排参观或参与违反我国法律、法规和社会公德的项目或活动的，由旅游行政管理部门责令改正，没收违法所得，责令停业整顿，并处 2 万元以上 20 万元以下罚款；情节严重的，吊销旅行社业务经营许可证；对直接负责的主管人员和其他直接责任人员，处 2000 元以上 2 万元以下罚款，并暂扣或吊销导游证、领队证。

2. 旅行社接待游客有下列违规情形之一的：（1）未与旅游者签订旅游合同；（2）与旅游者签订旅游合同没有载明法定事项；（3）未取得旅游者同意，将旅游业务委托给其他旅行社；（4）将旅游业务委托给不具有相应资质的旅行社；（5）未与接受委托的旅行社就接待旅游者的事宜签订委托合同，由旅游行政管理部门责令改正，处2万元以上30万元以下的罚款；情节严重的，责令停业整顿1至3个月。

3. 旅行社履行合同有下列违规情形之一的：（1）拒不履行旅游合同的约定义务；（2）在旅游中擅自变更行程安排，严重损害旅游者权益；（3）欺骗、胁迫旅游者购物或参加需要另行付费的游览项目，由旅游行政管理部门或工商行政管理部门责令改正，处3万元以上50万元以下的罚款，并责令停业整顿；（4）造成旅游者滞留等严重后果的，吊销旅行社业务经营许可证；对直接负责的主管人员和其他直接责任人员，处2000元以上5万元以下的罚款，并暂扣或导游证或领队证。

4. 旅行社未经旅游者同意在旅游合同约定之外违规提供其他有偿服务，由旅游行政管理部门责令改正，处1万元以上5万元以下的罚款。

四、违反聘用人员规范的法律责任

违反聘用人员规范，是指旅行社及其聘用人员违反旅游法规之中有关聘用人员管理规定的不法行为。违反聘用人员规范受到惩处的不利后果主要包括：

1. 旅行社安排未取得导游证或领队证的人员作为导游或领队，或未按规定为出境或入境的旅游团队安排领队或导游全程陪同的，由旅游行政管理部门责令改正，没收违法所得，并处5000元以上5万元以下罚款；情节严重的，责令停业整顿或吊销旅行社业务经营许可证；对直接负责的主管人员和其他直接责任人员，处2000元以上2万元以下罚款。

2. 旅行社违规不向其聘用的导游人员、领队人员支付接待和服务费用或要求导游人员和领队人员承担接待旅游团队相关费用的，由旅游行政管理部门责令改正，处2万元以上10万元以下的罚款。

3. 旅行社及其委派的导游人员、领队人员遇到发生危及旅游者人身安全的情形，未采取必要的处置措施并及时报告的，由旅游行政管理部门责令改正，对旅行社处2万元以上10万元以下的罚款；对导游人员、领队人员处4000元以上2万元以下的罚款；情节严重的，责令旅行社停业整顿1至3个月或吊销旅行社业务经营许可证、导游证、领队证。

4. 旅行社接待出入境旅游，发现旅游者从事违法活动或出境旅游者在境外非法滞留或随团出境的旅游者擅自分团、脱团；或入境旅游者在境内非法滞留或随团入境的旅游者擅自分团、脱团，不及时向公安机关、旅游行政管理部门或我国驻外机构报告的，由旅游行政管理部门处 5000 元以上 5 万元以下罚款；情节严重的，责令停业整顿或吊销旅行社业务经营许可证；对直接负责的主管人员和其他直接责任人员，处 2000 元以上 2 万元以下罚款，并暂扣或吊销导游证、领队证。

5. 旅行社被吊销旅行社业务经营许可证，其主要负责人在旅行社业务经营许可证被吊销之日起 5 年内不得担任任何旅行社的主要负责人；因妨害国（边）境管理受到刑事处罚的，在刑罚执行完毕之日起 5 年内不得从事旅行社业务经营活动。

五、违反其他经营规范的法律责任

除在上述有关方面承担法律责任以外，旅行社违反旅游法规之中的其他规范同样应当承担相应的法律责任。违反其他经营规范受到惩处的不利后果主要包括：

1. 旅行社违规进行虚假宣传，误导旅游者；未按规定投保旅行社责任保险，或向不合格的供应商订购产品和服务的，由旅游行政管理部门或有关部门责令改正，没收违法所得，并处 5000 元以上 5 万元以下罚款；违法所得 5 万元以上的，并处违法所得 1 倍以上 5 倍以下罚款；情节严重的，责令停业整顿或吊销旅行社业务经营许可证；对直接负责的主管人员和其他直接责任人员，处 2000 元以上 2 万元以下罚款。

2. 旅行社以不合理的低价组织旅游活动，诱骗旅游者，然后通过安排购物或另行付费的旅游项目获取回扣等不正当利益的，由旅游行政管理部门责令改正，没收违法所得，责令停业整顿，并处 3 万元以上 30 万元以下罚款；违法所得 35 万元以上的，并处违法所得 1 倍以上 5 倍以下罚款；情节严重的，吊销旅行社业务经营许可证；对直接负责的主管人员和其他直接责任人员，没收违法所得，处 2000 元以上 2 万元以下罚款，并暂扣或吊销导游证、领队证。①

3. 旅行社支付费用有下列违规情形之一的：（1）旅行社不向接受委托的旅行社支付接待和服务费用；（2）旅行社向接受委托的旅行社支付费用低于接待和服务成本；（3）接受委托的旅行社接待不支付或不足额支付接待和服务费用的旅游团队，由旅游行政管理部门责令改正，停业整顿 1 至 3 个月。情节严重的，吊销旅行社业务经营许可证。

4. 外商投资旅行社违规经营中国内地居民出国旅游业务以及赴香港、澳门特别行政区和台湾地区旅游业务，或经营出境旅游业务的旅行社组织旅游者到国务院旅游行政主管部门公布的中国公民出境旅游目的地之外的国家和地区旅游，由

---

① 《中华人民共和国旅游法》第三十一、三十二、三十三、三十四、三十五、三十六、三十八、九十五、九十六、九十七、九十八、九十九、一百、一百零一条。

旅游行政管理部门责令改正，没收违法所得；违法所得10万元以上的，并处违法所得1倍以上5倍以下的罚款；违法所得不足10万元或没有违法所得，并处10万元以上50万元以下的罚款；情节严重的，吊销旅行社业务经营许可证。

5. 旅行社违规损害旅游者合法权益，应当承担相应的民事责任；构成犯罪的，依法追究刑事责任。[①]

六、典型案例及其评析

案例13 不按法规经营业务，损害行为必定受罚。

2009年5月，某旅行社成立3年之后，经济效益连年攀升，成为所在城市旅行社的龙头企业。其后，该社经理李某退休，关某接任。但是，关某作为法定代表人，并没有到旅游局办理变更登记手续。同年7月，为了扩大业务范围，提高企业经济效益和社会知名度，关某提出在该市所属的6个县设立分社，得到该社董事会商议通过。随即，该社不经旅游行政主管部门审批，便先后在6个县设立分社，开展招徕接待业务，还在分社办公场所挂上旅游行政管理部门3年前颁发的业务经营许可证的副本复印件。后来，所属分社因接待中损害游客的合法权益受到投诉，当地旅游行政管理部门才发现这一违规行为，并按有关法规对其进行处罚。

案例评析

1. 《旅行社条例》第十条规定，旅行社设立分社的，应持旅行社业务经营许可证副本向分社所在地的工商行政管理部门办理设立登记，并自设立登记之日起3个工作日内向分社所在地的旅游行政管理部门备案。第十二条规定，旅行社变更名称、经营场所、法定代表人等登记事项或终止经营的，应到工商行政管理部门办理相应的变更登记或注销登记，并在登记办理完毕之日起10个工作日内，向原许可的旅游行政管理部门备案，换领或交回旅行社业务经营许可证。在本案中，该社存在以下问题：（1）该社法定代表人变更以后，未到工商行政管理部门办理相应的变更登记及未向原许可的旅游行政管理部门备案；（2）该社未经旅游和工商行政管理部门批准，擅自设立分社营业；（3）该社的业务经营许可证不但没有变更换发，反而挂到各个分社。

2. 《旅行社条例》第五十条规定，旅行社变更名称、经营场所、法定代表人等登记事项或终止经营，未在规定期限内向原许可的旅游行政管理部门备案，换领或交回旅行社业务经营许可证与设立分社未在规定期限内向分社所在地旅游行

[①] 《旅行社条例》第四十六、四十七、四十八、四十九、五十、五十一、五十二、五十三、五十四、五十五、五十六、五十七、五十八、五十九、六十、六十一、六十二、六十三、六十四、六十五条

政管理部门备案的,由旅游行政管理部门责令改正;拒不改正的,处1万元以下的罚款。在本案中,旅游行政管理部门将会依法责令改正,直至采取相应惩处。

案例14 擅自经营损害游客,双重违规处罚无情。

2011年6月,游客张某到某市旅游行政管理部门投诉,称其5天之前参加某旅行社组织的承德3日游活动。在旅游中,该社委派的导游不尽义务,对于景点没有讲解而让游客自己观看,唯独积极带领游客乱逛商店,不断鼓动大家购物。在游览某寺庙过程中,随意发表妄语评论,致使游客非常反感。旅游结束后,张某到该社要求退还导游费用,该社卢称:"这是我社承包出去的门市部接待的,你去找他们解决吧。"张某找到该门市部时,发现早已人去楼空。经过调查发现,本次带团的导游李某是没有导游资格的无证人员。

案例评析

1.《旅行社条例》第三十一条规定,旅行社为接待旅游者委派的导游人员或为组织旅游者出境旅游委派的领队人员,应当持有国家规定的导游证、领队证。第五十七条规定,旅行社委派的导游人员和领队人员未持有国家规定的导游证,由旅游行政管理部门责令改正,处2万元以上10万元以下的罚款;情节严重的,责令停业整顿1至3个月。在本案中,该社委派的导游未持国家规定的导游证,这种情形属于违规经营行为,应当依法予以制裁。

2.《旅行社条例》第三十六条规定,旅行社需对旅游业务作出委托的,应当委托给具有相应资质的旅行社。该社委托旅游业务给所谓的"承包出去的门市部"并不具有相应资质,这无疑也是违规行为,同样应当受到惩处。

案例15 地接社不规范服务,组团社将自食其果。

2009年7月中旬,某高校的10名教师参加南京甲旅行社组织的庐山7日游。双方约定:每人交纳380元人民币,依照豪华旅游团标准接待,住宿三星级宾馆,空调车接送,就餐、门票均在其中,并有导游全程陪同。7月23日,该团由南京乘船前往九江,然而,甲社导游告诉游客:"乙旅行社的导游刘某将在九江码头迎接,随后带领大家游览。"

7月25日早晨6点,乙社导游接到游客后,陪同他们乘公共汽车驶往庐山。到了庐山,该导游急匆匆地将他们安排到一家卫生条件较差的旅馆,并让游客自行到附近就餐。在游程中,该导游陪着带来的一名女友离团而去,不知行踪,致使几名游客游玩不久便掉队走散。在随后两天的游览中,游客不见导游身影,只好自行安排游览。这些游客随团出游,本想图个舒适方便,结果不仅没享受到应有服务,甚至连门票、车票都得自己花销。因此,他们对于南京甲社将自己交给信誉不良、服务不好的九江乙社表示愤慨,遂向南京市旅游行政管理部门进行投诉,要求赔偿相应损失。后据庐山风景区旅游行政管理部门调查发现,九江乙社的业务经营声名狼藉,导游也是新聘用的,游客投诉情况属实,南京甲社与九江乙社之间也无委托合同。

案例评析

1. 《旅行社条例》第三十六条规定,旅行社需对旅游业务作出委托的,应与接受委托的旅行社就接待旅游者的事宜签订委托合同,确定接待旅游者的各项服务安排及其标准,约定双方的权利义务。在本案中,南京甲社除了违反合同约定,未派导游全程陪同以外,还在没有委托合同的情况下违规将游客交给九江乙社,这种违规经营行为极不负责,很难保证服务质量。

2. 《旅行社条例》第三十七条规定,接受委托的旅行社违约,造成旅游者合法权益受到损害的,作出委托的旅行社应当承担相应的赔偿责任。第五十五条规定,旅行社未与接受委托的旅行社就接待旅游者的事宜签订委托合同的,由旅游行政管理部门责令改正,处2万元以上10万元以下的罚款;情节严重的,责令停业整顿1至3个月。在本案中,南京甲社与九江乙社没有签订委托合同,因而应当承担相应的赔偿责任,同时依法受到处罚。

案例16 旅游途中车出意外,应按法规赔偿游客。

2011年9月,严某等21人参加北京某旅行社组织的承德5日游。在旅游中,该社提供的车辆不是预先约定的空调旅游中巴客车,而是长途客运汽车。该车座位狭窄不适,行李物品安放不下。在几百里的颠簸途中,有些游客怀抱行李,疲惫不堪。汽车行至深平县时,突然发生运行故障,导致不能按原计划赶到承德。依照双方合同约定,第三天应去围场坝上草原游览,但因修车耽误时间,只能向后推延一天。在旅游团出发去草原的第四天,不巧遇到路面塌方及交通堵塞,结果不得不放弃草原游览。游客怀着遗憾心情离开承德。回京以后,严某等游客提出赔偿要求,该社则以车辆故障、旅游景点道路塌方为不可抗力而拒绝赔偿。于是,严某等游客投诉到当地旅游质监部门。

案例评析

1. 按照国家旅游局《旅游安全管理暂行办法实施细则》第六条规定,旅行社对用于接待旅游者的汽车、游船和其他设施,要定期进行维修和保养,使其始终处于良好的安全技术状况,并在运营前进行全面检查,严禁带故障运行。在本案中,如旅行社管理车辆得当,行车故障是完全可以避免的。此外,尽管前往景区的路面塌方属于不可抗力,但旅行社因为车辆故障导致履行合同延迟后发生的不可抗力,是不能免除责任的。

2. 《质保金赔偿标准》第六条规定,旅行社安排的旅游活动及服务档次与协议不符,造成旅游者损失的,应当退还旅游者合同金额与实际花费的差额,并赔偿同额违约金。对此,该社应就降低车辆标准及其不能前往游览景点退还游客降低车辆标准差额、景点门票与导游服务等项费用并赔偿同额违约金。

3. 《旅行社条例》第六十一条规定，旅行社违反旅游合同约定，造成旅游者合法权益受到损害，不采取必要的补救措施的，由旅游行政管理部门或工商行政管理部门责令改正，处 1 万元以上 5 万元以下的罚款；情节严重的，由旅游行政管理部门吊销旅行社业务经营许可证。在本案中，该社提供的车辆不符合同标准，还因车辆故障耽误行程，造成游客不能游览景点，都是属于违约行为。如果该社不采取补救措施，赔偿造成旅游者的相关损害，可由旅游行政管理部门或工商行政管理部门进行处罚。

案例 17　越权经营出境旅游，境外代办依法受罚。

2009 年 1 月，北京市旅游局执法大队根据举报，对 A 国某旅行社北京代表处进行突击检查。该代表处是经国家旅游局批准的非经营性旅游办事处，业务范围是旅游方面的咨询和联络。在检查中，旅游执法人员发现，该代表处自 2007 年 12 月至案发前，一直在进行组织中国公民赴意大利、法国等欧洲国家的旅游活动，并且收取旅游费用。为此，北京市旅游局对其依法进行了查处。

案例评析

1. 《旅行社条例》第二十三条规定，外商投资旅行社不得经营中国内地居民出国旅游业务以及赴香港特别行政区、澳门特别行政区和台湾地区旅游的业务。在本案中，A 国某旅行社北京代表处是常驻机构，应当属于"外商投资旅行社"的范围之内，因而不得经营中国内地居民出国旅游业务。

2. 《旅行社条例》第五十一条规定，外商投资旅行社违规经营中国内地居民出国旅游业务的，由旅游行政管理部门责令改正，没收违法所得，违法所得 10 万元以上的，并处违法所得 1 倍以上 5 倍以下的罚款；违法所得不足 10 万元或没有违法所得的，并处 10 万元以上 50 万元以下的罚款；情节严重的，吊销旅行社业务经营许可证。在本案中，该社北京代表处打着咨询、中介的幌子，超越业务经营范围组织中国公民出境旅游，显系违规经营行为，应当依法承担责任。

第五章 导游人员法规制度

第一节 导游人员法规概述

一、导游人员及其法规建设

1. 导游人员

导游人员,是指依照旅游法规取得导游证,接受旅行社委派,为旅游者提供向导、讲解及相关旅游服务的人员。导游人员是代表旅行社引导旅游者观光游览,实施旅游接待计划的一线人员,他们的服务质量直接关系到旅游合同的全面履行,关系到旅游者的切身利益,关系到旅游企业的经济利益。

2. 导游人员法规建设

随着我国旅游业的迅速发展,导游人员的法规建设逐步完善。1987年12月,国家旅游局经国务院批准,首次发布《导游人员管理暂行规定》作为我国导游人员管理的法律依据。1988年1月,国家旅游局制定发布《关于颁发中华人民共和国导游证书的暂行办法》。1989年,国家旅游局发布实施《关于对导游人员实行合同管理的通知》,决定对全国导游人员统一考试合格发证的同时实行合同管理制度。1994年5月,国家旅游局颁布实施《关于改革和完善全国导游人员资格考试工作的意见》,着手开展导游人员等级考核评定工作。1999年5月,为了规范导游活动,保障旅游者和导游人员的合法权益,促进旅游业的健康发展,国务院正式发布《导游人员管理条例》,重新确定管理原则、管理内容与管理手段。1999年8月,国家旅游局发布《导游证管理办法》,提出导游证件管理的具体措施,制定出新版导游证的规范式样。

2001年12月,国家旅游局发布《导游人员管理实施办法》(简称《导游人员管理办法》),除了对于《导游人员管理条例》进行细化和具体规定以外,还对导游人员实行分级管理、考试管理、计分管理、年审管理等项制度。2005年7月,国家旅游局公布施行《导游人员等级考核评定管理办法（试行）》，对导游人员等级考核的评定原则、申报人员、考评组织、考核方式等问题作出新的规定。2009年6月，国务院发布施行的《旅行社条例》再次明确旅行社聘用导游人员、领队人员应当依法签订劳动合同。2013年4月，第十二届全国人大常委会第二次会议通过《旅游法》，对导游人员的执业资格、行为规范、权益保障与从业管理作出严格规定。这些法规的颁布实施构成我国旅游法制建设的重要内容，对于提高导游人员的整体素质、加强服务质量监督、保障国内外旅游者的合法权益、提升中国旅游业的良好形象，具有特殊的重要意义。

二、导游人员的不同类型

导游人员的种类较多，各自作用与状况不同。依照划分标准区别，导游人员可以分为以下类型：

1. 依照业务的服务范围，导游人员可以分为海外领队、全程陪同导游员、地方陪同导游员、景区景点导游员。

2. 依照采用的服务语言，导游人员可以分为外国语导游员和中文导游员。外国语导游员，是指采用外国语言为国外游客提供服务的导游人员。中文导游员，是指采用中文普通话、粤语、闽南语或客家语等地方语言、少数民族语言等中国语言为国内游客，返回内地的港、澳、台同胞及回国探亲的外籍华人游客提供服务的导游人员。

3. 依照从业的等级标准，导游人员可以分为初级导游员、中级导游员、高级导游员与特级导游员。

4. 依照就业的工作状况，导游人员可以分为专职导游员和兼职导游员。专职导游员，是指长期固定在旅行社从事服务的导游人员。兼职导游员，是指利用业余时间从事工作，不以导游服务作为主业的导游人员。兼职导游员通常是在导游服务管理机构登记注册，并接受其管理指导的就业人员，并不属于某个旅行社。

三、导游人员的从业要求

1. 从业资格

导游人员的从业资格，是指为旅游者提供服务的导游人员应当具备的条件或身份。导游人员的从业资格主要包括：（1）具有高级中学、中等专业学校或以上学历；（2）身体健康；（3）具有适应导游需要的基本知识和语言表达能力；（4）中华人民共和国公民。

2. 基本素质

导游人员的基本素质直接关系到旅游者的切身利益和旅行社的良好声誉，乃至国家的旅游形象。导游人员的基本素质具体表现在：（1）具有爱国主义意识，注重维护国家利益和民族自尊；（2）具有一定的文化水平与胜任工作的表达能力，掌握史地文化知识；（3）认真学习并模范遵守旅游法规；（4）严格遵守职业道德，努力提高业务水平，服务游客热情周到；（5）熟悉旅游业务工作，具有组织接待游客与应付处理各种事务的实际能力。

3. 我国公民从事导游职业，必须具备两个证书，方能从事导游活动

一是依法取得旅游行政管理部门颁发的导游人员资格证书，二是依法取得导游证。

四、资格证

导游人员资格证是由国务院旅游行政管理部门统一印制，在中华人民共和国境内使用的专用证书。导游人员必须通过统一考试，才能取得资格证。

1. 报考资格

我国实行导游人员统一资格考试制度，凡是具备从业资格的中国公民，均可参加导游人员资格考试。通过考试的合格者，证明自己已经具备从事导游业务所应具备的文化知识和专业技能以及符合从事导游业务的法定条件。

2. 考试管理

根据我国导游人员管理的相关规定，国务院旅游行政管理部门负责制定全国导游人员资格考试的政策、标准及对各地考试工作的监督管理；省级旅游行政管理部门负责组织实施本行政区域内导游人员的资格考试工作；直辖市、计划单列市、副省级城市负责本地区导游人员的考试工作。

3. 证书颁发及有效期限

导游人员资格考试的合格者由组织考试的旅游行政管理部门在考试结束之日起30个工作日内颁发资格证。获得资格证3年未从业的，资格证自动失效。[①]

五、导游证

导游证是国家准许从事导游服务工作的法定证件。在中华人民共和国境内从事导游活动，必须取得导游证。只有参加导游资格考试成绩合格，与旅行社订立劳动合同或在相关旅游行业组织注册的人员，才能申领导游证。导游证颁发使用的目的就是为了维护国家声誉，保证导游服务质量，便于旅游行政管理人员监督检查。

1. 申领部门

导游证的申领部门是省、自治区、直辖市人民政府旅游行政管理部门。申领

---

① 《导游人员管理实施办法》第五、六、七、八、十一条。

主体符合管理条例规定，可持有关证明材料，前去办理申请手续。省、自治区、直辖市人民政府旅游行政管理部门应自收到申领导游证之日起 15 日内，颁发导游证；不予颁发导游证的，应当书面通知申请人。

导游证的有效期限为 3 年。导游人员在有效期满后将继续从事导游活动的，应在有效期限届满 3 个月前，向省、自治区、直辖市人民政府旅游行政管理部门申请办理换发导游证手续。

2. 申领条件

根据我国导游人员管理的相关规定，导游证的申领者必须具备相应条件：(1) 通过导游人员资格考试，已经取得资格证，这是申领导游证的前提条件。(2) 经与旅行社订立劳动合同或在导游服务管理机构登记注册。(3) 申领人员没有管理条例规定不得颁发导游证的情形。(4) 提供有关符合条件的证明材料。

3. 不予颁发导游证的情形

《导游人员管理条例》明确规定，有下列情形之一的，不得颁发导游证：(1) 无民事行为能力或限制民事行为能力。导游人员开展服务，履行职责，必须具备完全行为能力，才能有效行使权利与承担义务。(2) 患有传染性疾病。诸如肺结核、麻风、天花、伤寒、病毒性肝炎等。由于导游人员与游客一起外出游览，如果患有传染性疾病，就有可能传染游客，侵害游客的人身安全。(3) 受到过失犯罪以外的刑事处罚。构成过失犯罪以外的故意犯罪，社会危害与恶性较大，刑事处罚后不宜从事导游工作。(4) 曾被吊销导游证。在导游活动中曾经严重违反旅游法规而被旅游行政管理部门吊销导游证，事实表明不再适合继续从事导游职业，所以对其不再重新颁发导游证。

4. 临时导游证

临时导游证，是指具有特种语言能力的人员，虽未取得导游人员资格证书，但因旅行社需要聘请临时从事导游活动而向省、自治区、直辖市人民政府旅游行政管理部门临时申领的导游证。临时导游证有效期不超过 3 个月，不得延期，旅行社需要续聘时，必须重新办理申领手续。[①]

5. 注意事项

导游人员持证服务还应注意：(1) 导游跨省或跨市调动、姓名变更、等级变更，需要更换导游证的，原证作废；导游证的其他内容需要变更，原证可以继续使用。(2) 发现遗失导游证必须立即办理挂失、补办手续。在申请补办期间，申请人不得从事导游活动。(3) 依法接受旅游行政管理部门对导游证的监督检查，并且出示和提供有关材料。(4) 除了旅游行政管理部门以外，其他组织和个人不

---

① 《导游证管理办法》（2002 年）第二、三、五、六、七、八、九条。

得擅自扣留、销毁、吊销导游证。

六、典型案例及其评析

案例 1　参加导游资格考试，必须达到规定学历。

某县青年江某，从小顽皮，不务正业，中学尚未毕业就到社会上混。2005 年，他突然萌发导游兴趣，觉得自己能说会道，头脑灵活，如能从事导游工作定会大有收益，遂去报名参加导游人员资格考试。当地旅游行政管理部门经过审查，没有批准其参加考试。江某不服，认为人人都有资格参加报考，便向上级旅游行政管理部门去讨说法。省旅游局有关部门经过调查，认定该县旅游行政管理部门的决定是合法的。

案例评析

1. 《导游人员管理条例》第三条规定，具有高级中学、中等专业学校或以上学历的中国公民，可以参加导游人员资格考试。在本案中，江某没有取得高级中学、中专学历或以上学历，所以不能参加导游人员资格考试。

2. 省旅游局有关部门在认定江某不能参加导游人员资格考试的同时，应当告知江某努力取得国家认定的高中或中专以上学历以后，方能取得报名资格参加考试。

案例 2　只因患有传染疾病，通过考试不发证书。

童某今年 34 岁，是某市企业的技术女工，因为单位效益不好下岗在家。她曾联系过多种工作，但却一直未能就业，生活即将陷入困境。就在这时，居委会主任张大妈告诉她，导游人员资格考试就要开始了，劝她不妨前去试试。2000 年 3 月，童某通过省旅游局组织的全国统一导游资格考试。同年 4 月，童某提出申领导游证。然而，旅游行政管理部门在发证前的例行审查中，发现童某处在肺结核的发病期，没有给她颁发证书。对此，童某感到很不理解。

案例评析

1. 传染性疾病，是指由各种病原体侵入生物体内，引起能在人与人、动物与动物或人与动物之间相互传播的疾病类型。在本案中，童某患有肺结核，明显属于传染性疾病，且在传染性最强期间，所以旅游行政管理部门不宜给她颁发导游证书。

2. 《导游人员管理条例》第三条规定，身体健康的中国公民可以参加导游人员资格考试。因此，对患有传染性疾病的童某不仅不得颁发导游证，而且就连参加导游人员资格考试都不应当予以批准。不过，旅游行政管理部门应当确有童某肺结核正在发病的法定证明方能拒发，同时需要向其本人解释清楚。

案例 3　资格证书 3 年失效，不能申领导游证书。

2000 年 3 月，徐某参加导游人员资格考试成绩合格，领到资格证以后就一直在南方经商。2003 年 9 月，徐某看到国内旅游市场十分兴旺，又想从事导游工作。当他带着资格证及有关材料申请领取导游证时，被当地旅游行政管理部门予以拒绝。徐某不服，向上级旅游行政机关提出复议。

案例评析

1. 《导游人员管理条例》规定，受理申请的旅游行政管理部门应自收到申领导游证之日起 15 日内，颁发导游证。对具有不予颁发导游证情形的，旅游行政管理部门应当书面通知申请人。旅游行政管理部门颁发导游证，直接决定申请人能否从事导游职业，并影响其合法权益。对此，申领人可以依照《行政复议法》申请复议。在本案中，徐某因为不能得到导游证，有权向上级旅游行政机关申请复议。

2. 《导游人员管理办法》第八条规定，获得导游人员资格证 3 年未从业的，资格证自动失效。在本案中，徐某于 2000 年 3 月领到导游人员资格证，至 2003 年 9 月期间，已超过 3 年没有从事导游工作，因而该证自动失效，不能申领导游证。

案例 4　导游证书到期速换，疏忽大意难免受罚。

吕某是海南某大学的毕业生。1998 年 5 月，他通过全国统一组织的导游人员资格考试。同年 6 月，他申领到导游证后，被某旅行社聘为导游。经过几年的辛勤努力，吕某不仅取得突出业绩，而且收入丰厚，但对导游证的时效问题却未注意。2001 年 8 月，旅游行政管理部门在他带着一个团队准备到哈尔滨旅游时，检查发现他的导游证已经过期，对他处以 5000 元的行政罚款，随后不久予以公告。当时，吕某认为：导游证刚刚过期 3 个月就被处罚这么多钱，旅游行政管理部门是否在滥用职权敛财呢？

案例评析

1. 《导游人员管理条例》第八条规定，导游证的有效期限为 3 年。导游人员需要在有效期满后继续从事导游活动的，应在有效期限届满 3 个月前，向省、自治区、直辖市人民政府旅游行政管理部门申请办理换发导游证手续。在本案中，吕某持续从事导游工作，应在 2001 年 2 月底前向海南省旅游行政管理部门申请办理换发导游证手续，取得新证方可继续从事导游工作。

2. 《导游人员管理条例》第十八条规定，无导游证进行导游活动的，由旅游行政管理部门责令改正并予以公告，处 1000 元以上 3 万元以下罚款；有违法所得的，并处没收违法所得。在本案中，导游吕某用已过期的导游证，持续从事导游活动，属于无证经营行为，理应受到罚款处理。

第二节　导游人员的合法权利与应尽义务

一、导游人员的合法权利

导游人员的合法权利，是指导游人员在从业活动中依法享有的权能和利益。除了享有国家宪法与法律赋予的权利以外，导游人员在从业中的合法权利主要包括：

1. 人身权。导游人员在业务活动中，人格尊严应当受到尊重，人身安全不受侵犯，人身自由不受非法限制和剥夺，有权拒绝游客提出的侮辱人格与损害国格等无理要求。

2. 履行职务权。导游人员在遇到可能危及旅游者人身安全的紧急情况时，经过征得多数游客的明确同意，有权调整或变更接待计划。此外，导游人员根据旅行社的业务委托，有权要求游客配合工作，遵守纪律，并有权对不听劝诫、严重干扰旅游团队正常运行的违纪游客，依约取消其随团资格。

3. 参加培训与获得晋升权。导游人员为了更好地履行职务，有权参加培训与获得晋升。此外，导游人员符合国家晋级规定时，有权申请与获得更高一级的从业资格。

4. 申请复议和行政诉讼权。导游人员对旅游行政管理部门的具体行政行为不服时，依法享有申请复议权；对旅游行政管理部门的具体行政行为不服时，依法享有向法院提起行政诉讼权。导游人员申请复议和行政诉讼的内容包括：旅游行政管理部门在其符合法定条件申领导游人员资格证和导游证时拒绝颁发或不予答复的；对于罚款、吊销导游证、责令改正、暂扣导游证等处罚不服的；旅游行政管理部门侵害自身的人身权、财产权的；旅游行政管理部门违法要求导游人员作为与不作为的；法规确定可以申请复议和行政诉讼的。

二、导游人员的应尽义务

导游人员的应尽义务，是指导游人员在从业活动中应当承担的相应责任。导游人员除了承担国家宪法与法律规定的义务以外，在从业中的应尽义务主要包括：

1. 不断提高自身业务素质和职业技能。导游人员的知识水平和综合素质直接影响执业水平。因此，不断提高业务素质与职业技能既是导游人员的特殊权利，又是导游人员的特殊义务。

2. 从事业务活动之中应当佩戴导游证，遵守职业道德，尊重旅游者的风俗习惯和宗教信仰，向旅游者告知和解释旅游文明行为规范，引导旅游者健康、文明旅游，劝阻旅游者违反社会公德的行为。

3. 进行导游活动须经旅行社的委派，不得私自承揽业务。

4. 自觉维护国家利益和民族尊严，不得有损害国家利益和民族尊严的言行。

5. 遵守职业道德，着装整洁、礼貌待人，尊重旅游者的宗教信仰、民族风俗和生活习惯。

6. 严格按照旅行社确定的接待计划安排旅游者的旅行、游览活动，不得擅自变更旅游行程或擅自增加、减少旅游项目或中止导游服务活动。

7. 应就可能发生危及旅游者人身、财产安全的情况，向旅游者作出真实说明和明确警示，并按旅行社的要求采取防止危害发生的措施。

8. 不得向旅游者兜售物品或购买旅游者的物品，不得以明示或暗示方式向旅游者索要小费。

9. 不得诱导、欺骗、强迫或变相强迫旅游者消费或与经营者串通欺骗、胁迫旅游者消费。

三、导游人员的违法责任

对于违反《导游人员管理条例》的导游人员，旅游行政管理部门将按情节依法追究，分别给予责令改正、罚款、没收违法所得、暂扣导游证、吊销导游证及予以公告等相应处罚，并对所在旅行社予以警告，直至责令停业整顿。导游人员在从业活动的过程中，违法承担责任包括以下方面：

1. 无导游证的，由旅游行政管理部门责令改正，并没收违法所得，处 1000 元以上 3 万元以下的罚款，予以公告。

2. 未经旅行社委派，私自承揽或以其他任何方式直接承揽导游业务，进行导游活动的，由旅游行政管理部门责令改正，处 1000 元以上 3 万元以下的罚款；有违法所得的，并处没收违法所得；情节严重的，由省、自治区、直辖市人民政府旅游行政管理部门吊销导游证并予以公告。

3. 有损害国家利益和民族尊严的言行的，由旅游行政管理部门责令改正；情节严重的，由省、自治区、直辖市人民政府旅游行政管理部门吊销导游证并予以公告；对该导游人员所在旅行社予以警告，直至责令停业整顿。

4. 未佩戴导游证的，由旅游行政管理部门责令改正；拒不改正的，处 500 元以下的罚款。

5. 擅自增加或减少旅游项目、擅自变更接待计划或擅自中止导游活动的，由旅游行政管理部门责令改正，暂扣导游证 3~6 个月；情节严重的，由省、自治区、直辖市人民政府旅游行政管理部门吊销导游证并予以公告。

6. 向旅游者兜售物品或购买旅游者物品，或以明示或暗示方式向旅游者索要小费的，由旅游行政管理部门责令改正，处1000元以上3万元以下罚款；有违法所得的，并处没收违法所得；情节严重的，由省、自治区、直辖市人民政府旅游行政管理部门吊销导游证并予以公告；对委派该导游人员的旅行社予以警告，直至责令停业整顿。

7. 欺骗、胁迫旅游者消费或与经营者串通欺骗、胁迫旅游者消费的，由旅游行政管理部门责令改正，处1000元以上3万元以下的罚款；有违法所得的，并处没收违法所得；情节严重的，由省、自治区、直辖市人民政府旅游行政管理部门吊销导游证并予以公告；对委派该导游人员的旅行社予以警告，直至责令停业整顿；构成犯罪的，依法追究其刑事责任。①

8. 被吊销导游证的导游自处罚之日起未逾3年的，不得重新申请导游证或从事旅行社业务。

四、典型案例及其评析

案例5 生死关头恪守职责，高尚道德感天动地。

文花枝是我国导游人员的杰出代表，原为湖南湘潭市新天地旅行社的一名导游。2005年8月28日，她带领的旅游团队遭到特大交通事故，当场发生6人死亡、15人重伤的严重后果。在等待救援的过程中，文花枝虽然已经身负重伤，但仍不断地镇定鼓舞、安慰游客。当救援人员抵达现场时，文花枝对施救人员说："我是导游，先救游客！"将宝贵的获救机会让给了游客。结果，自己因为延误最佳救治时机永远地失去了左腿。

"全国优秀导游员文花枝事迹报告会"上，在播放车祸发生视频时，她身负重伤仍微笑鼓舞受伤游客的感人情景，令会场观众流下热泪。为了表彰文花枝的先进事迹，国家旅游局作出在全行业学习文花枝先进事迹的决定，并授予她"全国模范导游员"的光荣称号，全国妇联与全国总工会分别授予文花枝"全国三八红旗手"、"五一劳动奖章"的光荣称号。

案例评析

1. 在本案中，导游人员文花枝在遭到特大交通事故时，继续履行自己的应尽义务，表现出高尚的道德情操。她忠于职守、爱岗敬业的职业风范，为旅游业的诚信服务展示出一代新风，不愧我国导游人员的光辉榜样。

---

① 《导游人员管理条例》第七、八、九、十一、十二、十三、十四、十五、十六、十八、十九、二十、二十一、二十二、二十三、二十四条。

2. 文花枝在突如其来的灾难面前，在其生命受到严重威胁的情形下，完全可以与游客一样享有获得人身安全与优先救治的神圣权利，但却主动放弃，而毫不犹豫地将保护游客生命安全放在首位。这体现出先人后己、勇于牺牲的崇高品质。不仅如此，文花枝在失去左腿、终身残疾的生活中仍表现出顽强抗争的坚定意志与从容面对的思想境界。她显示出的"花枝精神"，不仅成为推动我国旅游业蓬勃发展的精神动力，而且成为我们社会的精神财富。

案例 6 尊老爱幼不可欺小，职业道德应当强化。

1998 年 7 月，辽宁省某少年宫师生组团到河北承德避暑山庄和外八庙进行游览，承德某旅行社安排导游关某作为地陪，负责接待与服务工作。由于该团少年较多，关某产生轻视心理，认为孩子较好对付，无论怎么都不要紧。在第一天去避暑山庄时，他上穿背心下着短裤，脚穿拖鞋。游览之中，他不时地大声吆喝，连声斥责跟不上团的孩子。在游览外八庙时，他毫无顾忌地取笑孩子们说："你们谁不好好学习，将来就到此当和尚吧，当了和尚是很寂寞的，要想不寂寞，就在旁边修座尼姑庙。"他的话把孩子们逗乐了，但是，随行教师却很反感。

案例评析

1.《导游人员管理条例》第十二条规定，导游人员进行导游活动时，应当遵守职业道德，着装整洁，礼貌待人，尊重旅游者的宗教信仰、民族风俗和生活习惯。在本案中，关某穿着随便，吆喝斥责与取笑少年游客都是违反职业道德的错误行为，今后应当加以改正。

2. 通过本案可以发现，导游人员的综合素质与专业技能直接影响旅游服务质量，因为游客往往通过导游人员认识一个旅行社或一个城市，乃至认识一个民族与一个国家。因此，旅行社应该增强导游人员的道德教育，提高导游人员的业务水平，培养建立一支素质优良的导游队伍，努力提升旅行社的竞争力及其企业形象。

案例 7 游客无理取闹可耻，导游委曲求全欠妥。

2000 年"五一"黄金周期间，青岛某旅行社组织黄山 5 日游，安排导游李某担任全陪。李某刚从学校毕业，从事导游工作不久，但是，她的组织能力较强、旅游知识较为丰富，对于导游工作充满信心。但这次带团却成为令她伤心的一次经历。在乘车前往黄山途中，为了活跃旅行气氛，李某给大家唱了几首歌，还对安徽的风土人情与名胜古迹进行了详细介绍。然而，游客张某等人觉得不够刺激，非让李某讲些"黄色"笑话。李某感到为难，婉言拒绝，提议大家参与做个互动游戏。张某等人拒绝参加，指责导游不开放，不能满足游客需要，怨气很大。到达黄山后，张某硬说自己手机被李某拿了。对此，李某告知自己没有见过他的手机。于是，张某提出查包搜身，否则就要投诉李某所在的旅行社。李某想到自己刚刚工作不久，为了避免旅行社遭到投诉，委曲求全地让张某搜查了包，还让一名女游客搜身检查，但未发现张某手机。

案例评析

1.《导游人员管理条例》第十二条规定，导游人员进行导游活动时，不得迎合个别旅游者的低级趣味，在讲解、介绍中掺杂庸俗下流的内容。在本案中，导游李某有权拒绝张某提出违反职业道德的非礼要求，这并不属于服务瑕疵，而恰恰是严格遵循职业道德的正当行为。

2. 为了保护导游人员的正当权利，《导游人员管理条例》第十条规定，导游人员进行导游活动时，其人格尊严应当受到尊重，其人身安全不受侵犯。在本案中，游客张某查包搜身的非法行为是对李某人格尊严的严重侵犯，对其人身安全造成威胁，并且属于侮辱人格的非礼要求，李某本应严加拒绝。

案例8 游客观光途中遇险，导游有权应变返回。

2002年11月，武汉某保险公司组织员工游览观光武夷山风景名胜区。根据签订的合同约定，当地某旅行社安排刘某作为导游。11月5日上午，刘某引导大家外出。到中午时，天气突变下起暴雨。大多游客见此情景，建议刘某带团返回。刘某却称，游览行程是合同预先确定好的，自己不能随便更改。大家只能继续前行。下午2时，雨越下越大，个别路段严重积水，旅游车被困在途中。刘某见势不妙，竟然借口找人独自溜走。游客苦苦等待两个多小时，直到雨停下来后，才在当地有关部门的帮助下安全返回住所。

案例评析

1.《导游人员管理条例》第十三条规定，导游人员在引导旅游者旅行、游览过程中，遇有可能危及旅游者人身安全的紧急情形时，经过征得多数旅游者的同意，可以调整或变更接待计划，并将情况立即报告旅行社。在本案中，导游刘某本应根据天气变化，尊重多数游客意见，通过游客签字取证，果断变更游览行程，随即率团返回宾馆，避免可能的危险发生，并将情况立即报告旅行社。但是，他却机械履行职责，不知权变。

2.《导游人员管理条例》第十三条规定，导游人员应当严格按照旅行社确定的接待计划，安排旅游者的旅行、游览活动，不得擅自增加、减少旅游项目或者中止导游活动。在本案中，导游刘某私自溜走，未履行自己的应尽职责，严重违反有关法规，其行为表现非常恶劣。

第三节 导游人员的从业管理

一、导游人员的从业管理

1. 导游人员的宏观管理

从宏观上，我国旅游行政管理部门对导游人员的从业活动实行分级管理、条块结合的管理方式。国务院旅游行政管理部门全面负责全国导游人员的从业管理，制定国家管理导游人员的政策法规并组织实施与监督检查；省、自治区、直辖市人民政府旅游行政管理部门参照国家的政策法规制定相应的管理办法并组织实施与监督检查；地市级旅游行政管理部门根据各项有关法规，行使具体的管理职权。总的来看，我国旅游行政管理部门目前对于导游人员的从业活动，主要实行分级管理、等级考试、计分管理、年度审核等项制度。

2. 导游人员的微观管理

从微观上，我国旅行社对导游人员的从业活动，主要通过劳动合同约定双方的权利义务进行管理。因此，旅行社依照劳动合同进行管理，具体涉及劳动期限、工作内容、工作地点、工作时间、作息休假、劳动报酬、社会保险、劳动保护、劳动条件和职业危害防护、合同终止及违约责任等项内容。旅行社实行劳动合同管理，可以促使导游人员行使权利和履行义务，形成有效的管理机制。

二、等级考核

1. 旅游行政管理部门的管理权限

国家对于导游人员的岗位技能实行等级考核制度。根据我国导游人员等级考核评定管理的相关法规，国家旅游局负责导游人员等级考核评定标准、实施细则的制定工作，并负责对导游人员等级考核评定工作的监督检查。国家旅游局组织设立全国导游人员等级考核评定委员会，组织实施全国导游人员等级考核的评定工作。省、自治区、直辖市和新疆生产建设兵团旅游行政管理部门组织设立导游人员等级考核评定办公室，在全国导游人员等级考核评定委员会的授权和指导下开展相应的工作。

2. 导游人员的等级划分

根据导游人员等级考核评定管理的有关规定，导游人员分为初级、中级、高级、特级四个等级。申报等级由低到高，逐级递升，且对考核评定合格者，颁发相应的导游人员等级证书。我国导游人员等级评定采取考试和考核相结合的方式，将考试和考核的结果作为导游等级评定依据。

3. 申报条件与确认程序

凡是通过全国导游人员资格考试并取得导游人员资格证书，符合全国导游人员等级考核评定委员会规定报考条件的导游人员，均可申请参加相应的等级考核评定。导游人员的等级考核评定工作，按照申请、受理、考核、评定、告知、发证的程序进行。①

三、计分管理

1. 旅游行政管理部门的管理权限

国家对于导游人员的违规行为实行计分管理制度。根据我国导游人员管理的相关规定，国务院旅游行政管理部门负责制定全国导游人员计分管理的有关政策并组织实施与监督检查。省级旅游行政管理部门负责本行政区域内导游人员计分管理的组织实施与监督检查。所在地旅游行政管理部门在本行政区域内负责导游人员计分管理的具体执行。旅游行政执法人员玩忽职守、不按规定随意扣分或进行处罚的，由上级旅游行政管理部门提出批评和通报，本级旅游行政管理部门给予行政处分，构成犯罪的，依法追究其刑事责任。

2. 扣分依据

导游人员在导游活动中有下列情形之一的，扣除10分：（1）有损害国家利益和民族尊严的言行；（2）诱导或安排旅游者参加黄、赌、毒活动项目；（3）有殴打或谩骂旅游者的行为；（4）欺骗、胁迫旅游者消费；（5）未通过年审继续从事导游业务；（6）因自身原因造成旅游团重大危害和损失的。

导游人员在导游活动中有下列情形之一的，扣除8分：（1）拒绝、逃避检查或欺骗检查人员；（2）擅自增加或减少旅游项目；（3）擅自终止导游活动；（4）讲解中掺杂庸俗、下流、迷信内容；（5）未经旅行社委派私自承揽或以其他任何方式直接承揽导游业务的。

导游人员在导游活动中有下列情形之一的，扣除6分：（1）向旅游者兜售物品或购买旅游者物品；（2）以明示或暗示的方式向旅游者索要小费；（3）因自身原因漏接漏送或误接误送旅游团；（4）讲解质量差或不讲解；（5）私自转借导游证供他人使用；（6）发生重大安全事故不积极配合有关部门救助的。

导游人员在导游活动中有下列情形之一的，扣除4分：（1）私自带人随团览；（2）无故不随团活动；（3）在导游活动中未佩带导游证或携带计分卡；（4）

---

① 《导游人员等级考核评定管理办法（试行）》第三、四、五、六、七、八条。

不尊重旅游者宗教信仰和民族风俗的。

导游人员在导游活动中有下列情形之一的，扣除2分：（1）未按规定时间到岗；（2）10人以上团队未打接待社社旗；（3）未携带正规接待计划；（4）接站未出示旅行社标志；（5）仪表着装不整洁；（6）讲解中吸烟、吃东西的。

3. 具体执行

导游人员计分办法实行年度10分制，10分分值被扣完后，由最后扣分的旅游行政执法单位暂时保留其导游证，同时出具保留证明，并于10日内通报导游人员所在地旅游行政管理部门及其登记注册单位。正在带团过程中的导游人员，可持旅游执法单位出具的保留证明完成团队的剩余行程。

4. 分值处理

对于导游人员违法、违规行为除了扣减相应分值以外，还须依法给予处罚。导游人员通过年审后，年审单位应当核销遗留分值，重新输入初始分值。

四、年度审核

1. 旅游行政管理部门的管理权限

国家对于导游人员的工作状况实行年审管理制度，通过每年审查考评导游人员的工作表现进行管理，导游人员必须参加。根据我国导游人员管理的相关规定，国务院旅游行政管理部门负责制定全国导游人员年审工作的方针政策，组织实施与监督检查。省级旅游行政管理部门负责组织、指导本行政区域内导游人员的年审工作与监督检查。所在地旅游行政管理部门具体负责组织实施对导游人员的年审工作。

2. 具体执行

年审考评内容包括：当年从事的导游业务、实际扣分、行政处罚、游客反映等有关情况。考评等级为通过年审、暂缓通过年审和不予通过年审三种情形。其中，一次扣分达到10分的，不予通过年审；累计扣分达到10分的，暂缓通过年审；一次被扣8分的，全行业通报；一次被扣6分的，警告批评。暂缓通过年审的，通过培训和整改以后方可重新上岗工作。

3. 年审培训

导游人员必须参加所在地旅游行政管理部门举办的年审培训。培训时间根据导游业务工作需要灵活安排。每年累计培训时间不得少于56小时。

4. 管理机制

旅行社或导游管理服务机构应为注册的导游人员建立档案，开展培训和进行指导，建立检查、考核和奖惩导游人员的管理机制，接受和处理游客投诉，负责导游人员的年审初评工作。[①]

五、典型案例及其评析

案例9 导游带团注意言行，爱国意识必须增强。

2002年5月，河南开封某旅行社安排任某作为全陪，接待一个赴西藏的英国旅游团。5月21日，旅游团顺利抵达拉萨。在参观游览布达拉宫时，外国游客面对雄伟的佛教宫殿及其高超的建筑艺术赞叹不已，并对中国日益繁荣昌盛感慨万千。谁知任某却信口开河地说："中国管这么大的地方有什么用，像西藏这么贫穷落后的地方早就不该要了。"在随后的几天游程中，任某还发表了许多不负责任的错误言论。后被中国内地游客投诉到当地旅游行政管理部门。

案例评析

1.《导游人员管理条例》第十一条规定，导游人员在进行导游活动时，应当自觉维护国家利益和民族尊严，不得有损害国家利益和民族尊严的言行。作为国家对外形象的一个"窗口"，导游人员在接待外国游客时，绝不允许出现损害国家利益和民族尊严的任何言行，因而这条规定是导游人员必须履行的重要义务。在本案中，任某关于西藏问题的言行有损国家利益和民族尊严，缺乏必备的爱国意识，带来的后果十分严重。

2.《导游人员管理条例》第二十条规定，导游人员进行导游活动时，有损害国家利益和民族尊严的言行的，由旅游行政管理部门责令改正；情节严重的，由省、自治区、直辖市人民政府旅游行政管理部门吊销导游证并予以公告；对该导游人员所在的旅行社给予警告直至责令停业整顿。《导游人员管理办法》第十四条规定，有损害国家利益和民族尊严的言行的，扣除10分。第二十四条规定，一次扣分达到10分，不予通过年审。在本案中，除对任某依法给予处罚以外，所在旅行社也应对此承担管束不严的连带责任。

案例10 串通宾馆贪得回扣，欺骗游客难过年审。

2002年8月，山西大同的一个公司组织员工82人去湖北张家界旅游观光。全陪张某带团到达张家界后，匆匆赶来的地陪黄某对大家说，现在是张家界的旅游旺季，原定宾馆已经不能接待这么多人入住；为了保证游客安全与统一行动，只好临时安排相同等级的另一宾馆，只是宾馆新建不久，住宿费需稍高一些，每人另付40元钱。游客坐了一天火车，虽然觉得很不合理，但更急于早点休息，便同意了。第二天，就在游客们用早餐时，黄某和宾馆经理一起进来。宾馆经理首

[①]《导游人员管理实施办法》第十二、十三、十四、十五、十六、十七、十八、十九、二十、二十一、二十二、二十三、二十四、二十五、二十六条。

先询问游客用餐是否满意,游客见到经理如此关心问候,点头应付表示满意。岂料经理随后便说,黄某前来宾馆要求安排食宿,出于都是熟人关系,不好意思拒之门外,现在宾馆刚刚开张,每人每天应当增付5元餐费,希望游客们能够体谅。这时,有些游客感到不快,有的拒绝加付餐费。张某担心影响当天的旅游计划,帮助经理劝说游客,希望大家把钱付上,以便旅游活动顺利进行。在旅游结束离开宾馆时,一名游客在无意中发现经理给黄某塞钱。宾馆服务员则透露说,这是黄某在拿回扣。

案例评析

1.《导游人员管理条例》第十六条规定,导游人员进行导游活动,不得欺骗、胁迫旅游者消费或与经营者串通欺骗、胁迫旅游者消费。第二十四条规定,导游人员进行导游活动,欺骗、胁迫旅游者消费或与经营者串通欺骗、胁迫旅游者消费的,由旅游行政管理部门责令改止,处1000元以上3万元以下的罚款,有违法所得的,并处没收违法所得;情节严重的,由省、自治区、直辖市人民政府旅游行政管理部门吊销导游证并予以公告;对委派该导游人员的旅行社给予警告直至责令停业整顿。《导游人员管理办法》第十四条规定,导游人员欺骗、胁迫游客消费的,扣除10分。第二十四条规定,一次扣分达到10分,不予通过年审。在本案中,地陪黄某严重违规,私自与宾馆经理随意加收住宿费与餐费,自己从中贪得回扣的一系列行为,是与经营者串通欺骗、胁迫游客消费的违规行为,应当受到相应惩处。

2. 在旅游中,全陪应当履行职责,维护游客的正当权益不受侵犯。在本案中,在地陪擅自调换宾馆,并与宾馆经理随意加收住宿与餐饮费用时,全陪张某不但没有起到应有的监督作用,据理力争,维护游客的合法权益,反而帮助宾馆劝说游客,严重侵害游客利益,这种行为同样错误。

案例11 行为庸俗游客不满,中止导游错上加错。

2002年6月,某单位组织员工到云南旅游,地接社委派霍某作为导游。昆明风光迤俪迷人,世博园、西山、滇池、圆通山的风景更是让人流连忘返。就在游客对美丽风光赞不绝口时,导游霍某却神秘地告诉游客,昆明还有独特景致。看到引起大家兴趣,霍某讲了一段故事。听完以后,大家方知霍某所指的"景致"是"红灯区"。随后,霍某建议大家前去领略一番。在游览石林风光向大家介绍彝族撒尼人的风土人情时,霍某将阿诗玛与阿黑的真挚恋情曲意加以庸俗化,同时夹杂下流内容。霍某还以挑逗性的语言调侃随团年仅15岁的一个女孩。当时,有位年长的游客对他提出委婉批评。谁知霍某不但没有虚心接受,反而恼羞成怒,扔掉话筒弃团而去。

案例评析

1.《导游人员管理条例》第十二条规定，导游人员在进行导游活动时，应当向旅游者讲解旅游地点的人文和自然情况，介绍风土人情和习俗，不得在讲解、介绍中掺杂庸俗下流的内容。在本案中，导游霍某语言庸俗，宣讲内容趣味低级，显然违反此项规定，因而他的言行是错误的。

2.《导游人员管理条例》第十三条规定，导游人员不得擅自中止导游活动。在接受旅行社委派带团旅游中，导游人员应当全面履行义务，不得擅自中止导游活动。第二十二条规定，导游人员擅自中止导游活动的，由旅游行政管理部门责令改正，暂扣导游证3至6个月；情节严重者，由省、自治区、直辖市人民政府旅游行政管理部门吊销导游证并予以公告。《导游人员管理办法》第十五条规定，导游人员擅自终止导游活动的，扣除8分。第二十四条规定，一次被扣8分的，全行业通报。在本案中，导游霍某调侃少年游客，引起其他游客反感，被游客委婉批评后私自中止导游活动、弃团而去更是错上加错。因此，霍某理应受到旅游行政管理部门的相应处罚。

3. 导游人员擅自中止导游活动，必须具备下列条件：(1)必须是在导游活动已经开始到尚未结束之前，即在执行接待计划的过程中；(2)必须确系擅自中止，排除因旅行社决定或其他外部作用影响而导致中止的导游活动，这是中止导游活动的关键特征；(3)必须是指导游人员放弃导游的彻底中止。如因某种原因暂时放弃正在进行的导游活动，待该原因消失以后继续进行导游活动的，属于导游活动中断。上述条件缺少一个都不能认为是导游人员擅自中止导游活动。

案例12 费尽心机巧索小费，严重违规重罚临头。

刘某是海南的一个导游，不但相貌端正，而且能言善辩，最令其他导游羡慕的是，她每次带团出境所得小费最多。有人问其带团技巧，刘某总是笑而不答。导游小王为了弄清其中奥秘，不惜自费参加刘某的旅游团队。刘某向小王介绍说：导游若想多拿小费，就要大加赞赏游客有品位、素质高，人人都是老板或未来老板，满足游客的虚荣心，这样可使出手大方的游客赠送物品或给小费；然后当众感谢和祝福，促动他人效仿炫富；对游客的毫无表示则"动之以情、晓之以理"，告知外国支付小费的风俗习惯，劝说中国游客在国外应入乡随俗，迫使游客碍于情面拿出小费。此外，她还通过说服游客参加自费项目，从中获取更多回扣。

案例评析

1.《导游人员管理条例》第十五条规定，导游人员进行导游活动，不得以明示或暗示的方式向旅游者索要小费。我国旅游法规禁止导游人员向游客索要小费，这是因为有些导游人员在业务活动中不是开展优质服务，而是不择手段，以明示或暗示方式索取小费，给旅游业的声誉造成了极其恶劣的影响。在本案中，导游刘某采用非法手段获取小费可谓费尽心机,这种行为明显违反旅游法规的有关规定。

2.《导游人员管理条例》第二十三条规定,导游人员进行导游活动,以明示或暗示的方式向旅游者索要小费的,由旅游行政管理部门责令改正,处1000元以上3万元以下的罚款;有违法所得的,并处没收违法所得;情节严重的,由省、自治区、直辖市人民政府旅游行政管理部门吊销导游证并予以公告;对委派该导游人员的旅行社给予警告直至责令停业整顿。《导游人员管理办法》第十六条规定,导游人员在导游活动中以明示或暗示的方式向旅游者索要小费的,扣除6分。第二十四条规定,一次被扣6分的,警告批评。在本案中,导游刘某应当受到罚款和没收违法所得的行政处罚,同时给予扣分和警告批评。

案例 13 带团不尽服务职责,游客质疑导游身份。

1997年7月下旬,在石家庄工作的赵女士为让女儿高考之后过个轻松、愉快的暑假,报名参加H旅行社组织的桂林6日游。其间,H旅行社安排张某作为该团导游。但在游览过程之中,张某几乎不作讲解,没有发挥导游作用。在旅游团准备乘船游览阳朔风光时,大家竟然找不到他,以致局面十分混乱。在游客找到他时,张某却说:"导游只管陪同游览,不管购买车、船票这些琐事。"对于住宿、就餐诸事,张某同样也不关心,一路上给赵女士等游客造成很多麻烦。此外,游客发现张某一直没有佩戴导游证,便询问他到底是不是正式导游,为何不带导游证。张某说:"导游证只是一种形式,没有必要天天戴着。"由于多数游客不满这次旅游,并对张某身份产生怀疑,遂向旅游行政管理部门提出投诉。后经查实,张某的导游身份是合法的。

案例评析

1.《导游人员管理条例》第二条规定,导游人员是指依照本条例规定取得导游证,接受旅行社委派,为旅游者提供向导、讲解及相关旅游服务的人员。在本案中,张某身为导游人员,在旅游中应为整个旅游团队提供诸如解说指点风景名胜,代购旅游交通票据,安排游客住宿、就餐等各种服务。张某所说导游"不管购买车、船票这些琐事"是错误的,严重违反本条规定。

2.《导游人员管理条例》第八条规定,导游人员进行导游活动时,应当佩戴导游证。导游证是国家准许从事导游工作的法定证件,可以证明导游人员的个人身份及其具备的从业资格和业务能力。佩戴导游证便于游客识别导游人员与及时获得相应服务,同时便于旅游行政管理部门监督检查,规范指导导游行为。《导游人员管理办法》第十七条规定,导游人员在导游活动中未佩带导游证的,扣除4分。在本案中,张某违反了此条规定,应该受到相应处罚。

第四节 领队人员法规制度

一、领队人员及其法规建设

1. 领队人员

领队人员，是指依照我国相关规定取得出境旅游领队证（简称"领队证"），接受具有出境旅游业务经营权的国际旅行社（简称"组团社"）的委派，从事出境旅游领队业务的人员。领队业务，是指领队人员作为组团社的专门代表，陪同出境旅游团，开展协同境外接待的旅行社（简称"接待社"）完成旅游计划安排及协调处理旅游全程中相关事务等服务活动。

2. 领队人员法规建设

20世纪90年代，我国针对旅行社开办出境旅游业务，开始规定专门委派领队人员带团活动，以便执行和监督旅游接待计划的顺利完成。1996年10月，国务院颁布施行的《旅行社管理条例》明确规定旅行社聘用领队组织旅游者出境旅游应当持有省、自治区、直辖市以上人民政府旅游行政管理部门颁发的资格证书。1997年7月，国家旅游局与公安部颁布施行的《中国公民自费出国旅游管理暂行办法》再次规定出国旅游团队须在领队人员带领下进行活动。2002年5月，国务院发布施行的《中国公民出国旅游管理办法》进一步对领队人员的权利义务、行为规范与法律责任作出规定。2002年10月，国家旅游局为了加强对领队人员的从业管理，维护出境旅游者的合法权益，促进出境旅游的健康发展，发布施行《出境旅游领队人员管理办法》（简称《领队人员管理办法》）。这项法规对领队人员的从业管理作出了更为全面的严格规范。2009年6月，国务院颁布施行的《旅行社条例》重新规定旅行社组织中国内地居民出境旅游的，应为旅游团队安排领队全程陪同，同时要求领队人员持有国家规定的领队证。

二、领队证的管理制度

1. 领队证

领队证，是指具备规定条件的中国公民，经过旅游行政管理部门登记备案，所持从事领队业务的法定证件。领队证的申请人员必须具有相应学历、语言能力和旅游从业经历，并与旅行社订立劳动合同，同时符合下列条件：（1）具有完全民事行为能力；（2）热爱祖国，遵纪守法；（3）可切实负起领队责任；（4）掌握旅游目的地国家或地区的有关情况。

2. 领队证的管理制度

领队证的管理制度主要涉及申领人员的资格审查、业务培训、申领程序、制作发放与登记换发等有关方面。

（1）资格审查及业务培训。

组团社负责做好申领人员的资格审查和业务培训。业务培训的内容包括：思想道德教育、涉外纪律教育、旅游政策法规、旅游目的地国家的基本情况、领队人员的义务与职责。对已领取领队证的人员，组团社要继续加强思想教育和业务培训，建立严格的工作制度和管理制度，并且认真贯彻执行。

（2）申领程序。

领队证由组团社向所在地的省级或经授权的地市级以上旅游行政管理部门申领，并且提交下列材料：申请领队证人员登记表、组团社出具的胜任领队工作证明、申请领队证人员业务培训证明。旅游行政管理部门应自收到申请材料之日起15个工作日内，对符合条件的领队人员颁发领队证，并且予以登记备案。

（3）制作发放。

领队证由国家旅游局统一式样并制作，由组团社所在地的省级或经授权的地市级以上旅游行政管理部门发放。领队证不得伪造、涂改、出借或转让。

（4）登记换发。

领队证的有效期为3年。凡需要在领队证有效期届满后继续从事领队业务的，应当在期限届满前半年由组团社向旅游行政管理部门申请登记换发领队证。领队人员遗失领队证的，应当及时报告旅游行政管理部门，声明作废与申请补发；领队证损坏的，应当及时申请换发。被取消领队资格的人员，不得再次申请领队登记。

三、领队人员的职责要求

根据我国《出境旅游领队人员管理办法》的有关规定，领队人员履行职责必须遵守以下要求：

1. 从事领队业务须经组团社的正式委派，并须佩戴领队证；未取得领队证的人员，不得从事领队业务。

2. 遵守《中国公民出国旅游管理办法》的有关规定，维护旅游者的合法权益。

3. 向旅游者介绍旅游目的地国家的相关法律、风俗习惯以及其他有关注意事项，尊重旅游者的人格尊严、宗教信仰、民族风俗和生活习惯。

4. 协同接待社实施旅游行程计划，协助处理旅游行程中的突发事件、纠纷及其他问题。

5. 为旅游者提供旅游行程服务，对旅游团队在境外遇到特殊困难和安全问题及旅游者在境外滞留不归的，应及时向组团社和中国所驻国家使、领馆报告。

6. 自觉维护国家利益和民族尊严，提醒旅游者抵制任何有损国家利益和民族尊严的言行。

四、领队人员的法律责任

1. 未取得领队证从事领队业务的，由旅游行政管理部门责令改正，有违法所得的，没收违法所得，并可处违法所得3倍以下不超过人民币3万元的罚款；没有违法所得的，可处人民币1万元以下罚款。

2. 伪造、涂改、出借或转让领队证，或在从事领队业务时未佩戴领队证的，由旅游行政管理部门责令改正，处人民币1万元以下的罚款；情节严重的，由旅游行政管理部门暂扣领队证3个月至1年，并不得重新换发领队证。

3. 未协同接待社实施旅游行程计划，协助处理旅游过程中的突发事件、纠纷及其他问题，未向旅游者提供旅游行程服务，未维护国家利益和民族尊严，并提醒旅游者抵制任何有损国家利益和民族尊严的言行的，由旅游行政管理部门责令改正，并可暂扣领队证3个月至1年；造成重大影响或产生严重后果的，由旅游行政管理部门撤销其领队登记，不得再次申请登记，同时追究组团社的责任。[①]

4. 未对可能危及人身安全的情况向旅游者作出真实说明和明确警示，或未采取防止危害发生措施的，由旅游行政管理部门责令改正，给予警告；情节严重的，对组团社暂停其出国旅游业务经营资格，并处5000元以上2万元以下的罚款，对领队人员可以暂扣直至吊销其领队证；造成人身伤亡事故的，依法追究刑事责任，并承担赔偿责任。

5. 未要求接待社不得组织旅游者参与涉及色情、赌博、毒品内容的活动或危险性活动，未要求其不得擅自改变行程、减少旅游项目、强迫或变相强迫旅游者参加额外付费项目，或在境外接待社违反前述要求时未制止的，由旅游行政管理部门对组团社处以组织该旅游团队所收取费用2倍以上5倍以下罚款，并暂停其出国旅游业务经营资格，对领队人员暂扣其领队证；造成恶劣影响的，取消组团社的出国旅游业务经营资格，并吊销领队人员的领队证。

6. 与境外接待社、导游及为旅游者提供商品或服务的其他经营者串通欺骗、胁迫旅游者消费，或向境外接待社、导游和其他为旅游者提供商品或服务的经营者索要回扣、提成或收受其财物的，由旅游行政管理部门责令改正，没收索要的回扣、提成或收受的财物，并处索要的回扣、提成或收受财物价值2倍以上5倍

[①] 《出境旅游领队人员管理办法》第一、二、三、四、五、六、七、八、十、十一、十三条。

以下的罚款；情节严重的，吊销其领队证。

7. 不及时向组团社和中国所驻国家使、领馆报告旅游者在境外滞留不归的，由旅游行政管理部门给予警告，并且暂扣领队人员的领队证，对组团社可以暂停其出国旅游业务经营资格。①

五、典型案例及其评析

案例 14 临危应对本领过硬，恪尽职守品质高尚。

2004 年 12 月 24 日，杭州中旅委派担任 3 年领队、年仅 20 的蔡琦琦带着一支 26 人组成的旅游团队赴泰国普吉岛游览观光。12 月 26 日，旅游团按照行程到达该岛。在游客正准备下船、通过海滩到酒店时，发现潮水快速后退、缓慢上涨的奇特景观，有的游客拿出 DV 准备录像。蔡琦琦立刻意识到"这不是一般的涨潮"，遂拼命大喊："杭州的人快往上跑！"话音未落，海水就向人们扑来。在与死神的赛跑中，游客急忙冲上海边建筑的三楼，随及海水漫到二楼。在危急中，蔡琦琦开始迅速清点人数，直至找回最后两名团员。为了确保游客的人身安全，她又带着游客转移到附近山上，并且迅速与国内旅行社进行联系。在我国政府、旅行社与团队游客的共同协助下，蔡琦琦沉着应对、克服困难，经过噩梦般的一天一夜，带领整个旅游团队安然返回。为此，她的先进事迹受到各级旅游行政管理部门的表彰。

案例评析

1. 为了完成合同确定的服务项目，领队人员都承担着旅游法规或合同约定的相应义务。然而，在重大事故、恶性疾病、自然灾害、政治冲突或恐怖袭击等突发事件中，领队人员履行义务的能力受到很大限制，遵循诚实信用原则，努力确保合同内容全面实施难以做到。在本案中，领队人员蔡琦琦在游客生命安全受到威胁的情况下，努力履行自身义务，确保游客生命安全，致使海啸没有构成履行合同的不可抗力。这就体现出一个合格的领队人员在自然灾难中坚持遵循诚信原则的高尚品质与自觉承担紧急救助的责任意识。

2. 在旅游中，领队人员与游客可能会遇到各种危险，诸如山洪、地震、台风、海啸及盗窃、凶杀等意外事件，因而要求领队人员能在突发事件面前表现出过硬的心理素质与业务技能。在本案中，领队人员蔡琦琦面对全球 10 年来发生的最大海啸劫难，临危不惧，恪尽职守，以清醒敏锐的危机意识、机智果断的判断能力、毅然快速的应变能力及对突发事件的处理能力，在特大危急事件面前，及时告知和提醒游客避险逃生，且与游客一起沉着应对灾害，及时履行告知义务，为确保

---

① 《中国公民出国旅游管理办法》第十六、十七、十八、十九、二十条。

游客生命、财产安全发挥了极其重要的作用,是领队人员学习借鉴的优秀典范。

案例15 游客"自愿"变成"强迫",未派领队违规必罚。

2005年6月,律师王某参加某国际旅行社组织的泰国6日游,合同约定住宿标准为三星级酒店,游客自理个人消费及自费项目。在行前的说明会上,旅行社再次声称,地接社及导游绝不强迫游客参加自费项目。然而,游客在泰国期间却被地陪强迫参加自费项目。由于该社未派领队,致使游客在交涉中处于不利的被动地位。随后,游客因为拒绝参加自费项目,遭到地陪甩团长达5个小时之久,直至游客与上海东方电视台取得联系后才在凌晨2点入住酒店。经过如此一番折磨,大多游客无力参加次日活动,即便能够游览景点,也被迫草率结束。一些游客体力不支,干脆放弃部分景点的参观游览,门票费用则不退还。

返沪以后,王某即向多家媒体披露此行的违法情况,并向质监所投诉泰国地陪违约强迫游客参加自费项目及其甩团行为,强烈要求该社赔礼道歉和赔偿损失。经质监所调查核实,召集该社与游客调解,最后作出处理意见:(1)旅行社向游客赔礼道歉;(2)对于泰国地陪的甩团行为,依法赔偿游客付费30%的违约金;(3)退还游客被迫支付非自愿项目的全部费用;(4)退还导游服务费用并赔偿同额违约金;(5)对该社的违规行为实施处罚。

案例评析

1.《旅行社条例》第三十条规定,旅行社组织中国内地居民出境旅游的,应为旅游团队安排领队全程陪同。第五十六条规定,旅行社组织中国内地居民出境旅游,违规不为旅游团队安排领队全程陪同的,由旅游行政管理部门责令改正,处1万元以上5万元以下的罚款;拒不改正的,责令停业整顿1至3个月。通常,领队人员在保证旅游活动顺利开展、维护游客合法权益方面能够发挥重要作用。在本案中,由于该社违规未派领队陪同,致使游客在交涉之中处于不利的被动地位,合法权益无法保障,旅游行政管理部门应当对其给予处罚。

2.《旅行社条例》第三十七条规定,旅行社将旅游业务委托给其他旅行社,接受委托的旅行社违约造成旅游者合法权益受到损害的,作出委托的旅行社应当承担相应的赔偿责任。作出委托的旅行社赔偿后,可向接受委托的旅行社追偿。接受委托的旅行社故意或重大过失造成旅游者合法权益损害的,应当承担连带责任。在本案中,对未按行前承诺提供服务与泰国地陪强迫游客参加合同约定以外的自费项目并在游客拒绝强制交易的情况下采取甩团、不安排住宿等违法行为,旅行社应当依照《旅行社质量保证金赔偿试行标准》承担责任,先行赔偿。

案例16 错拿证件不改过失,领队再错酿成大祸。

2004年7月,张莉作为太原市卫生学校逐层评选的先进工作者,受到奖励参加山西省某国际旅行社(简称"山西国旅")的港澳5日游,她的丈夫、婆婆、女儿随之同行。然而，山西国旅在办理《港澳通行证》的过程中，将大同市与张莉一个同名同姓的游客证件错拿给了张莉。在太原机场核对证件时，张莉发现通行证上除了姓名、性别相同以外，本人照片、出生日期、出生地等相关资料全都不对，立即告知随团领队。领队请示山西国旅的出境部后，通知张莉继续前行。由于山西国旅在旅游团入境之际也没送来合法证件，领队悄悄告知张莉：香港海关检查不严，只要答对证件记载的有关信息即可入境。在领队的违规唆使下，张莉戴上假发套蒙混过关，结果被香港入境处发现并扣留审问长达 7 个小时，后被移民局以"持非本人有效证件企图入境罪"拘禁 24 天。在张莉遭到羁押过程中，领队一直未与香港入境处调查科进行联系，山西国旅则消极等待，一直等到获悉张莉将被港方起诉以后才意识到事态严重，出资 10 万聘请香港律师应诉。8 月 17 日，香港法院开庭审理，张莉被判有期徒刑 4 个月、缓刑 2 年，同日押至香港海关，再由专人送往深圳，辗转回到太原家中。对此，张莉诉诸法院要求山西国旅在相关媒体上赔礼道歉，强烈要求该社赔偿精神损失费 60 万元人民币，张莉家属要求该社赔偿精神损失费 5 万元人民币。

法院认为，旅行社在组团出国时，一般都为游客办理有关出入国境事务，这在旅游合同中被规定为旅行社的一项义务。山西国旅作为组团社，应按规定为张莉办妥出入国境的合法证件，确保顺利出境旅游。对于错拿证件的工作过失，组团社本应采取果断终止张莉出境设法换回合法证件或说明情况补办证件及赔偿损失等补救措施，避免诱发严重后果。但是，由于山西国旅及其领队为谋私利，一错再错，哄骗游客，致使张莉遭到羁押并被判处徒刑，精神受到很大伤害，张莉家属因其羁押被迫滞留香港，出境旅游未能成行，精神受到一定损害。因此，山西国旅在客观上存在严重的违约行为，应当承担违约责任。

张莉遇到的不幸遭遇在客观上虽与该社的工作失误以及领队人员违法唆使关系密切，但是张莉作为完全民事行为能力人，应当具有法律意识，应当预见自己行为的严重后果。在入关时，张莉明知证件有误却仍使用，蒙混过关，自己也应承担一定的法律责任，故判山西国旅支付原告张莉精神损害赔偿金 3 万元，支付张莉家属精神损害赔偿金 1000 元。

案例评析

1. 《出境旅游领队人员管理办法》第八条规定，领队人员应当履行维护旅游者的合法权益，协助处理旅游行程中的突发事件、纠纷及其他问题等主要职责。在本案中，组团社的领队发现问题以后，缺乏基本的判断能力，唆使张莉冒用他人证件，乔装打扮蒙混过关，没有履行应尽职责，造成极其严重后果。在事件发生后，领队未与香港入境处调查科进行联系，对于事件无所作为，严重违反有关法规，应当依法进行处罚。

2. 《旅行社条例》第六十三条规定，旅行社及其委派的领队人员对于发生危及旅游者人身安全的情形，未采取必要的处置措施并及时报告的，由旅游行政管理部门责令改正，对旅行社处 2 万元以上 10 万元以下的罚款；对导游人员、领队人员处 4000 元以上 2 万元以下的罚款；情节严重的，责令旅行社停业整顿 1 至 3 个月，或吊销旅行社业务经营许可证与领队证。在本案中，针对山西国旅在经营中的违规行为，国家旅游局以山西国旅严重违反《中国公民出国旅游管理办法》的有关规定，决定暂停该社出国旅游业务的经营资格；山西省旅游局根据国家旅游局的有关决定，不仅暂停山西国旅的出境旅游业务，而且对其进行整改；同时取消山西国旅 2003 年度"山西省最佳国际旅行社"的荣誉称号，在全行业予以通报批评。除了山西国旅受到处罚以外，领队人员同样处以相应罚款。

第六章 旅游安全法规制度

第一节 旅游安全工作概述

一、旅游安全

1. 旅游安全及其法规建设

旅游安全是旅游者出行游览的首要前提与重要基础，也是旅游业的生命线。旅游安全事故往往会给旅游者带来身心与财产损失，影响社会的安定团结，损害国家旅游业的良好形象。

对于旅游安全工作，我国先后制定出一系列的法规制度。1987年8月，为了加强旅游保卫工作，保证我国旅游业的健康发展，国家旅游局与公安部联合颁布《关于加强旅游安全保卫工作的通知》。1988年6月，国家旅游局、公安部再次发布《关于进一步加强旅游安全保卫工作的通知》，要求各地采取有力措施，防止发生旅游事故，保障旅游者的人身、财产安全。1990年2月，为了强化旅游安全管理工作，保障旅游者人身、财物安全，国家旅游局发布实施《旅游安全管理暂行办法》，推动我国旅游安全管理工作逐步走上规范化、法制化的发展轨道。此后，国家旅游局相继发布《重大旅游安全事故报告制度试行办法》(1993)、《重大旅游安全事故处理程序试行办法》(1993)、《旅游安全管理暂行办法实施细则》(1994)、《漂流旅游安全管理暂行办法》(1998)等项法规。2013年4月，第十二届全国人大常委会第二次会议通过《旅游法》，对县级以上人民政府统一负责旅游安全工作，履行旅游安监职责，建立旅游突发事件应对机制及其采取措施开展救援等有关制度作出规定，这些法规大致反映出我国旅游安全管理法制建设的重要步骤。

2. 旅游安全的管理特点

旅游安全管理不同于其他行业的安全管理，具有以下明显特点：(1) 潜在危险因素较多。旅游企业大量用车、用船、用电、用火等设备或用品，游客出行翻山涉水、跨国越境、参加娱乐、入住酒店的险情较多，存在易撞、易毁、易燃、易爆的潜在危害。(2) 突发事件难以预测。游客参加旅游活动都是追求身心愉悦、休闲消遣，往往对于危险因素毫无防范，外来侵害则是突然降临、猝不及防，以致旅游安全事故具有意外的突发性。(3) 旅游安全的责任重大。旅游事故直接危害游客生命、财产安全，一旦发生重大事故，往往会给国家造成政治、经济上的严重损失，并给受害者及其家属造成终身的心理创伤，因而安全责任重大。(4) 安全管理较难控制。旅游安全涉及防险、防火、防盗、防暴，事故发生范围广泛，加上游客流动性强、住宿短暂，责任意识相对薄弱，处理旅游安全事故的时间紧急，管理工作颇有难度。(5) 管理水平要求很高。旅游安全管理问题特殊复杂，要求行业管理人员的素质高超、知识面广、法制性强、能力过硬。因此，旅游行政管理部门与旅游企业必须全力消除任何可能危害游客生命、财产安全的各种隐患，避免发生安全事故，切实保证旅游活动的顺利进行。

二、旅游安全工作职责

旅游安全管理工作应当遵循统一指导、分级管理，以基层为主的管理原则，形成国家旅游行政管理部门统一领导，各级旅游行政管理部门分级管理的完整体制。此外，各级旅游行政管理部门与旅游企业必须建立和完善旅游安全管理机构，全力履行旅游安全的工作职责。

1. 国家旅游行政管理部门的工作职责

国家旅游行政管理部门对旅游安全的工作职责是：(1) 制定国家旅游安全管理规章并组织实施，建立旅游目的地安全风险提示制度；(2) 会同国家有关部门综合治理与协调处理旅游安全事故及其他安全问题；(3) 指导、检查和监督各级旅游行政管理部门和旅游企事业单位的旅游安全管理工作；(4) 负责全国旅游安全管理宣传、教育工作，组织旅游安全管理人员的培训工作；(5) 协调重大旅游安全事故的处理工作；(6) 负责全国旅游安全管理方面的其他有关事项。

2. 地方旅游行政管理部门的工作职责

地方旅游行政管理部门涉及县级以上（含县级）的地方旅游行政管理部门，应当履行的旅游安全工作职责是：(1) 贯彻执行国家旅游安全法规；(2) 制定本地区旅游安全管理的规章制度，并组织实施，将旅游安全作为突发事件监测和评估的重要内容；(3) 协同工商、公安、卫生等有关部门，对新开业的旅游企事业单位的安全管理机构、规章制度及其消防、卫生防疫等安全设施、设备进行检查，参加开业前的验收工作；(4) 协同公安、卫生、园林等有关部门，开展对旅游安全环境的综合治理工作；(5) 组织和实施对旅游安全管理人员的宣传、教育和培训工作，将旅游应急管理纳入政府应急管理体系，制定应急预案，建立旅游突发事件应对机制；（6）参与旅游安全事故的处理工作，对突发事件采取措施开展救援，并协助旅游者返回出发地或其指定的合适地点；（7）受理本地区涉及旅游安全问题的投诉举报；（8）负责本地区旅游安全管理的其他事项。

3. 基层单位的工作职责

旅行社、旅游饭店、车船公司、购物商店、娱乐场所和其他经营旅游业务企事业单位是旅游安全管理工作的基层单位。这些单位应履行的旅游安全工作职责是：（1）建立安全管理机构，配备安全管理人员，建立安全规章制度并组织实施；建立安全管理责任制，将安全管理的责任落实到每个部门、岗位和职工。（2）接受当地旅游行政管理部门对旅游安全管理工作的管理、检查与监督。（3）把安全教育、职工培训制度化、经常化，提高职工的安全意识，普及安全常识，培养安全技能，对新招聘的职工，必须经过安全培训，合格后才能上岗。（4）新开业的旅游企事业单位，在开业前须向当地旅游行政管理部门申请对安全设施设备、安全管理机构、安全规章制度的检查验收，不合格者不得开业。（5）坚持日常的安检工作，重点检查安全规章制度的落实情况和安全管理漏洞，及时消除不安全隐患；对于接待旅游者的汽车、游船和其他设施，要定期进行维修和保养，使其始终处于良好的安全技术状态，在运营前全面检查，严禁带故障运行。（6）对旅游者的行李要有完备的交接手续，明确责任，防止损坏或丢失。（7）在安排旅游团队的游览活动时，要认真考虑可能影响安全的诸项因素，制定周密的行程计划，注意避免司机处于过分疲劳状态。（8）负责为旅游者投保与理赔。（9）直接参与处理涉及单位的旅游安全事故，包括事故处理、善后安置及赔偿事项等。（10）开展登山、汽车、狩猎、探险等特殊旅游项目时，要事先制定周密的安保预案和急救措施，重要团队需按规定报请有关部门审批。

4. 违规责任

对于违规造成游客伤亡事故的，旅游行政管理部门会同有关部门分别给予直接责任人与责任单位以下处罚：（1）警告；（2）罚款；（3）限期整改；（4）停业整顿；（5）吊销营业执照；（6）触犯刑律的，由司法机关依法追究刑事责任。

三、旅游安全事故等级

旅游安全事故，是指涉及旅游者人身、财物安全的意外损害或灾祸事件。《旅游安全管理暂行办法实施细则》将旅游安全事故分为轻微、一般、重大和特大四个等级：

1. 轻微事故，是指一次事故造成旅游者轻伤或经济损失在1万元以下者。

2. 一般事故，是指一次事故造成旅游者重伤或经济损失在1万元至10万（含1万）者。

3. 重大事故，是指一次事故造成旅游者死亡或重伤致残，或经济损失在 10 万至 100 万（含 10 万）者。

4. 特大事故，是指一次事故造成旅游者死亡多名，或经济损失在 100 万元以上，或性质特别严重，产生重大影响者。①

四、旅游安全事故处理

1. 旅游安全事故处理的一般程序

事故发生后，有关单位应当按照下列程序进行处理：(1) 陪同人员立即上报主管部门，主管部门及时报告归口管理部门；(2) 会同事故发生地的有关单位严格保护现场；(3) 协助有关部门进行抢救、侦察；(4) 有关单位负责人及时赶赴现场处理。②

2. 重大旅游安全事故及其报告类型

重大旅游安全事故具体包括：(1) 造成海外旅游者人身重伤、死亡的事故，(2) 涉外旅游住宿、交通、游览、餐饮、娱乐、购物场所的重大火灾及其他恶性事故；(3) 造成其他经济损失的严重事故。

重大旅游安全事故可按阶段进行报告：(1) 首次报告：事故发生的时间、地点、初步情况，接待单位及有关单位，报告人姓名、单位和联系电话。(2) 进展报告：事故处理中伤亡情况及伤亡人员姓名、性别、年龄、国籍、团名、护照号码；事故处理的进展情况、原因分析、有关方面的反映和要求、需要请示或报告的其他事项。(3) 总结报告：事故处理结束以后总结事故发生及其处理经过、事故原因、具体责任、经验教训及今后防范措施，善后处理过程及赔偿情况，有关方面及伤亡者家属反映，事故遗留问题及其他情况。

3. 重大旅游安全事故的处理程序

重大旅游安全事故在原则上由事故发生地政府协调有关部门与事故责任方及其主管部门负责处理，必要时可成立事故处理领导小组。事故处理程序包括：

(1) 赶赴现场。事故发生后，报告单位应当立即派人赶赴现场组织抢救，保护现场，并且及时报告当地公安部门，尽量保护事故现场的客观完整。

(2) 组织抢救。有伤亡情况的，立即组织医护人员进行抢救，并及时报告当地卫生部门。

(3) 登记造册。核查伤亡人员团队名称、国籍、姓名、性别、年龄、护照号码以及在国内外的保险情况，并作登记；注意保护遇难者的遗骨、遗体，对事故

---

① 《旅游安全管理暂行办法实施细则》第二、三、四、五、六、七、八、九、十、十一条。
② 《旅游安全管理暂行办法》第九、十二条。

现场的行李物品认真清理和保护，并且逐项登记造册。

（4）及时报告。伤亡人员中有海外游客的，责任方及报告单位要及时报告当地外办和中国旅游紧急救援机构，并由后者通知有关方面。

（5）发电慰问。伤亡人员中有海外游客的，在伤亡人员确定无误后，组团社应及时通知有关海外旅行社，并向伤亡者家属发电慰问。

（6）接待家属及提供证明。责任方及报告单位认真做好伤亡家属接待、遇难者的遗体和遗物处理等善后工作；负责联系有关部门，根据情况分别提供《伤残证明书》、《死亡鉴定书》、《火化证明书》、《尸体防腐证明书》、《棺柩出境许可证》。

（7）赔偿工作。责任方及其主管部门要妥善处理好对伤亡人员的赔偿工作。报告单位要协助责任方按照国家有关规定对伤亡人员及其家属的人身伤亡及财物损失办理赔偿；协助保险公司办理对购买入境旅游保险者的保险赔偿。

（8）认真总结经验教训。事故处理结束以后，报告单位要与责任方及其他有关方面一起认真总结经验教训，进一步改进和加强安全管理措施，防止类似事故的再次发生。[①]

4. 外国旅游者伤亡事故的处理程序

对于外国旅游者的伤亡事故，应当注意以下事项：（1）立即通过外事管理部门通知有关国家驻华使、领馆和组团单位；（2）应为前来了解、处理事故的外国使、领馆人员的组团单位及伤亡者家属提供方便；（3）应与有关部门协调，为国际急救组织前来参与对在国外投保的旅游者（团）的伤亡处理提供方便；（4）对在华死亡的外国旅游者严格按照外交部《外国人在华死亡后的处理程序》进行处理。

对于外国旅游者的死亡处理，按照下列程序进行：（1）死亡确定。首先确定正常死亡还是非正常死亡。正常死亡系指因健康原因自然死亡；非正常死亡系指因意外事故或突发事件造成死亡。（2）报告与通知。发现人应立即报告当地公安局、外办；有关部门通知死者的所属单位，并应尽快通知死者家属及其所属国家的驻华使、领馆。（3）分别处理。正常死亡可由死者的所属单位负责善后处理工作或由公安机关会同有关部门共同处理；非正常死亡应保护好现场，由公安机关进行取证并处理。（4）尸体解剖。正常死亡或死因明确的非正常死亡者，一般不需解剖尸体；假若死者家属或使、领馆要求解剖，我方可以同意要求，但必须有死者家属或所属国家的驻华使、领馆有关官员签字的书面请求。死亡原因不明的非正常死亡者，在需要进行解剖时，由公安、司法机关按照有关规定办理。（5）出具证明。正常死亡，由县级或县级以上医院出具《死亡证明书》；非正常死亡，

[①]《重大旅游安全事故处理程序试行办法》第二、三、四、五、六、七、八、九、十、十一、十二、十三条。

由公安机关或司法机关的法医出具《死亡鉴定书》，提交死者家属或使、领馆。（6）尸体处理。尸体采取当地火化或运回其国，应当尊重死者家属或死者所属国家的驻华使、领馆的意愿。（7）骨灰和尸体运输出境。尸体、棺柩出境必须具备医院出具的《死亡证明书》或法医出具的《死亡鉴定书》，在特殊情况下，可以出具《死亡公证书》代替上述证明材料，同时包括殡仪部门的《防腐证明书》、防疫部门的《棺柩出境许可证明书》。（8）遗物清点和处理。清点死者遗物应有死者家属或所属国家的驻华使、领馆官员和我方人员共同在场；在必要时，可请公证处人员到场；移交遗物还要开出移交书，一式两份，注明时间、地点、在场人、物品件数、种类和特征等。签字后办理公证手续。（9）写出《死亡善后处理情况报告》。内容包括：死亡原因、抢救措施、诊断结果、善后处理及外方反映等。[①]

五、典型案例及其评析

案例 1 旅游业要健康发展，安全问题极其重要。

1994 年的 3 月 31 日傍晚，3 名歹徒在浙江淳安千岛湖风景游览区，疯狂洗劫一艘游船，在抢走游客的钱物以后，放火烧毁这艘游船，造成船上 24 名台湾地区游客、2 名大陆导游、6 名船员全部遇难。这就是震惊中外的"千岛湖事件"。此后，千岛湖风景区的台湾地区游客数量骤减，前来中国大陆游览的外国游客数量也一度降到最低点，致使我国旅游业遭受巨大损失。

案例评析

1. 根据我国《旅游安全管理暂行办法》的有关规定，旅游安全管理工作应当贯彻"安全第一，预防为主"的指导方针。"安全第一"，是指在旅游过程中，无论是旅游行政管理部门，还是旅游企业及从业人员，都须始终将安全工作放在首位。"预防为主"，是指安全管理应当采取有效措施，积极做好预防工作，将事故隐患消灭在萌芽之中，防患于未然。

2. 《旅游法》第七十六条规定，县级以上人民政府统一负责旅游安全工作，且以有关部门依照法律、法规履行旅游安全监管职责。旅游安全不仅事关游客生命、财产安全，而且事关旅游业的命脉与发展，乃至社会安定及国家声誉，所以必须高度重视。"千岛湖事件"的凶手虽然得到严惩，但对当时中国旅游业造成的巨大损失及给受害者家属造成的心理创伤，是难以估量的。为此，县级以上人民政府应当根据国家制定的一系列旅游安全管理法规，不断加强和完善旅游安全管理工作的监督职责，避免此类特大恶性事件发生。

案例 2 忽视隐患违规作业，公园老板承担责任。

---

① 《外国人在华死亡后的处理程序》第一、二、三、四、五、六、七、八条。

2001年"十一"期间，小李等5名大学生结伴到公园游玩。由于他们从小都不是在水边长大的，所以对美丽的湖水景观特别感兴趣。他们买了船票以后，一同登上机动游艇。谁知，开游艇的人根本没有驾驶执照，也未经过专门培训，公园也无监护抢险人员。尽管上级有关部门多次警告园方，再不采取安全措施就将责令停业整顿。但是，公园老板为了省钱，不予理睬。当天，气象预报说有大风，按照规定游艇是不能出航的。可是，公园老板心存侥幸，以为多开一趟游艇就能多赚一趟的钱。结果，当5人乘坐的游艇驶到湖中心时，不巧刮起一阵大风，驾驶员操作不当，遂与另一机动游艇撞在一起，小李等人落入水中。最后，驾驶员会游泳幸免于难，而小李等5人不会游泳，很快溺亡。

案例评析

1．《旅游法》第七十九条规定，旅游经营者应当严格执行安全生产管理和消防安全管理的法律、法规和国家标准、行业标准，具备相应的安全生产条件，制定旅游者安全保护制度和应急预案。第一百零七条规定，旅游经营者违反有关安全生产管理和消防安全管理的法律、法规或国家标准、行业标准的，由有关主管部门依照有关法律、法规的规定处罚。在本案中，公园老板缺乏法律知识与安全意识，既无安全生产条件，又无安全保护制度和应急预案，以致造成旅游安全特大事故，必须按照有关法规进行处罚。

2．《旅游安全管理暂行办法实施细则》第六条规定，旅游企业应当承担配备安全管理人员，对于新招聘的职工，必须经过安全培训，合格后才能上岗与及时消除不安全隐患等项职责。在本案中，公园老板聘请无证的游艇驾驶员，没有配备监护人员，拒不执行上级部门的相关要求，因而须为事故承担法律责任，赔偿一切经济损失。

案例3 小偷混入车中盗包，导游失职旅行社赔。

1998年5月，青岛老人张先生参加某国际旅行社组织的港澳地区、泰国10日游。在港期间，张老放在地接社包车行李架上的背包，被混在车中的小偷盗走，包内装有往返机票、护照、现金等财物，价值约合人民币3万多元。在导游到达案发现场时，小偷早已逃之夭夭。回国以后，张老与旅行社进行交涉，要求赔偿失窃损失。旅行社以贵重物品应当随身携带为由，拒绝赔偿。张老一气之下，将旅行社告上法庭，要求赔偿失窃损失。

案例评析

1．《旅行社条例》第三十九条规定，旅行社对可能危及旅游者人身、财产安全的事项，应向旅游者作出真实的说明和明确的警示，并采取防止危害发生的必要措施。在本案中，导游没有采取防止危害发生的措施，对于该团包车上混入游客以外人员茫然不知，明显属于严重失职。

2. 《旅游法》第七十九条规定，旅游经营者应对提供的产品和服务进行安全检验、监测和评估，采取必要措施防止危害发生，组织接待老年人、未成年人、残疾人等旅游者，应当采取安全保障的相应措施。在本案中，导游没有安全检验、监测和评估认识，对于老年游客没有采取必要措施防止危害发生，因而旅行社对游客背包被盗，应当依法承担责任，赔偿张老的相应损失。

案例4 疲劳驾驶酿成事故，处理车祸依法从事。

2002年"五一"黄金周期间，某旅行社组织一个90人的旅游团，分乘两辆豪华客车游览华东五城，行程4天。临行之前，旅行社代每位游客投保一份人身意外伤害保险，同时还为每个导游购买了人寿保险。

在旅途上，为了挤出时间多游一些景点，导游与游客商量决定：在4天的行程之中，只安排2天住宿，2天晚上乘车赶路。由于司机疲劳驾驶，一辆客车与迎面而来的一辆大货车相撞，致使司机遭受重伤，导游当场遇难身亡，游客中有2人死亡，15人受伤。当时正是凌晨2点，后面客车看到事故，随即停车。车中导游立即拨通电话，向旅行社的经理报告事故的发生情况，并拨打了120急救电话和110报警电话，同时，导游还安排几名男游客保护事故现场。

案例评析

1. 《旅游安全管理暂行办法》第九条规定，事故发生单位在事故发生后，陪同人员应当立即上报主管部门，并且会同事故发生地的有关单位严格保护现场。在本案中，旅游团的另一导游看到事故，立即报告组团社总经理有关情况，并且拨打120急救电话和110报警电话，保护现场，抢救伤员，尽到导游的主要责任，符合安全事故处理程序要求。

2. 《旅游法》第八十一条规定，突发事件或旅游安全事故发生后，旅游经营者应当立即采取必要的救助和处置措施，依法履行报告义务，并对旅游者作出妥善安排。《旅游安全管理暂行办法》第九条规定，有关单位负责人应及时赶赴现场处理。因此，该社经理接到导游报告以后，应当及时赶赴现场，采取必要救助和处置措施，依法履行报告义务，立即上报本市旅游局，并与该社投保责任险的保险公司尽快赶往出事地点实施救援和进行理赔，并对旅游者作出妥善安排。

案例5 外国游客酒后猝死，依照程序处理后事。

1999年5月，日本某公司董事长小野先生组织本公司代表团来华旅游，入住上海某五星级酒店。次日晚上，小野先生举办宴会，庆贺自己40岁生日。席间，他兴致勃勃，频频举杯，大约饮用一整瓶的烈性白酒。宴会结束后，小野先生欲到卫生间洗漱，不料一头扎到浴缸里。酒店服务员发现后，立即将小野先生送往附近一家著名医院进行抢救，但因小野先生饮酒过量，经抢救无效死亡。事故发生后，酒店立即报告上海市公安局及外办。上海市外办迅即通知日本驻上海领事馆及小野先生家属来华处理后事。

案例评析

1. 在本案中，小野先生属于死因明确的非正常死亡者，可以按照《外国人在华死亡后的处理程序》予以处理。外国人在华正常死亡者或死因明确的非正常死亡者，一般不作尸体解剖。若小野先生家属或其所属国家驻华使、领馆要求解剖，我方可以同意，但须有小野先生家属或所属国家驻华使、领馆官员签字的书面请求。

2. 对在华死亡外国人的尸体处理，可在当地予以火化，亦可运回死者本国。在本案中，如果小野先生家属要求火化尸体，须由小野先生家属或所属国家使、领馆提出书面请求并在签字后进行，骨灰可由他们运送回国。如果外方要求将小野先生土葬在中国，则应以我国殡葬改革、提倡火葬婉言拒绝。如果外方要求将小野先生骨灰埋在中国或撒在中国的土地上，通常亦应婉言拒绝。但若死者是对中国作出特殊贡献的知名人士，应当报请省级或国家民政部门作出决定。

第二节 旅游者出入国境与安全检查法规制度

一、旅游者出入国境的法规建设

出境旅游和入境旅游是我国旅游业发展的重要组成部分，涉及国家的安全稳定与经济利益，因而需要对旅游者出入国境的往来通关进行规范。1952年7月，我国政府批准实施《出入国境治安检查暂行条例》，这个条例的颁布实施为旅游者出入我国国境接受安全检查的法规建设打下基础。1957年12月，全国人大常委会通过《中华人民共和国国境卫生检疫条例》，明确规定防止各种传染病由国外传入和由国内传出。1965年4月，国务院发布施行《边防检查条例》，进一步强化了出入我国边境口岸的安全检查。

随着我国实行改革开放政策，国外入境的旅游者越来越多。与此同时，随着我国国民经济快速、稳定发展与国际收支的不断改善，国内公民旅游消费的支付能力大大提高，参加出境旅游人数逐渐增加。在这种新的历史背景下，为了维护国家主权、领土安全和社会秩序，有利于发展国际友好往来，我国陆续颁布实施《中华人民共和国外国人入出境管理法》（1985）、《中华人民共和国公民出入境管理法》（1985）及其实施细则（1986）、《中华人民共和国国境卫生检疫法》（1986）、《中华人民共和国海关法》（1987）、《中华人民共和国进出境动植物检疫法》（1991）、

《中华人民共和国出入境入境边防检查条例》(1995)、《中国公民自费出国旅游管理暂行办法》(1997)、《中国公民出国旅游管理办法》(2002)、《中华人民共和国护照法》(2006)等法规制度，逐步形成旅游者出入国境管理检查的法规体系。这些法规成为我国旅游法规建设的重要内容，对旅游者安全出入国境已经产生有效的保障作用。

二、旅游者入出国境的有效证件

1. 护照

护照，是指一国公民出入本国国境及到国外旅行或居留时，由本国发放证明国籍和身份的合法证件。作为经过各国海关的通行证明，护照是由公民所在国的外交机关或公安机关予以颁发的，一般分为外交护照、公务护照和普通护照三种类型。旅游护照属于一种时效性强、期限较短的普通护照。旅游者出入边境之时须持有效护照，以便有关部门查验。

2. 签证

签证，是指一国政府的主管机关在外国人所持有效护照或其他有效出入国境证件上签字盖印，表示允许入出或通过该国国境的许可证明。签证是世界各国为了维护国家安全与社会秩序，普遍采取的入出境管理制度，是一国对于他国公民实施入境控制管理的具体表现。

旅游签证是为来访游客颁发的一种签证。外国游客申请签证，必须口头答复被询问的有关问题，提供个人有效证件，填写签证申请表，提交近期2寸免冠正面半身照片及相关部门的签证通知，向法定部门申请旅游签证。经授权的国家口岸签证机关，可依法对正在入境而没有在客源国驻外机关办理签证的外国游客办理签证，这种签证方式俗称"落地签证"。

签证包括有效期限、有效次数、停留期、入出境口岸、偕行人员等有关内容。外国旅游者应在签证有效期内，按照指定的入境口岸、交通工具和线路通行，非经许可，中途不得随意停留。领取证件、签证以后，需要申请延期或者变更，诸如延长有效期限、增加偕行人员及前往不对外国人的开放地点，法律一般是许可的，但应向证件发放机关申办相关手续。

3. 旅行证

旅行证，是指外国人需要经过或前往我国非开放地区时，事先向所在地、市、县公安机关申请办理的许可证件。一般来说，外国旅游者持有效签证或居留证件，可乘飞机或火车前往我国规定对外开放的地区旅游，这类地区通常称作甲类地区。除了甲类地区以外，乙类地区是对外开放、控制开放和新增开放的地区；丙类地区是一般性的非对外开放而只准外国人考察、科技交流或现场施工等公务活动的地区；丁类地区则是不对外国人开放的地区。乙、丙、丁三类地区可以根据情况准许外国人前往，但须办理旅行证。

外国人申请办理旅行证时，需要交验护照或居留证件，提供旅行事由证明与填写旅行证申请表。旅行证的有效期限多为一年，如需延长有效期限，增加不对外国人开放的地点、偕行人数，须向公安局申请延长或者变更。外国人未经允许，不得进入不对外开放的地区。对不办理旅行证，未经批准前往不对外开放地区的外国人，我国法律规定处以警告或罚款，情节严重的，并处限期出境。①

三、外国旅游者入出我国的法律规定

1. 外国旅游者入出我国的一般原则

为了维护国家安全及法律规定的种种原因，我国对外国旅游者的控制管理，主要表现在入出国境应当具备法律规定的证件和手续，且不具有法律限定入出国境的情形。一般来说，只要遵守中国法律，不危害中国国家安全、不损害社会公共利益、不破坏社会公共秩序，中国政府都会允许外国旅游者入境。为了加强各国之间的友好交往，我国还与一些国家签订双边或多边协定，对来华旅游者在入境手续上提供便利。对不违反出境法规及已办理出境手续的外国旅游者，我国一律允许出境，无权限制。

2. 外国旅游者入出我国的权利义务

对于外国旅游者入出中国国境的权利义务，我国法规明确规定，（1）外国旅游者入境、过境、出境及在中国旅行，须经中国政府主管机关认可；（2）外国旅游者入境、过境、出境，须从对外开放或指定口岸通行，并且接受边防检查和监护；（3）中国政府对有可能危害国家安全的外国人不批准入境，对不符合出境条件的有权阻止；（4）中国政府保护在中国境内外国旅游者的合法权益，其人身自由不受侵犯，非经人民检察院或人民法院决定，并由公安机关或国家安全机关执行，不受逮捕；（5）外国旅游者在中国境内必须遵守中国法律，不得危害中国国家安全、损害社会公共利益、破坏公共秩序。②

根据《外国人入出境管理办法实施细则》的有关规定，在中国宾馆、饭店、招待所、学校等企事业单位或机关、团体及其他中国机构内住宿的外国旅游者，应当出示有效护照或居留证件，填写临时住宿登记表。住宿在非开放地区的外国旅游者还要出示旅行证。外国旅游者在中国城镇的居民家中、外国机构内或外国人家中住宿时，须于抵达后 24 小时内，由中国城镇的留宿人、留宿机构持户口簿、

---

① 《外国人入境出境管理法实施细则》第二十四、三十五、三十六、三十七、四十六条。
② 《外国人入境出境管理法》第二、三、四、五条。

证件或护照或本人持护照或居留证件,向当地公安机关申报,并填写临时住宿登记表;在农村住宿的外国旅游者,须在72小时内向当地派出所或户籍办公室申报。长期居留在中国境内的外国人离开自己的住所外出旅游临时在其他地方住宿时,应按上述规定申报住宿登记。外国旅游者在移动性住宿工具内临时住宿,同样须于24小时内向当地公安机关申报。向外国旅游者的移动性住宿工具提供场地的机构或个人,应于24小时前向当地公安机关申报。[①]

3. 外国人入境许可的法律限制

根据我国法律规定,不准入境的外国人主要包括:(1)被中国政府驱逐出境、未满不准入境年限的;(2)被认为入境后可能进行恐怖、暴力、颠覆活动的;(3)被认为入境后可能进行走私、贩毒、卖淫活动的;(4)患有精神病、麻风病、艾滋病、性病、开放性肺结核等传染病的;(5)不能保障其在中国期间所需费用的;(6)被认为入境后可能进行其他危害我国国家安全和利益活动的。

4. 外国人出境许可的法律限制

根据我国法律规定,不准出境的外国人主要包括:(1)刑事案件的被告人和公安机关、人民检察院或人民法院认为犯罪嫌疑人的;(2)人民法院通知有未了结民事案件不能离境的;(3)有其他违反中国法律行为尚未处理,经有关主管机关认定需要追究的。

四、中国旅游者出入边境的有效证件

1. 护照

中国公民出国旅游,应向户口所在地的公安机关提出申请、提交《中国公民出国申请审批表》、身份证、户口簿原件及复印件与近期正面免冠照片,履行相关手续办理中华人民共和国普通护照。这种护照是出入边境的法定证件,被俗称为"因私护照"。

2. 旅行证

旅行证,是指中国驻外代表机关、领事机关或外交部授权的其他驻外机关颁发给中国旅游者出入边境的临时证件。旅行证分为1年一次有效和2年多次有效两种,由持证人保存使用。旅行证通常颁发给下列人员:(1)未持有效港澳同胞回乡证,但拟前往大陆的港澳同胞;(2)未持台湾居民来往大陆的有效通行证,但拟前往大陆或需从国外直接前往香港、澳门特别行政区的台湾同胞;(3)在外国出生的儿童,其父母双方均为中国国籍,且未获得外国永久居留权者;(4)领事官员认为不便或不必持用护照的其他人员。办理者需填写旅行证申请表,提交

---

① 《外国人入境出境管理法实施细则》第二十九、三十、三十一、三十二、三十三条。

照片，提供身份证件或护照复印件等能表明中国身份的有关证明。

3. 入出境通行证

入出境通行证，是指进出中国边境的通行证件，由省级公安厅（局）及其授权的公安机关签发，可在有效期内一次或多次出入边境。一次有效的，在出境时由边防检查站收缴。

4. 签证

签证，是指中国公民作为旅游者被允许前往、途经或暂时停留在一个国家的入境许可。中国旅游者被批准出境获得护照以后，应当申办前往国家的旅行签证。中国公民可凭国务院主管机关及其授权机关签发的有效护照或其他有效证件出入中国边境，无需办理签证手续。

五、中国旅游者的出境规定

1. 出境旅游的基本权利

中国旅游者出境旅游的合法权益应受中国法律保护，在境外参加旅游活动遇到特殊困难时享有外交保护权利，还应得到旅游目的地国家的法律保护。公安机关对中国旅游者的出境申请应在规定时间之内答复；申请人有权查询规定时间之内未被批准出境旅游的原因所在，受理部门应予答复；申请人认为自己未被批准出境旅游不符法规时，可向上一级公安机关提出申诉，受理机关应当作出处理和明确答复。

2. 出境旅游的主要义务

中国旅游者应当严格遵守我国公民出境旅游的各项法规，依法申办有效证件，妥善保管护照等证件，并有义务按照规定缴纳相关费用；在指定口岸或对外开放的口岸出入边境时，须向边检站出示本人的有效证件，填写出境登记卡，接受边防安全检查。

中国旅游者在出国游览中，应持有效证照参加活动，不得有危害祖国安全、荣誉和利益的行为，还须遵守目的地国家法律，尊重当地的风俗习惯，服从旅游团领队人员的统一管理，严禁滞留境外不归。

3. 出境旅游的法律限制

根据我国法律规定，有下列情形之一的，不得批准出境旅游：（1）刑事案件的被告人和公安机关、检察院或法院认定的犯罪嫌疑人；（2）法院通知有未了结的民事案件；（3）被判刑罚正在服刑；（4）正在被劳动教养；（5）国务院有关机关认为出境后将对国家安全造成危害或对国家利益造成重大损失者。

六、出入边境的检查制度

为了维护国家主权和民族利益，保护社会经济发展，查禁走私违法案件，防止沾染病毒、细菌的车辆物品出入边境，我国有关法律规定，所有对外开放口岸均设边防检查站，对一切出入边境人员的护照、证件和交通工具等实施严格的安全检查。

1. 海关检查

海关检查，是指国家海关依法对于出入边境的行李物品、金银货币、运输货物、邮递物品、交通工具等进行检查、征收关税与查禁走私时所进行的监管活动。

在进入中国边境时，外国旅游者应将携带的行李物品和交通工具交由海关进行检查，并应填写"旅客行李申报表"一式两份。经过依法查验确认符合规定，海关盖章准许通过，双方各执报表一份，以便海关在回程时查验复核。外国旅游者未经海关批准，不得将其所带物品留在境内，对于海关登记准予暂行免税入境的物品，应由本人复带出境。

2. 安全检查

安全检查，是指国家海关和边防检查站采用通过安全门、磁性探测、红外线透视、搜身开箱等检查方法，对旅游者所进行的检查活动。安全检查的目的在于禁止旅游者携带枪支、弹药、凶器、易爆易燃物品、剧毒品及其他威胁国家安全的危险物品，切实保障旅游者人身安全和财产安全。

3. 边防检查

边防检查，是指为了便利往来人员和交通运输畅通无阻，禁止非法出入边境，国家在机场、港口、车站等边境对外出入口岸设立边防检查站，对出入边境的人员和物品进行检查。在入境时，旅游者应主动出示护照和其他有效证件，接受对于行李物品与交通工具的边防检查。

边防检查站有权阻止旅游者出入边境的情形包括：（1）未持出境、入境证件的；（2）持用无效出境、入境证件的；（3）持用他人出境、入境证件的；（4）持用伪造和涂改的出境、入境证件的；（5）拒绝接受边防检查的；（6）未在限定口岸通行的；（7）国务院公安部门、国家安全部门通知不准出境、入境的；（8）法规确定不准出境、入境的。

根据维护国家安全和社会秩序的实际需要，边防检查站可对出境、入境人员携带的行李物品和交通运输工具载运的货物采取重点检查，并可依法进行处理。其中包括：（1）对于携带、载运违禁物品的，边防检查站应当扣留违禁物品，对携带人、载运违禁物品的交通运输工具负责人依照有关法律、行政法规的规定处理。（2）对于非法携带属于国家秘密的文件、资料和其他物品的，边防检查站应予收缴，对携带人依照有关法规处理。(3)对于携带或托运枪支、弹药，必须遵守有关法律、行政法规的规定，向边防检查站办理携带或托运手续。①

4. 卫生检疫

卫生检疫，是指为了防止危害人体的各种传染病由国外传入或由国内传出，国家设立边境卫生检疫机关，依法实施传染病检疫、检测、处理和卫生监督。凡是入境、出境的人员、交通工具、运输设备以及可能传播检疫传染病的行李、货物、邮包等物品，都应接受卫生检疫，经过边境卫生检疫机关准许，方可入境或者出境。在入境时，除引航员外，未经边境卫生检疫机关许可，任何人不准上下交通工具，不准装卸行李、货物、邮包等物品。出境人员及其交通工具必须在最后离开的边境口岸时接受检疫。②

5. 动植物检疫

动植物检疫，是指为了防止动物传染病、寄生虫病和植物危险性病、虫、杂草以及其他有害生物等病虫害由国外传入或由国内传出，国家设立动植物检疫机关，在对外开放的口岸和进出境动植物检疫业务集中的地点，依法实施进出境动植物检疫。凡是入出境的动植物、动植物产品和其他检疫物品，装载动植物、动植物产品和其他检疫物品的装载容器、包装物，以及来自动植物疫区的运输工具，都应接受动植物检疫。口岸动植物检疫机关在实施检疫时可以登船、登车、登机实施检疫。旅游者应主动接受动植物检疫，按照有关规定出入边境。③

七、典型案例及其评析

案例 6 落地签证须作准备，进入海关不容轻率。

2005 年 4 月，游客严某签约参加某国际旅行社组织的新马泰出境游。随后，旅行社要求严某提交个人护照，告知准备办理签证。在交接护照中，工作人员发现严某所持护照的有效期不足半年。对此，严某表示有些担心。然而，工作人员允诺将会予以处理，不必担心。随后，严某得到旅行社按期出团的正式通知。在临上飞机时，领队人员王某告知严某，该团采取落地签证，到泰国后方才办理。结果，严某到达曼谷机场以后，便被签证官以护照不符签证条件，拒签入境。当天晚上，严某被安置到移民监狱，并在次日遣返回国。回国以后，严某认为，旅行社没有按照合同约定提供服务，工作人员严重失职，自己不仅没有实现旅游安排，而且受到极大屈辱，造成严重的精神伤害，特别是在临上飞机时，领队人员

---

① 《出境入境边防检查条例》第八、十五、二十七、二十八、二十九、三十条。
② 《国境卫生检疫法》第一、二、三、四、五、七、八条。
③ 《动植物检疫法》第一、二、三、四条。

没有采取有效措施解决问题，更是严重的失职行为。据此，严某提出：旅行社应退赔团费2580元及相应的机票、交通费、电信费、误工费、食宿费、保险费等共计3000元，另外支付精神损害赔偿费5万元。

旅行社辩称：落地签证是国家法律的认可行为。旅游团依照惯例，一向都能获得签证，这种拒签首次遇到，实属意外。对于签证官的拒签行为，旅行社不能预见、不能避免、不能克服，所以不应承担责任。此外，严某提供的个人护照不符要求导致拒签，这是严某自己过错所造成的，理应自行承担责任。尽管如此，旅行社表示将对严某所支付的从泰国至北京及北京至广州的单程机票费和全额团费予以补偿。

案例评析

1. 《旅行社出境旅游服务质量》第5.3.1条规定，组团社应按照合同约定协助游客办理出境旅游证件。游客已经取得旅游证件的，组团社应认真查验其有效期并妥善保管，确保证件在受控状态下的交接和使用。在本案中，旅行社没有履行认真查验确保严某证件符合签证要求的职责，特别是该社工作人员发现严某护照存在问题时，不仅没有指出可能导致拒签，反而允诺将会给予处理，直至发出按期出团的正式通知。此外，领队人员在出境前的说明会上，应当再次核对证件，告知游客出国旅游的注意事项。因此，旅行社工作人员的种种过错导致严某不能入境，成为合同不能履行的根本原因，所以旅行社应当承担违约责任。

2. 旅行社本应熟悉旅游目的地国家对旅游证件的检查规定，对签证官拒签行为及严某自己造成过错的无理辩解是站不住脚的。至于旅行社是否赔偿精神损害，法律实践仍有争议。虽然严某被遣返回国，精神受到很大损害属于事实，但是《民法通则》对于精神损害赔偿并不明确。最高人民法院《关于确定民事侵权精神损害赔偿责任若干问题的解释》第一条规定当事人在人格权利遭受非法侵害时，可以请求赔偿精神损害，但未涉及违约责任的精神损害赔偿问题，换言之，精神损害赔偿一般只在侵权案中得到承认。在司法实践中，违约责任的精神损害赔偿是否成立及其赔偿数额，在很大程度上依靠法官进行裁量。因此，严某以旅行社违约要求赔偿精神损害的可能性只能依照法院裁决的情况而定。

案例7 外国游客入住饭店，查验证件防范违规。

2001年3月，一位泰国客人来到北京的一家饭店，要求总台为其安排住宿。总台服务员请他出示证件以后，让他登记《外国人临时住宿登记表》。当时，客人准备住店5天。服务员在查验护照时，发现签证即将到期，如住5天肯定过期。于是，服务员提醒客人，请他务必前往公安机关办理续签手续。这位客人一口答应，却未前往。次日午后，饭店前厅部将这位客人签证到期及房间号码等相关情况，向公安机关作了汇报。

公安机关立即核对相关情况，确认他的签证到期，只是未见前来办理续签手续，因而委托饭店前厅部在客人回来时，转达有关意见。对此，前厅部除在客人房间电话机上留言以外，还将情况通报客房部值班人员共同催促。这位客人回饭店后，很快获悉公安机关的转达意见。对此，他不敢怠慢，赶紧前往公安机关按时办理了续签手续。

案例评析

1. 《外国人入出境管理法》第十七条规定，外国人在中国境内临时住宿，应当依照规定办理住宿登记。在本案中，饭店总台服务员头脑清醒，准确掌握有关法规，认真细致查验证件与请求登记，并能及时提醒客人尽快去主管部门办理有关续签手续，履行义务周到严格。

2. 《旅馆业治安管理办法》第六条规定，接待境外旅客住宿，应在24小时内向当地公安机关报送住宿登记表。在本案中，饭店前厅部除了主动及时向公安机关汇报以外，还向客房部进行通报，求得协作，共同防止了泰国客人签证逾期的非法留宿。

案例8 老外游览非开放区，必须办妥旅游证件。

2005年5月，一位俄罗斯游客自费来华旅游。在领取有效护照和我国普通签证以后，便由黑龙江某国际旅行社负责接待。在旅程中，他提出想到某一非开放地区游览，并希望在该地中国居民家中留宿一夜。对此要求，国际旅行社表示同意，告知须办前往该地的旅行证。但他没有听从告知，以致到达旅游目的地后，被当地公安机关处以300元的罚款。

案例评析

1. 《外国人入出境管理法》第二十一条规定，外国人前往不对外国人开放的地区旅行，必须向当地公安机关申请旅行证件。《外国人入出境管理法实施细则》第三十四条规定，外国人前往不对外国人开放的市、县旅行，必须事先向所在市、县公安局申请旅行证，获准以后方可前往。在本案中，该游客虽有护照并取得签证，但还必须依法办理旅行证，方能前往非开放地区游览。

2. 《外国人入出境管理法实施细则》第四十六条规定，对未经批准前往不对外国人开放地区旅行的外国人，可以警告或处500元以下的罚款，情节严重的，并处限期出境。在本案中，该游客没有办理旅行证前往非开放地区进行游览，所以当地公安机关对其处罚是合法的。

案例9 老外欠缴税款离境，边检有权阻止出境。

2001年7月初，某市地税局涉外分局获悉，某旅游用品生产企业从某国公司进口一套设备,并由该国技术人员安装、调试与培训人员。依据国家相关规定,外国公司在华安装、调试与培训人员等劳务活动属于常驻机构行为。因此,该公司及其雇员应在中国境内缴纳营业税、外国企业所得税和个人所得税。7月9日,税务人员向该公司的 S 先生提出:他所代表的企业在本市销售设备与培训人员等劳务活动,构成常设机构行为,因而应向中方缴纳相应税款。然而,S 先生声称他在国外已经完税,拒绝签署《责令限期改正通知书》,并购买了飞机票,拟将离京出境回国。

案例评析

1. 《中华人民共和国税收征收管理法实施细则》第七十四条规定,欠缴税款的纳税人或其法定代表人在出境前未按照规定结清应纳税款、滞纳金或提供纳税担保的,税务机关可以通知出入境管理机关阻止其出境。在本案中,某市地税局涉外分局有权通知出入境管理机关阻止该外国公司代表 S 先生出境回国。

2. 《外国人入出境管理法》第二十三条规定,外国人有违反中国法律的行为尚未处理,经有关主管机关认定需要追究情形的不准出境。在本案中,该外国公司代表 S 先生是欠缴税款的纳税人,在未交清税款且未提供纳税担保的情况下,我国出入境管理机关根据上述规定有权阻止其出境回国。

案例 10 游客入境理应受检,依法销毁带虫水果。

2005 年 6 月,一位外国游客携带一篓柑橘进入我国。海关依法没有准许携带入境,告知需要进行检疫。这名游客认为柑橘是食用物品,海关不应扣留检疫。其后,当地口岸动植物检疫站在查检中,发现其中带有属于世界性检疫害虫的地中海果蝇,立即通知这位游客,遂将柑橘就地销毁。

案例评析

1. 为了保护农、林、牧、渔业生产和人体健康,防止危害动植物病、虫、杂草及其他有害生物由国外传入或由国内传出,我国与世界各国均制定有动植物检疫的法规制度,并在我国边境口岸设立动植物检疫站,代表国家对出入国境的动物、动物产品、植物、植物产品及运载动植物的交通工具等进行检疫。中外游客应当主动接受检疫,并按规定出入国境。

2. 在本案中,柑橘带有的地中海果蝇属于世界性的检疫害虫,能够危害几乎所有水果及部分蔬菜品种,一旦进入我国境内,将给农业、果业带来严重损失。根据我国政府对外国游客进行动植物检疫制度,海关及动植物检疫站的做法不仅符合法规,而且是非常必要的。

第三节 旅游交通运输安全法规制度

一、旅游交通运输安全法规建设

旅游交通运输安全，是指各个交通运输部门切实保障旅游者人身、财物平安运营的活动状态。由于旅游交通运输是旅游业的六大要素之一，所以交通运输安全运营与旅游者人身、财物安全及旅游活动息息相关。

随着旅游业的迅速发展，旅游交通运输安全日益重要，涉及国内外旅游者人身、财物安全及其权益保护等法律问题。目前，我国已经颁布实施《水路运输管理条例》、《铁路法》、《航空法》、《公路法》、《公路运输管理条例》等各个交通运输部门的多种法规，形成规范火车、船舶、飞机、汽车交通运输安全运营的保障体系。这些法规不仅可以加强各个交通运输部门的业务管理，明确规定各个交通运输部门与旅客之间的权利义务，而且适用于旅游交通运输安全工作，并有利于保护游客在交通运输中的合法权益。

二、客运合同及其安全义务

1. 客运合同

客运合同，是指承运人运输旅客及其行李安全抵达目的地而约定双方权利义务的运输协议。一般来说，客运合同自承运人向旅客交付客票时依法成立。

2. 承运人的客运义务

承运人在客运合同中的义务包括：（1）应向旅客及时告知有关不能正常运输的重要事由和安全运输的注意事项。（2）按照客票载明时间和班次运输旅客。迟延运输的，应当依据旅客要求安排改乘其他班次或者退票。（3）擅自变更运输工具而降低服务标准的，应当根据旅客要求退票或减收票款，擅自提高服务标准的，不应加收票款。（4）在运输过程中，应当尽力救助患有急病、分娩、遇险的旅客。（5）应对运输过程中的旅客伤亡承担损害赔偿责任，但伤亡是旅客自身健康原因造成或承运人证明伤亡是旅客故意、重大过失造成的除外。（6）在运输过程中旅客自带物品毁损、灭失，承运人有过错的，应当承担损害赔偿责任。

3. 旅客义务

旅客在客运合同中的义务包括：（1）应持有效客票乘运，无客票乘运、超程乘运、越级乘运或持失效客票乘运的，应当补交相应票款，承运人可以按照规定加收票款；不付票款的，承运人可以拒绝运输。(2) 因自身原因不能按照客票记载时间乘坐的，应在约定时间内办理退票或变更手续；逾期办理的，承运人可不退票款，且不承担运输义务。(3) 超过限量携带行李的，应当办理托运手续。(4) 不得随身携带或在行李中夹带易燃、易爆、有毒、有腐蚀性、有放射性及有可能在运输工具上危及人身和财产安全的危险物品或其他违禁物品。否则，承运人可将违禁品卸下销毁或送交有关部门；对坚持携带或夹带违禁品的旅客，承运人应当拒绝运输。[①]

三、铁路运输合同及其安全责任

1. 铁路运输履约职责

铁路运输合同是明确铁路运输企业与旅客、托运人之间权利义务关系的约定协议。在铁路运输中，旅客车票、行李票、包裹票和货物运单代表合同或作为合同内容的组成部分。铁路运输企业应当保证旅客按照车票载明的日期、车次乘车到达目的地站。否则，应当按照旅客要求，退还全部票款或安排改乘到达相同目的站的其他列车。铁路运输企业必须加强铁路的管理和保护，定期检查、维修铁路运输设施，保证铁路运输设施完好，保障旅客和货物运输安全进行。

2. 铁路运输保障安全的基本权利

铁路公安人员和国家铁路主管部门依法规定铁路职工，有权对旅客携带的物品进行安全检查，禁止旅客携带危险品进站上车。铁路职工在列车内有权制止寻衅滋事，扰乱公共秩序，危害旅客人身、财产安全者，铁路公安人员对其可以予以拘留。

3. 铁路运输的责任承担

铁路运输部门应按合同约定期限或国务院铁路主管部门的规定期限，将旅客货物、包裹、行李运到目的站。逾期30日未将货物、包裹、行李交付旅客或托运人时，旅客或托运人有权向铁路运输企业要求赔偿。旅客根据自愿可向保险公司办理货物运输保险，保险公司则按保险合同约定承担赔偿责任。

4. 铁路运输的责任范围

铁路运输企业自接受货物、包裹、行李承运时起到交付时止发生灭失、短少、变质、污染或损坏的，应当承担赔偿责任：(1) 托运人或旅客根据自愿申请办理保价运输的，按照实际损失赔偿，但最高不超过保价额。(2) 未按保价运输承运的，按照实际损失赔偿，最高不得超过国务院铁路主管部门规定的赔偿限额。(3)

[①]《合同法》第二百八十八、二百八十九、二百九十、二百九十一、二百九十二、二百九十三、二百九十四、二百九十五、二百九十六、二百九十七、二百九十八、二百九十九、三百零一、三百零二、三百零三条。

如果损失是由于铁路运输企业的故意或重大过失造成的,按照实际损失赔偿。(4)托运人或旅客根据自愿可向保险公司办理货物运输保险,保险公司按照保险合同约定承担相应的赔偿责任。

5. 铁路运输的免责事由

铁路运输企业因为铁路行车事故及其他铁路运营事故造成人身伤亡的,应当承担赔偿责任。但是,对于旅客在铁路运输中遭受不可抗力或自身原因造成的人身伤害及不可抗力、自然属性、合理损耗或旅客、托运人过错造成的货物、包裹、行李损失,铁路运输企业不承担赔偿责任。①

四、民航运输及其安全责任

1. 民航运输合同形式

民航运输,是指根据民航运输当事人双方约定的权利义务,在国内外所进行的民事航空运输活动。在民航运输中,航空客票是旅客空运与行李空运合同订立及其运输合同条件成立的基本依据,涉及民航运输合同双方权利义务的主要内容,并且体现《航空法》及航空运输主管部门的行政法规与部门规章的有关内容。在民航运输承运人托运行李时,行李票含在航空客票之内或与航空客票相结合。

2. 民航运输保障安全的基本权利

民航运输企业应当保证飞行安全与航班正常,有权对旅客携带的物品进行安全检查,禁止旅客随身携带危险品及其枪支、管制刀具乘坐民用航空器,不得运输拒绝接受安检的旅客,不得违反国家规定运输未经安检的行李。

3. 民航运输的责任承担

在民航运输中,承运人须因某些法定事由对旅客人身伤亡及其行李物品的毁灭、遗失或损坏承担赔偿的法律责任。根据有关法律规定,民航运输承运人承担责任的事由包括:(1)在民用航空器上或在旅客上、下民用航空器过程中发生的诸如飞机坠毁、空中颠簸、劫机杀害或意外伤害等造成旅客人身伤亡;(2)在民用航空器上或在旅客上、下民用航空器过程中发生造成旅客随身携带物品毁灭、遗失或损坏;(3)在航空运输期间发生造成旅客托运行李毁灭、遗失或损坏;(4)在航空运输中因延误造成旅客行李或货物损失。

4. 民航运输的免责事由

在民航运输中,承运人对旅客人身伤亡及其行李物品的毁灭、遗失或损坏,可以根据相关法规,免除或减轻赔偿责任。民航运输承运人可以免除或减轻责任的事由包括:(1)旅客的人身伤亡完全是由旅客本人的健康状况造成的。(2)旅

---

① 《铁路法》第十条、十一、十二、十六、十七、十八、四十二、四十八、五十五、五十六、五十八条。

客随身携带物品或托运行李的毁灭、遗失或损坏完全是由行李本身的自然属性、质量或缺陷造成的。(3)承运人证明货物完全是由货物本身的自然属性、质量或缺陷及承运人或受雇人、代理人以外的人包装货物不良,战争或者武装冲突,政府有关部门实施的与货物入境、出境或过境有关行为造成毁灭、遗失或损坏的。(4)承运人证明本人或受雇人、代理人为了避免损失发生,已经采取一切必要措施或不可能采取必要措施的。(5)在旅客、行李运输中,承运人证明损失是索赔人的过错造成或促成的,应当根据造成或促成此种损失的过错程度,相应免除或减轻承运人的赔偿责任。[①]

五、典型案例及其评析

案例 11 火车停站突然启动,伤害游客应负全责。

2000年6月,游客杨某从嵩山少林寺乘火车返回住地。当车停靠站台以后,杨某携带行李下车之时,列车突然启动前行,致使杨某落入列车和站台的夹缝之间。见此情景,列车员急忙拉闸紧急制动。但是,列车行驶100余米方才停下。杨某左腿膝盖以下10厘米处被车轧断,右脚也受严重碾伤。事后,医院为其进行左小腿及右脚掌截肢手术,以致双腿终生残疾。为此,杨某到当地法院提起诉讼,要求铁路运输部门对其给予经济赔偿。

案例评析

1. 《合同法》第三百零二条规定,承运人应对运输过程中旅客的伤亡承担损害赔偿责任。在本案中,杨某持有效客票乘车,与承运人已经构成合同关系,承运人有义务将其安全运达目的地。

2. 《铁路法》第五十八条规定,因铁路行车事故及其他铁路运营事故造成人身伤亡,铁路运输企业应当承担赔偿责任。在本案中,杨某下车时因列车突然启动被轧致残,提出赔偿理由如下:一是伤害发生在杨某下车过程中,符合铁路部门的赔偿范围(旅客自检票进站时始到终点出站时止);二是承运人有过错,在乘客下车时突然启动列车,这是造成伤害的直接原因;三是杨某属于正常下车,致其伤残并非本人过失或故意造成。因此,承运人应当承担赔偿责任。

案例 12 刹车不稳陶器被毁,依法赔偿金额有限。

2002年10月,哈尔滨市民刘某在北京旅游途中,精心选购了一个价值1800多元的精制陶器。旅游结束后,他带着陶器乘坐火车返回哈尔滨。上车以后,刘某将陶器放在行李架上,便与旁边几个同路人玩起扑克。在车临近双城站时,司

[①]《航空法》第四十八、九十五、一百零一、一百零二、一百一十、一百一十二、一百二十四、一百二十五、一百二十六、一百二十七、一百三十七、一百三十八条。

机刹车过猛致使刘某陶器摔碎。刘某立刻叫来列车员，提出全额赔偿要求。可是，列车员却说："在你刚上车的时候，我就将你的行李摆放好了，谁让你自己不看好呢？所以我们不能赔偿！"刘某听了非常生气，便与乘务员争吵起来。火车到达哈尔滨后，刘某随即向当地铁路部门提出摔碎陶器的赔偿要求。

案例评析

1. 《铁路法》第十条规定，铁路运输企业应当保证旅客和货物运输安全进行。在本案中，刘某携带的陶器从火车行李架上掉下摔碎，主要原因是火车司机刹车过猛；另外，乘务员对行李架上的物品检查也不到位，没有及时发现并纠正刘某陶器的摆放位置，最终造成经济损失，所以铁路运输企业应当予以赔偿。

2. 《铁路旅客运输损害赔偿规定》第五条规定，铁路运输企业对于自带行李损失的赔偿责任最高限额为人民币800元。铁路运输企业和旅客可以书面约定高于前款规定的赔偿责任限额。在本案中，由于刘某未与铁路运输企业以书面形式约定赔偿责任限额，所以铁路运输企业只能按照最高限额赔偿刘某800元。

案例13 带刀登机滞留机场，误机损失咎由自取。

2002年3月，曲某与几个朋友乘坐飞机前往海南旅游期间，购买许多当地生产的纪念品。其中，有把工艺小腰刀特别精致，曲某爱不释手。当他和朋友在机场接受安检时，工作人员发现腰刀，并禁止他带刀登机。曲某一时接受不了，说什么也不让这把心爱的腰刀离身。机场人员虽然耐心向他介绍机场安全的有关规定，但他还是固执己见，并与机场人员吵闹。眼看飞机将要起飞，机场安保人员只好将曲某滞留下来。事后，曲某要求民航公司赔偿其误机损失。

案例评析

1. 《航空法》第一百零一条规定，禁止旅客随身携带危险品乘坐民用航空器。除因执行公务并按国家规定经过批准外，禁止旅客携带枪支、管制刀具乘坐民用航空器。对于拒绝接受安检的旅客，公共航空运输企业有权拒绝运输。这项规定是保障航空运输安全及其所载旅客生命财产安全的必要措施，也是世界其他各国管理公共航空运输的通行做法。

2. 在本案中，机场人员反复解释不得带刀登机的有关规定，并在劝说无效的情况下，阻止滞留曲某登机是完全正当的。曲某违背国家航空安全管理规定，坚持己见造成误机，并不属于承运人造成误机的赔偿范围，自然不能得到赔偿。

案例14 飞机颠簸游客暴亡，航空公司承担赔偿。

2005年，刘大妈喜逢60大寿，儿女为了庆贺生日，带她乘机到桂林旅游。刘大妈平时注意参加锻炼，日常生活较有规律，所以身体一向很好。然而，在飞行中，突然发生剧烈颠簸。刘大妈顿时感到气短胸闷，直发虚汗。她刚要呼唤身边的儿女，却眼前发黑，倒在舱里，不省人事。她的儿女急忙喊来医务人员帮助抢救。但刘大妈患的是突发性心脏病，病情较急，结果抢救无效死亡。她的儿女悲痛欲绝，认为飞机突然发生剧烈颠簸是母亲致死的直接原因，因而要求航空公司赔偿20万元人民币。

案例评析

1. 《航空法》第一百二十四条规定，因发生在民用航空器上或在旅客上、下民用航空器过程中的事件，造成旅客人身伤亡，承运人应承担责任。在本案中，飞机发生剧烈颠簸，是诱发刘大妈心脏病而致身亡的直接原因，航空公司应对刘大妈的死亡承担责任。

2. 《国内航空运输旅客身体损害赔偿暂行规定》第六条规定，承运人对每名旅客承担赔偿责任的最高赔偿金额为人民币7万元。为此，刘大妈的儿女只能得到航空公司7万元以内的赔偿金额。

第四节 旅游食品安全法规制度

一、食品安全及其法规建设

1. 食品安全

食品安全，是指食品无毒、无害，符合人体的营养要求，对人体健康不造成任何急性、亚急性或慢性危害。在旅游活动中，食品安全直接关系到旅游者的身体健康与生命安全。因此，食品安全对旅游企业的正常运行具有特别重要的意义，成为旅游安全监管的重要内容。

2. 食品安全的法规建设

我国改革开放以后，食品安全法规建设迈开步伐。1979年8月，国务院颁布实施《中华人民共和国食品卫生管理条例》，从食品卫生开始进行法规建设。1982年11月，第五届全国人大常委会第二十五次会议通过和发布《中华人民共和国食品卫生法（试行）》（简称《食品卫生法》），这是我国第一部食品卫生法规。1995年10月，第八届全国人大常委会第十六次会议通过施行经修订的《食品卫生法》。随后，为了确保《食品卫生法》的顺利实施，卫生部根据该法的有关规定，结合食品卫生监督的具体实践，从保护人民身体健康出发，制定相应的配套法规，涉及食品及添加剂、食品容器和包装材料、卫生标准、管理监督与法律责任等各个方面。各省、自治区、直辖市则根据本地的具体情况，制定地方的相关法规，逐步形成符合国情的食品卫生法规体系。与此同时，我国《刑法》对食品卫生犯罪活动的定罪量刑开始加大打击力度。2009年2月,第十一届全国人大常委会第七次会议通过《中华人民共和国食品安全法》(简称《食品安全法》),将食品卫生提升到食品安全的法治轨道进行规范,这个法规标志着我国食品安全法规建设进入一个新的时期。

二、食品安全的监管机构及其职责

1. 国家食品安全监管机构及其职责

国务院卫生行政管理部门承担着食品安全综合协调职责,负责食品安全的风险评估、标准制定、信息公布与食品检验机构资质的认定条件及其检验的规范制定,以及组织查处食品安全的重大事故。国务院质量监督、工商行政管理和国家食品药品监督管理部门依照《食品安全法》和国务院规定的相应职责,分别对食品生产、食品流通、餐饮服务活动实施监督管理。

2. 地方政府食品安全监管机构及其职责

县级以上地方人民政府依照《食品安全法》和国务院的规定确定本级卫生行政、农业行政、质量监督、工商行政、食品药品监管部门的食品安全监管职责,统一负责、领导、组织、协调本行政区域的食品安全监管工作,建立健全食品安全全程监管的工作机制;统一领导、指挥食品安全突发事件的应对工作;完善、落实食品安全监管责任制,对食品安全监管部门进行评议、考核。有关部门在各自职责范围内负责本行政区域的食品安全监督管理工作。

3. 地方各类食品安全监管机构及其职责

县级以上人民政府所属部门在行政区域内所设置的下级机构应在所在地人民政府的统一组织、协调下,在各自职责范围内负责本行政区域的食品安全监管工作,加强沟通、密切配合,按照各自职责分工,依法行使监管职权,承担责任。

4. 食品安全自治组织及其职责

国家鼓励社会团体、基层群众性自治组织开展食品安全法规及其标准和知识的普及工作,倡导健康的饮食方式,增强消费者食品安全意识和自我保护能力。食品行业协会应当加强行业自律,引导食品生产经营者依法生产经营,推动行业诚信建设,宣传、普及食品安全知识。新闻媒体应当开展食品安全法规及其标准和知识的公益宣传,并对违反本法的行为进行舆论监督。[①]

三、旅游食品安全要求与规定

1. 旅游食品安全的基本要求

---

① 《食品安全法》第三、四、五、六、七、八条。

旅游食品安全的基本要求主要涉及：（1）无毒无害。服用食品以后不会危害游客的身体健康。（2）含有营养。食品应能符合游客的营养需求。（3）性状正常。食品应当具有正常的色、香、味等感官性状。（4）配备餐具。配备符合卫生条件的食用器具

2. 旅游食品生产经营的安全要求

旅游食品生产经营者应当依照法规和食品安全标准从事生产经营活动，对社会和公众负责，保证食品安全无害。旅游食品生产经营应当符合下列要求：（1）具有与生产经营的食品品种、数量相适应的食品原料处理和食品加工、包装、贮存等场所，保持该场所环境整洁，并与有毒、有害场所以及其他污染源保持规定的距离。（2）具有与生产经营的食品品种、数量相适应的生产经营设备或者设施，有相应的消毒、更衣、盥洗、采光、照明、通风、防腐、防尘、防蝇、防鼠、防虫、洗涤以及处理废水、存放垃圾和废弃物的设备或设施。（3）具有食品安全专业技术人员、管理人员和保证食品安全的规章制度。（4）具有合理的设备布局和工艺流程，防止待加工食品与直接入口食品、原料与成品交叉污染，避免食品接触有毒物、不洁物。（5）餐具、饮具和盛放直接入口食品的容器在使用前应当洗净、消毒，炊具、用具用后应当洗净，保持清洁。（6）贮存、运输和装卸食品的容器、工具和设备应当安全、无害，保持清洁，防止食品污染，并符合保证食品安全所需温度等特殊要求，不得将食品与有毒、有害物品一同运输。（7）直接入口的食品应有小包装或使用无毒、清洁的包装材料、餐具。（8）食品生产经营人员应当保持个人卫生，生产经营食品时，应当将手洗净，穿戴清洁的工作衣帽；销售无包装的直接入口食品时，应当使用无毒、清洁的售货工具。（9）用水应当符合国家规定的生活饮用水卫生标准。（10）使用的洗涤剂、消毒剂应对人体安全、无害。此外，应当遵守国家法规。

3. 旅游食品生产经营的禁止规定

《食品安全法》禁止生产经营以下的旅游食品：（1）用非食品原料生产的食品或添加食品添加剂以外的化学物质和其他可能危害人体健康物质的食品，或用回收食品作为原料生产的食品；（2）致病性微生物、农药残留、兽药残留、重金属、污染物质以及其他危害人体健康的物质含量超过食品安全标准限量的食品；（3）营养成分不符合食品安全标准的专供婴幼儿和其他特定人群的主辅食品；（4）腐败变质、油脂酸败、霉变生虫、污秽不洁、混有异物、掺假掺杂或感官性状异常的食品；（5）病死、毒死或死因不明的禽、畜、兽、水产动物肉类及其制品；（6）未经动物卫生监督机构检疫或检疫不合格的肉类，未经检验或检验不合格的肉类制品；（7）被包装材料、容器、运输工具等污染的食品；（8）超过保质期的食品；（9）无标签的预包装食品；（10）国家为了防病等特殊需要明令禁止生产经营的食

品。此外，还包括有其他不符合食品安全标准或要求的食品。

4. 旅游食品生产经营企业的管理规定

旅游食品生产经营企业应当建立健全本单位的食品安全管理制度，加强职工食品安全知识培训，配备专职或兼职食品安全管理人员，做好对所生产经营食品的检验工作，依法从事食品生产经营活动。旅游食品生产经营者还应建立并执行从业人员健康管理制度。患有痢疾、伤寒、病毒性肝炎等消化道传染病的人员，以及患有活动性肺结核、化脓性或渗出性皮肤病等有碍食品安全疾病的人员，不得从事接触直接入口食品的工作。

5. 旅游食品安全事故的处理与报告

对于旅游食品安全事故，发生单位应当立即予以处置，防止扩大。事故发生单位和接收病人的治疗单位应当及时向事故发生地的县级卫生行政部门报告。县级人民政府和上级人民政府卫生行政部门应当按照规定上报。任何单位或个人不得对食品安全事故隐瞒、谎报、缓报，不得毁灭有关证据。

四、违法责任

《食品安全法》特别规定，任何组织或个人有权举报食品生产经营中的违法行为。调查旅游食品安全事故，除了查明事故单位的法律责任，还应查明负有监管和认证职责的监管部门、认证机构工作人员的失职、渎职情况。

1. 旅游企业违反《食品安全法》未经许可从事食品生产经营活动，或未经许可生产食品添加剂，或生产经营国家禁止食品的，由有关主管部门按照各自职责分工，没收违法所得、违法生产经营的食品、食品添加剂和用于违法生产经营的工具、设备、原料等物品；违法生产经营的食品、食品添加剂货值金额不足1万元的，并处2000元以上5万元以下罚款；货值金额1万元以上的，并处货值金额5倍以上10倍以下罚款；情节严重的，吊销许可证。

2. 被吊销食品生产、流通或餐饮服务许可证的旅游单位，其直接负责的主管人员自处罚决定作出之日起5年内不得从事食品生产经营管理工作。旅游食品生产经营者聘用不得从事食品生产经营管理工作的人员从事管理工作的，由原发证部门吊销许可证。

3. 县级以上地方人民政府在食品安全监督管理中未履行职责，本行政区域出现重大旅游食品安全事故、造成严重社会影响的，依法对直接负责的主管人员和其他直接责任人员给予记大过、降级、撤职或开除处分。县级以上卫生行政、农业行政、质量监督、工商行政、食品药品监管部门或其他有关行政部门不履行《食品安全法》所规定的职责或滥用职权、玩忽职守、徇私舞弊的，依法对直接负责的主管人员和其他直接责任人员给予记大过或降级处分；造成严重后果的，给予撤职或开除处分；其主要负责人应当引咎辞职。

4. 旅游企业违反《食品安全法》造成旅游者人身、财产或其他损害的，依法承担赔偿责任。生产不符合旅游食品安全标准的食品或销售明知是不符合食品安全标准的旅游食品，旅游消费者除了要求赔偿损失以外，还可以向生产者或销售者要求支付价款10倍的赔偿金。①

五、典型案例及其评析

案例 15　超市奶粉过期变质，店堂告示免责无效。

2002年10月8日，游客夏某在旅途中来到一家旅游用品超市购物。刚进这家超市大门，一块写有"谨慎购买，概不退换"的告示牌就映入眼帘。夏某看了并没在意，从货架上拿了一袋奶粉，又挑选了其他一些生活用品。当天下午，夏某喝奶粉时发现包装上的保质期为6个月，生产日期是2001年3月12日，奶粉显然已经过期。夏某随即来到超市要求退货。但是，超市经理予以拒绝，声称超市已经通过告示牌向顾客声明"谨慎购买，概不退换"，况且告示牌的位置显眼，顾客进门就会看到。夏某坚持奶粉过期，不能食用，理应退货。为此，双方争执不下。

案例评析

1. 《产品质量法》第三十五条规定，销售者不得销售国家明令淘汰并停止销售的产品和失效、变质的产品。《食品安全法》第八十五条规定，经营超过保质期食品的，由有关主管部门按照各自职责分工，没收违法所得、违法生产经营的食品和用于违法生产经营的工具、设备、原料等物品；情节严重的，吊销许可证。在本案中，这家旅游用品超市本应保证销售奶粉的质量符合有关法规，但却经营过期产品，属于违法销售经营。

2. 《消费者权益保护法》第十条规定，消费者在购买商品或接受服务时，有权获得质量保障、价格合理、计量准确等公平交易。《消费者权益保护法》第二十四条规定，经营者不得以格式合同、通知、声明、店堂告示等方式作出对消费者不公平、不合理的规定，或减轻、免除其损害消费者合法权益应承担的民事责任。格式合同、通知、声明、店堂告示等含有前款所列内容的，其内容无效。在本案中，游客夏某有权获得质量保障的公平交易，退掉已过保质期的变质奶粉。该超市以店堂告示作为借口，拒不退货，违法损害消费者的合法权益，必须承担法律责任。

---

① 《食品安全法》第十、二十七、二十八、三十二、三十四、七十、七十一、七十五、八十四、八十五、九十二、九十五、九十六条。

案例 16 食品变质游客中毒，旅行社赔然后追偿。

2001年8月，34位游客外出旅游，被某旅行社组团安排入住甲宾馆。第三天，一位游客在晚餐后腹部疼痛难以忍受，出现呕吐伴有腹泻，导游及时将其送到医院。随后，除了2名游客在外用餐无恙以外，另有31名游客不同程度地出现呕吐、腹泻现象，经医院确诊为食物中毒。于是，游客向当地卫生防疫部门进行投诉。经过调查和检验认定，餐厅提供的食品不符卫生标准，细菌严重超标，引起游客食物中毒。为此，旅游团的游览行程被迫推迟。事后，甲宾馆负责人承认这次事故出于自身工作失误，同意承担游客受到的经济损失和医疗费用。但是，在旅游结束以后很久，甲宾馆一直没有兑现赔偿承诺。游客遂向旅行社所在地的旅游行政管理部门进行投诉，要求该社赔偿损失。该社辩称，游客集体食物中毒是甲宾馆工作失误所造成的，旅行社也是受害者，不应当对游客进行赔偿。

案例评析

1. 《质保金赔偿办法》第四条与《质保金赔偿标准》第二条、第十五条规定，因旅行社的过失而未达到合同约定的服务质量标准，造成旅游者经济损失的，旅行社应承担赔偿责任。在本案中，旅行社安排的宾馆食品变质造成游客食物中毒，从而影响游览行程，所以该社应当承担直接责任，先行赔偿。甲宾馆不注意食品卫生，对于此次事故负有主要责任，旅行社先行赔偿后，可向甲宾馆进行追偿。甲宾馆除了承担全部赔偿费用以外，还要接受当地旅游行政与卫生监督管理部门的行政处罚。

2. 《食品安全法》第八十八条规定，事故单位在发生食品安全事故后未进行处置的，由有关主管部门责令改正，给予警告；造成严重后果的，由原发证部门吊销许可证。在本案中，甲宾馆负责人承认这次事故出于自身工作失误，同意承担游客的经济损失和医疗费用，但却一直没有兑现赔偿承诺，有关主管部门应当对其责令改正，并且给予严重警告，以观后效。

案例 17 酒店造成游客中毒，应按规定及时上报。

1999年11月，一个东北旅游团在某市东亚酒店进餐以后，一些游客开始出现恶心、呕吐等中毒反应。导游立即将此情况反映给该店经理王某，王某担心此事传扬出去影响生意，遂找附近一家无证诊所予以治病。结果，游客病情不见好转，后在导游的强烈要求下才将游客送往临近的大医院。随后，该市卫生监督机构接到医院报告获悉，5名游客食用东亚酒店的饺子中毒，2名休克。于是，该市旅游行政管理部门会同卫生防疫站前往该店，封存餐厅的部分食物，并将饺子带回化验，结果发现饺子馅中含有超量亚硝酸钠。经查发现，该店厨师误将亚硝酸钠当作食盐放入饺子馅中，造成游客食物中毒。为此，市卫生局对于酒店进行处罚。

案例评析

1. 《食品安全法》第七十一条规定，发生食品安全事故的单位应当立即予以处置，防止事故扩大。事故发生单位和接收病人进行治疗的单位应当及时向事故发生地县级卫生行政部门报告，任何单位或个人不得对食品安全事故隐瞒缓报。在本案中，酒店经理发现客人食物中毒以后，未将事故及时上报卫生部门，显然违反法定义务。

2. 《食品安全法》第三十九条规定，生产经营不符合卫生标准的食品，造成食物中毒事故或其他食源性疾患的，责令停止生产经营，销毁导致食物中毒或其他食源性疾患的食品，没收违法所得，并处违法所得1倍以上5倍以下的罚款；没有违法所得的，处以1000元以上5万元以下的罚款。第九十六条规定，造成人身、财产或其他损害的，依法承担赔偿责任。生产不符合食品安全标准的食品，消费者除要求赔偿损失外，还可以向生产者或销售者要求支付价款10倍的赔偿金。在本案中，东亚酒店因为厨师失误造成游客食物中毒，应当承担赔偿责任，还应接受相应处罚。

案例18 饭店卫生不符规定，执法严格不得马虎。

2009年7月，南方某县卫生局工商行政与食品药品监管部门到某旅游饭店进行卫生检查发现，该饭店餐厅厨房没有防蝇、防鼠的设备设施，苍蝇成群，且有鼠粪，加工直接入口食品的工作人员指甲过长，指缝之中充满污垢，个别人员身上溃烂，患有化脓性的皮肤病。检查人员随即进行现场笔录，当场要求旅游饭店负责人据实签字。经过上述有关监管部门研究合议，确认这家饭店违反《食品安全法》的有关规定，对其进行责令改正，给予警告，并且依法予以罚款。

案例评析

1. 《食品安全法》第二十七条规定，食品生产经营应当具有与生产经营的食品品种、数量相适应的生产经营设备或者设施，有相应的防蝇、防鼠设备或设施。食品生产经营人员应当保持个人卫生，生产经营食品时，应当将手洗净，穿戴清洁的工作衣帽；销售无包装的直接入口食品时，应当使用无毒、清洁的售货工具。第三十四条规定，患有化脓性皮肤病等有碍食品安全的人员，不得从事接触直接入口食品的工作。本案例中，该饭店没有相应的防蝇、防鼠设备或设施，食品生产工作人员身上溃烂，患有化脓性的皮肤病，卫生状况也不符食品安全的起码要求，应当属于生产经营的违规行为。

2. 《食品安全法》第八十七条规定，食品生产经营未按规定要求贮存、销售食品，安排患有化脓性皮肤病的人员从事接触直接入口食品工作的，由有关主管部门按照各自职责分工，责令改正，给予警告；拒不改正的，处2000元以上2

万元以下罚款；情节严重的，责令停产停业，直至吊销许可证。在本案中，县卫生局工商行政与食品药品监管部门依据违规事实进行处罚完全合法，是维护食品安全法规的正当行政执法行为。

第五节 旅游保险法规制度

一、旅游保险法规建设

1. 旅游风险

旅游风险，是指旅游活动中可能发生的危险因素。旅游活动伴随风险是不以人的意志为转移的客观事实。根据不同的划分标准，旅游风险可以分为不同类型：

依照风险发生原因，旅游风险主要涉及：(1) 自然风险，诸如地震、海啸、风暴、雨雪与滑坡等；(2) 社会风险，诸如社会动乱、军事行动、恐怖活动与种族歧视等；(3) 经济风险，诸如经济危机与旅游企业破产倒闭等；(4) 人为风险，诸如歹徒抢劫、施暴凶杀与旅游者及服务人员行为不慎等。

依照风险造成后果，旅游风险主要涉及：(1) 人身风险，诸如外出游览途中可能因为各种意外导致的人身损害；(2) 财物风险，诸如住宿期间可能因为酒店设施、保安失察或自身原因所造成的财产损害；(3) 责任风险，诸如娱乐之中可能因为设备设施年久失修或工作人员不负责任所引起的危害事故；(4) 经营风险，诸如餐馆因为器皿消毒不洁或食物腐败引发不适或者中毒。这些风险可以通过投保转让保险公司承担赔偿，弥补造成的损害和痛苦，减轻旅游企业的经营压力，保障游客的经济利益。

2. 旅游保险及其特征

旅游保险，是指旅游企业或旅游者向保险人支付费用，并且约定保险人对可能发生意外事故所造成的人身伤害与财产损失承担保险赔偿责任的商业行为。旅游保险的特征如下：(1) 互助性。保险人通过多数游客缴纳费用，建立积聚巨额基金，确保受到意外损害的游客能够获得补偿。(2) 商品性。旅游保险体现等价交换的经济关系，只有支付保险费用，才能获得意外补偿。(3) 自愿保险与强制保险相结合。自愿保险通常采取游客自愿的个人行为，强制保险大多数是从事旅游经营活动必须投保的企业行为。(4) 短期性。旅游保险的期限多在旅游期间，一般具有时间较短的明显特征。(5) 契约性。游客通过投保可因旅游期间的意外损害，按照约定得到补偿。

3. 旅游保险的类型划分

旅游保险按照不同划分标准，大致涉及以下类型：（1）按照保险对象划分，可以分为旅游人身与旅游财产等保险类型；（2）按照游览的国界划分，可以分为国内旅游与涉外旅游等保险类型；（3）按照旅游场所划分，可以分为铁路旅行、航空旅行、公路旅行、水上旅行、住宿平安与游览观光等保险类型；（4）按照保险责任划分，可以分为旅游责任与意外事故等保险类型；（5）按照保险实施划分，可以分为法定强制与游客自愿等保险类型。

4. 旅游保险的法规建设

根据旅游活动存在风险的客观事实与规范旅游保险业务，我国先后颁布一系列旅游保险的有关法规。1990年2月，国家旅游局和中国人民保险公司联合下发《关于旅行社接待的海外旅游者在华旅游期间统一实行旅游意外保险的通知》及三个附件，正式确立旅游意外保险制度。1996年10月，国务院陆续颁布的《旅行社管理条例》及其《实施细则》进一步明确了这项制度；1997年5月，国家旅游局发布的《旅行社办理旅游意外保险暂行规定》促使这项制度更加完善。2001年5月，国家旅游局发布《旅行社投保旅行社责任保险规定》，这项规定的发布实施是伴随着旅游业的迅速发展，旅游者与旅行社的保险意识不断增强而制定的重要法规，是维护旅游者和旅行社的合法权益、促进旅游业健康发展的重要保障。各地保险公司依据国家旅游保险的相关法规，逐渐推出地方性的不同险种。因此，旅游企业在经营业务中应当注重依法协助游客办理旅游保险。

二、旅游保险合同

1. 旅游保险合同及其特征

旅游保险合同，是指旅游企业或旅游者与保险人对旅游活动中的意外事故，约定双方法律关系的书面协议。我国现有的旅游保险主要包括旅游救助保险、游客意外伤害保险、旅游人身意外伤害保险、游客住宿人身保险与旅行社责任保险等。与其他保险合同相比，旅游保险合同具有下列特征：（1）投保人是旅游者或旅游企业；（2）被保险人是旅游者或旅游企业；（3）合同约定赔偿限制在旅游期间；（4）财产保险与人身保险相结合；（5）强制保险与自愿保险相结合。

2. 旅游保险合同主体

旅游保险合同主体包括旅游保险合同的当事人与旅游保险合同的关系人。旅游保险合同的当事人，就是形成保险合同法律关系，享受权利与承担义务的人，包括投保人与保险人，通常就是旅行社或旅游者与保险公司。投保人必须具有民事行为能力，对保险人应当履行如实告知、付保险费、及时通知与提供证明等项义务。保险人则须具备法律规定的经营条件，依法进行登记注册，取得经营许可证，并按合同约定时间开始承担保险责任，除了法律另有规定或合同另有约定之外，不得解除保险合同。

保险合同的关系人，是指保险合同的被保险人与受益人。被保险人指其财产或人身受到保险合同保障，享有保证金请求权的人，投保人可以是被保险人；受益人指人身保险合同中由被保险人或投保人指定的享有保证金请求权的人。投保人、被保险人及其亲属均可成为受益人。旅游保险合同的关系人通常就是旅行社或旅游者及其亲属。

3. 旅游保单及其内容

旅游保单是载明旅游保险当事人双方约定合同内容的书面凭证。旅游保险双方对于合同条款达成协议，表明旅游保险成立。旅游保险一旦成立，保险人应及时向投保人签发保单或其他凭证。旅游保单是保险公司向旅行社或旅游者所签发的保单或其他凭证。

旅游保单内容涉及旅行社或旅游者与保险公司的约定条款及有关事项。旅游保单内容包括：（1）保险人名称和住所；（2）投保人、被保险人及其保险受益人的姓名或名称、住所；（3）保险标的；（4）保险责任和责任免除；（5）保险期间和保险责任开始时间；（6）保险金额；（7）保险费及其支付办法；（8）保险金赔偿或给付办法；（9）违约责任和争议处理；（10）订立合同的年、月、日。

4. 旅游保险索赔与理赔

索赔，是指投保人或被保险人在遇到约定的保险事故、人身财产遭受损害或灭失以后，要求保险人履行赔偿或给付义务的法律行为。在旅游保险中，旅行社或旅游者及其亲属均可提出索赔要求。但是，投保人、被保险人或受益人依照旅游保险合同要求索赔时，应向保险人提供有关保险事故的性质、原因、损失程度等证明和资料。

理赔，指保险人在保险事故发生以后，针对提出的索赔要求，审核责任与进行处理的赔偿行为。在旅游保险中，保险公司应对旅行社或旅游者及其亲属提出索赔的正当要求进行理赔，及时作出责任核定，并将核定结果通知旅行社或旅游者及其亲属。任何单位或个人都不得非法干预保险人履行赔偿或给付保险金的义务，也不得限制被保险人或受益人取得保险金的权利。

三、旅行社责任保险及其规定

1. 旅行社责任保险

旅行社责任保险，是指旅行社根据保险合同约定，向保险公司支付保险金，以便从事业务经营活动发生旅游者人身、财产损害时，由保险公司承担赔偿保险责任的商业行为。

为了保护旅游者的切身利益以及国家旅游业的良好形象，我国《旅行社投保规定》强制要求旅行社从事业务经营活动，必须投保旅行社责任保险。旅行社责任保险的受益人是旅行社及旅游者，目的在于转嫁旅行社的经营风险，保护自身及旅游者的合法权益。因此，旅行社责任保险成为我国旅游保险法规强制执行的投保险种。

2. 旅行社责任保险合同

旅行社责任保险合同，是指旅行社以经营活动中应当承担的赔偿责任为保险标的，而与保险公司建立权利义务关系的约定协议。旅行社责任保险通常承担：(1)因旅行社疏忽或过失承担的赔偿责任；(2)因发生意外事故旅行社所承担的赔偿责任；(3)仲裁裁决或法院判决旅行社应当承担的赔偿责任。

具体地说，旅行社应对自身依法承担的下列责任进行投保：(1)旅游者人身伤亡的赔偿责任；(2)旅游者因治疗支出的交通、医药费的赔偿责任；(3)旅游者死亡处理和遗体遣返费用的赔偿责任；(4)对旅游者近亲探望支出交通、食宿的合理费用，随行未成年人的送返费用，旅行社人员和医护人员前往处理的交通、食宿费用，行程迟延需支出的合理费用等赔偿责任；(5)旅游者行李物品的丢失、损坏或被盗所引起的赔偿责任；(6)旅行社责任争议引起的诉讼费用；(7)旅行社与保险公司约定的其他赔偿责任。

3. 免责事由

旅行社责任保险的免责事由，通常是指旅行社行为以外的损害结果。因为旅行社没有责任，所以保险人不须承担赔偿责任。旅行社责任保险的免责事由具体包括：(1)旅游者在游览中由自身疾病所引起的各种损失或损害。(2)旅游者个人过错导致的人身伤亡与财产损失及其各种费用支出。(3)旅游者在自行终止旅行社安排的旅游行程后，或在自行活动时间内发生的人身财产损害。(4)不可抗力。

4. 赔偿限额

赔偿限额是保险人和投保人约定承担理赔责任的最高限额。旅行社办理旅行社责任保险的保险金额不得低于下列标准：(1)国内旅游每人责任赔偿限额人民币8万元。(2)入境旅游，出境旅游每人责任赔偿限额人民币16万元。在旅行社投保范围的事故发生时，保险人将在赔偿限额内承担限额为：(1)国内旅行社每次事故和每年累计责任赔偿限额人民币200万元。(2)国际旅行社每次事故和每年累计责任赔偿限额人民币400万元。如果旅行社赔付金额超过合同约定的赔偿限额，超过部分由旅行社自行承担，保险人不再承担赔偿责任。旅行社组织高风险旅游项目，可另行与保险公司协商附加投保事宜。

根据《旅行社责任保险管理办法（征求意见稿）》的相关规定，责任限额可以根据旅行社业务经营范围、经营规模、风险管控能力、当地经济社会发展水平和旅行社自身需要，由旅行社与保险公司协商确定，但每人人身伤亡责任限额不得低于20万元人民币。保险公司收到索赔请求及其相关证明、资料以后，应当及时作出核定，情形复杂的，应在30日内作出核定，并将结果通知旅行社、保险事故受害人或相关权利人。对于确属保险责任的，在与被保险人或受益人达成赔偿保险金的协议后10日内，履行赔偿保险金义务。

5. 投保期限、对象、索赔及其监管

旅行社责任保险的期限、对象、索赔与监管必须依法施行：（1）旅行社责任保险采取年度投保方式，保险期限为一年，保险公司须对一年期内的承保事故进行赔偿。（2）旅行社投保旅行社责任保险，须向境内经营责任保险的保险公司投保，并且按照《保险法》的规定内容与保险公司签订书面合同。（3）在保险期中发生保险责任范围内的事故时，旅行社应及时取得发生地公安、医疗、承保公司或其分公司、支公司等单位的有效凭证，向承保公司办理赔偿事宜。旅行社对保险公司要求赔偿或给付保险金的权利，自其知道保险事故发生之日起两年不行使而消灭。（4）县级以上旅游行政管理部门，应依法对旅行社投保责任险的情况进行监督检查，并将旅行社责任保险投保和理赔情况纳入旅行社的年检范围。旅行社应妥善保管有关投保和理赔的相关资料，接受旅游行政管理部门的监督检查，在案件理赔后，应及时将理赔情况上报当地旅游行政管理部门备案。

6. 违规罚则

旅行社违反投保旅行社责任保险的法定义务，将会受到以下处罚：（1）旅行社从事经营活动，必须投保旅行社责任保险。否则，由旅游行政管理部门责令限期改正；逾期不改正的，责令停业整顿15天至30天，可以并处人民币5000元以上2万元以下的罚款；情节严重的，可以吊销旅行社业务经营许可证。（2）旅行社投保旅行社责任保险的范围小于规定要求的，或投保金额低于规定的基本标准的，由旅游行政管理部门责令限期改正，给予警告；逾期不改的，可以并处人民币5000元以上1万元以下的罚款。（3）旅行社拒不接受监督检查的，由旅游行政管理部门责令限期改正，给予警告；逾期不改的，责令停业整顿3至15天，可以并处人民币3000元以上1万元以下的罚款。[①]

[①]《旅行社投保旅行社责任保险规定》第一、二、三、五、六、七、八、九、十、十一、十二、十三、十四、十五、十七、十八、十九、二十一、二十二、二十三条。

四、典型案例及其评析

案例 19 游客付款保险未办，事发补办手续无效。

1999 年 8 月 2 日，游客王某与 A 旅行社签订合同，其中约定：8 月 3 日至 7 日到普陀山等地游览，王某预付旅游费用 1000 元，包含旅游意外保险费用。8 月 3 日上午，旅行社组织王某等人出发。8 月 5 日晚，王某带着儿子前往普陀山海滨浴场游玩，结果儿子被海浪卷走未能生还。对此，海滨浴场赔偿王某门票所含保险金 5 万元及其他费用 3 万元。

返回以后，王某在处理善后事宜中发现，旅行社在旅游团出发前未给儿子办理投保，且因事后补办手续，遭到保险公司拒赔。对此，王某向该社要求赔偿旅游意外保险的最高责任限额 30 万元。该社辩称，王某已从事故发生单位海滨浴场获得赔偿，自己则与王某儿子之死没有关系，所以不应承担责任。

案例评析

1. 王某儿子在旅游期间意外身亡，符合旅游意外保险合同中给付保险金的条件。海滨浴场给予王某的赔偿给付，是保险公司从海滨浴场的门票收入中提取保险费后所承担的保险责任。该社以此为由拒绝承担责任，提出理由不能成立。

2. 《民法通则》第八十八条规定，合同的当事人应当按照合同约定，全部履行自己的义务。在本案中，王某已经履行义务，先行支付旅游费用，其中包含办理旅游意外保险费用。但是，旅行社未按时给王某之子办理投保，而是事后补办手续，以致王某不能获得保险赔偿，所以负有违约责任。按照旅游意外保险有关条款规定，旅游意外保险的最高保险金额为 30 万元，这是该社没有投保应当承担的赔偿限额。

案例 20 山路急驶发生车祸，保险公司承担赔偿。

2002 年 4 月，某旅行社一旅游团外出旅游途中，司机驾驶的大客车在崎岖不平的山路上疾驶。客车行至一急转弯时仍未放慢速度，结果撞上路边崖壁。一位游客坐在窗边头部被撞，以致右脸神经麻痹。据查，大客车在山路疾驶时，车体颠簸得很厉害，但车上的导游人员却未作出任何警示，也未采取提醒司机减慢车速的必要措施。事后，受伤游客向旅行社提出索赔。由于该社已经投保旅行社责任保险，所以这次事故应由保险公司承担损害的赔偿责任。

案例评析

1. 在本案中，旅游客车在山路疾驶，导游人员既没警示游客注意安全，也未提醒司机减速，因此导游人员和客车司机应对事故承担相应责任。由于这次事故属于旅行社的责任事故，不属于旅游意外事故，所以旅行社应对受伤游客进行赔偿，赔偿项目应当包括：受伤游客因治疗支出的交通、医药费用，近亲属探望需支出的交通、食宿费用，误工补助，残疾补助费等。

2.《旅行社投保规定》第二条规定，旅行社从事旅游业务经营活动，必须投保旅行社责任保险。第二十一条规定，未投保旅行社责任保险的，由旅游行政管理部门责令其限期改正；逾期不改的，责令停业整顿15天至30天，还可并处人民币5000元以上2万元以下的罚款；情节严重的，还可吊销其旅行社经营许可证。在本案中，该旅行社按照规定已经投保旅行社责任保险，可以避免承担巨额的赔偿后果。如果该社没有投保旅行社责任保险，那么除了承担赔偿后果以外，还会受到相应处罚。

案例21 钱塘观潮不听劝告，摔入江中自酿残疾。

2002年8月，一旅游团在杭州某旅行社导游的带领下，前往钱塘江边观潮。时值钱塘江涨潮之际，景色壮观，江堤之上游人如织。游览之前，导游详细告知游客观潮之时应当遵守的有关规定。不料，一名游客在观潮时违反规定，从江堤上被挤下去。虽经抢救得以脱险，却因重伤成为残疾。住院期间，该游客虽然获得旅行社所支付的部分治疗费用，但却认为旅行社应当赔付自己全部的医疗费用及承担残疾后的生活费。旅行社认为，自身已经尽到职责，不应负有赔偿责任。

案例评析

1.《旅行社投保规定》第七条规定，旅游者参加旅行社组织的旅游活动，应当服从导游或领队的安排，在行程中注意保护自身和随行未成年人的安全，妥善保管所携带的行李、物品。由于旅游者个人过错导致的人身伤亡和财产损失，以及由此导致需支出的各种费用，旅行社不承担赔偿责任。在本案中，导游已经详细告知游客应当遵守的有关规定，受伤游客正是因为违反规定，忽略所应注意事项，才从江堤上被挤下去摔伤致残的。因此，旅行社在这次事故中没有责任，保险公司同样不须承担责任。

2.《旅游安全管理暂行办法实施细则》第十一条规定，一般、重大、特大安全事故发生后，地方旅游行政管理部门和有关旅游企事业单位，要积极配合有关方面，组织对旅游者进行紧急救援，并妥善处理善后事宜。因此，对于旅游安全事故，不管旅行社是否有责，都应积极救助伤员。在本案中，旅行社先行支付伤员的治疗费，是出于人道的义务行为，不能归结为旅行社承担责任。

案例22 退团自己登山游览，摔伤事故自行承担。

2002年5月，游客王某签约参加某旅行社组织的华山2日游，且在出行之前投保购买一份旅游意外保险。在游览中，王某认为旅行社安排的景点线路不够合理，一些好的景点没有看上，主动提出与旅行社终止合同，随后自己登山游览，不料跌入山谷摔伤。事后，王某向旅行社提出事故赔偿要求。

案例评析

1. 《旅行社投保规定》第八条规定，旅游者在自行终止旅行社安排的旅游行程后，或在不参加双方约定的活动而自行活动的时间内发生人身、财产损害，旅行社不承担赔偿责任。在本案中，王某中止旅行社所安排的旅游活动后自己登山游览摔伤，所以旅行社对其摔伤没有责任。

2. 然而，王某出行之前投保购买过一份旅游意外保险。这个保险的起止期限是从王某旅游开始直到结束。由此，他可以到保险公司索取旅游意外保险赔偿。旅行社则应积极协助王某办理索赔事宜。

第七章　旅游饭店法规制度

第一节　旅游饭店法规概述

一、旅游饭店及其法规建设

1. 旅游饭店

旅游饭店，是指能以夜为时间单位向游客提供配有餐饮及相关服务的住宿设施，或称酒店、宾馆、旅馆、旅社、宾舍、度假村等。旅游饭店类型多样，按照登记注册分为国有、集体、私营、联营、股份制、港澳台投资、外商投资等经营类型；按照评定标准分为一星、二星、三星、四星、五星、白金五星级的等级类型；按照客房多少分为 500 间以上、300 至 499 间、200 至 299 间、100 至 199 间、100 间以下的规模类型；按照消费水平分为经济型与豪华型的档次类型。

2. 旅游饭店的法规建设

20 世纪 80 年代以来，我国先后颁布实施一批涉及旅游饭店的法规制度，对旅游饭店的规范运营产生重要作用。1987 年 11 月，公安部发布施行《旅馆业治安管理办法》，为旅游饭店法规制度的发展打下法制基础。随着旅游业的不断发展，国家旅游局陆续颁布《评定旅游涉外饭店星级的规定》（1988 年）、《旅游涉外饭店星级的划分与评定》（1993 年）等有关法规及其标准。2002 年 4 月，为了履行诚信准则，保障客人和旅游饭店的合法权益，维护旅游饭店业经营管理的正常秩序，促进中国旅游饭店业的健康发展，中国旅游饭店业协会依据国家有关法规，专门制定出《中国旅游饭店行业规范》，且经国家旅游局颁布实施。由于我国旅游饭店的法律关系广泛复杂，所以有关法律问题还适用于《合同法》、《民法》、《消费者权益保护法》、《刑法》等相关法规及国际惯例。

二、旅游饭店的基本权利

根据我国有关法律与国际惯例,旅游饭店的权利主要体现在经营权、人身权、知识产权、申诉权四个方面。

1. 经营权

旅游饭店的经营权,是指旅游饭店依法待客与营业权利,具体包括九个方面:(1)依法按照经营范围,对外进行宣传促销,自主开辟客源市场。(2)依法通过各种渠道开展客房预订业务,按照星级标准进行各类客房的出租业务。(3)依法通过各种方式预订宴会与包办宴席,按时安排宾客就餐。(4)依法开展多种经营活动,提供体育、保健、康乐、文娱、消遣、购物等服务项目。(5)依法按照所提供的服务标准,收取住宿和服务费用。(6)依法要求旅客遵守规章制度与制止旅客的违法行为。(7)依法拒绝接待和驱逐患有传染病、精神病及其拒绝支付合理费用及住宿期间违法犯罪、寻衅滋事的旅客。(8)依法可对没有使用预订客房、违反合同提前离店与破坏设备、设施用具的各种旅客,要求赔偿经济损失。(9)依法可与国内外旅游企业及其他单位签订合同,开展横向经济往来。

2. 人身权

旅游饭店的人身权,是指旅游饭店作为企业法人享有的名称权、名誉权、荣誉权等项拟人化的相应权利不受侵犯。

3. 知识产权

旅游饭店的知识产权,是指旅游饭店作为企业法人享有自身智力劳动创造成果的合法权利,具体包括商标权、专利权、发明权、服务标志、管理方案等。

4. 诉讼权

旅游饭店的诉讼权,是指旅游饭店可对自身合法权益受到侵害或非法妨碍时,向国家机关请求保护或向人民法院提起诉讼的权利。

三、旅游饭店的应尽义务

1. 旅游饭店的主要义务

一般来说,旅游饭店应不加歧视地接待旅客,而不因国籍、身份、民族、职业、性别、宗教信仰区别对待。根据我国有关法律与国际惯例,旅游饭店在业务活动中的主要义务包括:(1)严格遵守国家有关旅游饭店经营管理的各项法规。(2)尊重旅客的住宿权利,礼貌、热情、周到待客,向旅客提供符合星级标准与合同约定的规范服务。(3)切实保障旅客人身、财产安全,制定完备的防火防险、安全疏散、财物保管与食品安全等各项措施,定期进行安全检查,确保住宿设施、设备处于良好状态,将隐患消除在萌芽之中。(4)提供符合卫生标准、清洁舒适的住宿、餐饮、娱乐和购物环境。(5)尊重旅客的隐私权,不得随意进入旅客房间或告知他人旅客房号,或将房门钥匙交给他人。(6)自觉接受旅游、消防、治安、卫生、财税、工商、审计、物价、外汇等管理部门的监督管理,据实提供有关情况和资料。

2. 旅客财物的保管义务

对于旅客的财物行李,旅游饭店应当承担保管义务,诸如设置保管箱柜或保管室、保险柜,指定专人负责保管。在接管财物后,旅游饭店作为保管人,必须给付领取凭证、妥善保管旅客财物与及时返还。对于旅客的财物寄存,要建立登记、领取和交接制度。

四、旅游饭店的星级评定

1. 星级评定的重要意义

旅游饭店的星级评定是一种国际通行制度。世界各国采用星级评定饭店,有利于旅游饭店业的发展走向国际化、规范化和专业化,有利于促进旅游饭店提高管理和服务水平,有利于满足不同国家和地区的旅游者对住宿服务的不同要求与扩大客源,有利于增加更多的经济效益。参照国际的通行做法,我国已制定出旅游饭店星级评定的法规及其标准,并按标准实施评定。

2. 星级评定的等级规定与评定范围

旅游星级评定等级分为一星、二星、三星、四星、五星。星数越多,表示饭店的档次越高,还标志着建筑装潢、设施设备、服务项目、服务水平与客源层次不同需求的衡量标准。

我国旅游星级评定的范围涉及中华人民共和国境内,从事接待外国人、华侨、外籍华人、港澳台同胞以及大陆公民,正式开业1年以上的国营、集体、合资、独资、合作的饭店、度假村。准备开业或正式开业不满1年的饭店,可以定出预备星级,待饭店正式开业1年以后评定。

3. 星级评定的组织机构及其权限

全国旅游饭店星级评定最高权力机关是国家旅游局。国家旅游局设立饭店星级评定机构,负责全国旅游涉外饭店星级评定的领导工作与具体评定全国三星、四星、五星级饭店。各省、自治区、直辖市旅游局设立饭店星级评定机构,在国家旅游局的领导下,负责本地区旅游涉外饭店星级评定工作与具体评定本地区一星、二星级饭店,并将评定结果上报国家旅游局饭店星级评定机构备案,对本地区三星级饭店进行初评以后,则报国家旅游局饭店星级评定机构确认,且负责向国家旅游局饭店星级评定机构推荐四星、五星级饭店。

4. 星级评定的依据和方法

旅游饭店星级评定机构依据饭店的建筑、装潢、设备、设施及维修保养、管理水平、服务质量、服务项目，进行全面考察确定。旅游饭店星级评定，采取按照星级饭店的必备条件与检查评分相结合的方法进行综合评定，涉及建筑设施设备、维修保养、清洁卫生、服务质量、旅客满意程度及其检查评分。饭店取得星级以后，如需关闭星级标准所规定的某些服务设施、设备，取消或更改星级标准所规定的某些服务项目，须经饭店星级评定机构批准；对于因为改造发生建筑、设施设备的标准变化及服务项目发生变化，须向饭店星级评定机构申请重新评定星级，否则该饭店的星级无效。

5. 星级评定的工作程序

星级评定的工作程序主要包括：（1）申请。旅游饭店向有关旅游饭店星级评定机构递交星级申请材料；申请四星级以上的饭店，应按属地原则逐级递交申请材料，其中包括饭店星级申请报告、自查自评情况说明及其它必要的文字和图片资料。（2）受理。旅游饭店星级评定机构接到星级申请报告以后，应在核实申请材料的基础上，于14天内作出受理与否的及时答复。对申请四星级以上的饭店，其所在地旅游饭店星级评定机构在逐级递交或转交申请材料时应提交推荐报告或转交报告。（3）检查。旅游饭店星级评定机构在受理申请或接到推荐报告后，应在一个月内以明查和暗访的方式安排评定检查，并将检查结果及整改意见记录在案，供终检时对照使用；初检合格，方可安排终检；终检合格，方可提交评审。（4）评审。旅游饭店星级评定机构在接到检查报告后一个月内，应当根据检查员的意见评审申请星级的饭店。评审主要内容包括：审定资格，核实报告，认定达标程度，查验违规及其事故、投诉处理情况等。（5）批复。旅游饭店星级评定机构对于评审通过的饭店，应当给予评定批复，并且授予相应星级的标志和证书。对于经评审认定达不到标准的饭店，旅游饭店星级评定机构不予批复。

6. 星级复核及其处理

星级复核是星级评定的必要补充。为了确保旅游饭店评定星级以后，能够持续达标运行，提供符合星级标准的相应服务，旅游饭店星级评定机构实行每年复核一次的检查工作。星级复核通常采取饭店对照星级标准自查自纠，并将结果报告星级评定机构，然后再由星级评定机构通过明查或暗访方式进行检查。

对于复核达不到星级标准的旅游饭店，星级饭店评定机构按照以下方法处理：（1）根据情节签发警告通知书、通报批评、降低或取消星级并向社会公布。（2）饭店接到警告通知书、通报批评、降低星级的通知以后，必须认真改进工作，并在规定期限内将整改情况上报发出通知的饭店星级评机构。（3）凡在一年内接到警告通知书三次以上的饭店，旅游饭店星级评定机构将降低或取消其星级，并向社会公布。（4）对于发生重大事故，造成非常恶劣影响的旅游饭店，应当立即反映情况或在职权范围内作出降低或取消星级的处理。(5) 凡被降低或取消星级的旅游饭店,自降低或取消星级之日起一年内,不予恢复或评定星级,一年后方可申请重新评定星级。

五、典型案例及其评析

案例 1 游客住宿遭受殴打,酒店过失依法赔偿。

2000 年 8 月,游客王某在某市 H 大酒店登记住宿。当晚 11 时许,他从外面返回酒店时在四楼走廊遭到 3 个不明身份男子的辱骂殴打。在殴打过程中,曾有数人在旁围观,其中包括酒店保安及服务人员。王某对其大声呼救,但却无人前来制止,致使人身受到伤害。殴打过后,3 名男子扬长而去。经医院诊断王某伤情确认:头部外伤,腹部及四肢多处软组织挫伤。

王某认为住店期间,酒店有义务保障他人身安全,因而应对事件负责。但是,H 大酒店拒绝承担相应责任。为此,王某向市法院起诉控告:自己在酒店被打前后长达 10 多分钟,酒店保安及服务员在旁围观,无人制止。对于酒店没有履行职责保护住店游客的人身安全,侵害自己的合法权益,王某请求法院判决被告 H 大酒店赔偿其医疗费 360.70 元,交通费 300 元,住宿费 1360 元,误工补助费 2800 元,精神损失费 5000 元。

案例评析

2.《消费者权益保护法》第十八条规定,经营者应当保证其提供的商品或服务符合保障人身、财产安全的要求。在本案中,游客王某在 H 大酒店登记住宿,接受提供的有偿服务,是一种旅游消费行为。H 大酒店是提供旅游住宿服务的经营者。因此,当王某遭受辱骂殴打时,H 大酒店未能采取有效措施加以制止,没有履行法定义务,致使王某受到伤害,违反法律保障安全的相应规定,过错是显而易见的,应对过错依法承担经济赔偿责任。

1.《消费者权益保护法》第七条规定,消费者在购买、使用商品和接受服务时享有人身、财产安全不受侵害的权利。在本案中,法院经过审理认定:王某受到人身伤害,享有依法获得赔偿的权利。然而,王某的人格权虽然受到一定的侵害,但却由于情节轻微,尚构不成精神损害,提出精神损害赔偿缺乏事实和法律依据,所以不会得到法院支持。

案例 2 保安失职漠视擒贼,饭店有责不容逃避。

2001 年 3 月的一个中午,金女士来到某饭店二楼用餐。用餐时,她将皮包放在座位一侧。不一会儿,金女士旁的一位顾客提醒她说:"小姐,你的包呢?"金女士转头一看,原先放在自己身边的皮包已经不翼而飞。那位顾客指着已快走到楼梯口的一个"小平头"说："是那个人拿走的。"在追赶中，金女士眼看"小平头"将皮包传给另一男人，无奈之下大声呼喊："快来人，有保安吗？"

饭店经理闻讯赶来，得知争执原因以后，请金女士带"小平头"回到一楼大厅查询。金女士说："快关上门，别让小偷跑了！"饭店经理却说："我们是饭店，不能关门。"于是，金女士要求店方赶快报警，饭店经理则让她自己拨打"110"。金女士没有办法只好松开一只手拨打"110"。"小平头"见金女士拨"110"报警便慌了神，一拳将她打倒在地。当时，金女士连声大喊："抓小偷！抓小偷！"可是饭店保安人员没有一人前去捉拿，"小平头"趁机逃之夭夭。金女士却因击打摔倒致使头部严重受伤，出院之后便将该饭店告上法庭。

案例评析

1. 对于旅客在饭店内遭受人身、财产损害的纠纷问题，我国通常主要运用《民法通则》的有关规定进行处理。一般来说，在饭店内发生事故或在饭店控制下的其他任何地方发生事故而造成旅客受伤或死亡时，饭店应当承担损害赔偿责任。但对造成人身、财产的损害事故，饭店当时已经采取合理措施而仍未避免，也不能防止其后果时，将不承担责任。在本案中，饭店经理及保安人员在金女士的人身、财产受到侵害时未采取任何积极措施，因而应当承担损害赔偿责任。

2. 《消费者权益保护法》第十一条规定，消费者因购买、使用商品或接受服务受到人身、财产损害的，享有依法获得赔偿的权利。对于饭店可能存在诸如设备故障、食物变质、工作人员疏忽大意、他人侵害等直接损害旅客人身、财产安全的有害后果，旅游者均享有依法获得赔偿的权利，所以饭店应当特别重视安全问题，避免发生各类事故，保障旅客的人身和财产安全。

案例3 自然灾害虽然无情，合同义务应当履行。

2001年4月初，某旅游度假山庄与市供电局签订一份供电合同，其中约定供电局长期保证山庄供电，如果不能履行约定，必须给予经济赔偿（包括约定的违约金和赔偿金）；山庄如果违约造成后果自负。"五一"前夕，供电局领导一行三人来到山庄"度假"。时值山庄客务繁忙，未能陪其尽兴游玩，供电局领导心怀怨气，拂袖而去。

同年7月3日，旅游山庄连降暴雨，结果造成停水断电。7月4日，当山庄向供电局反映断电情况时，供电局称多处线路被风吹断，暂时无法恢复供电。7月5日，山庄周边其他各地恢复供电。7月8日，山庄再次找到供电局要求供电，获悉停电地点较多，工人较少，没有人手前来修复。其后，山庄为了迎接旅游旺季准备的野味、海鲜等食品在冷库中变质腐败，造成直接经济损失3.5万元。对此，山庄起诉法院指控供电局本应履约保证供电，但却借口拖延致损，因而要求供电局承担违约造成损失的赔偿责任。供电局推脱辩称，停电是暴风雨所造成的，属于不可抗力，恢复供电需要时间，拒绝赔偿山庄损失。

案例评析

1. 《合同法》第一百一十七条规定，因不可抗力不能履行合同的，根据不可抗力的影响，部分或全部免除责任，但法律另有规定的除外。在本案中，暴风雨造成多处停水断电，属于不可抗力，但致使山庄冷库解冻，造成重大经济损失的情况并非如此，而是属于供电局故意拖延所造成的。

2. 《合同法》第一百八十一条规定，因自然灾害等原因，供电人应当按照国家有关规定及时抢修。未及时抢修，造成用电人损失的，应当承担损害赔偿责任。在本案中，供电局应当按照合同约定，承担没有及时抢修供电线路而给山庄造成3.5万元损失的赔偿责任，并按约定支付违约金。

案例4 损害顾客缺斤短两，执法暗访通报处罚。

2000年7月13日中午，齐某等人进入河北某星级饭店海鲜餐厅。点完菜后，服务员提来海鲜桶给他们过目。齐某问道："这些海鲜各有多重？"服务员回答说："龙虾仔1250克，石斑鱼500克，大闸蟹1400克。"齐某说："好，你去找个袋子来。"于是，齐某拿出自带量具将刚提来的海鲜分别称重，发现海鲜重量都不足，报1250克的龙虾少205克，报500克的石斑鱼少60克，报1400克的大闸蟹少150克。随后，齐某出示工作证，对领班说："我们是市质量技术监督局的，专门来查海鲜缺斤短两问题。"随后，齐某等人又对酒店的称重量具进行检查，且要求店方在检查结果通知单上签字。此后，市质量技术监督局决定对这家餐厅通报批评，并且给予相应处罚。

案例评析

1. 《消费者权益保护法》第六条规定，国家鼓励、支持一切组织和个人对损害消费者合法权益的行为进行社会监督。大众传播媒介应当作好维护消费者合法权益的宣传，对损害消费者合法权益的行为进行舆论监督。在本案中，齐某等人无论以执法者身份进行明察，还以消费者身份进行暗访，对经营单位的质量检查都是合法的。

2. 《消费者权益保护法》第十条规定，消费者在购买商品或接受服务时，有权获得质量保障、价格合理、计量正确等公平交易。在本案中，某星级饭店损害欺骗消费者，出售海鲜缺斤短两的经营行为，理应受到相应处罚。

第二节　旅游饭店与相关主体的法律关系

一、旅游饭店与旅游者的法律关系

旅游饭店与旅游者的法律关系因为一定的法律事实而产生，也会因为一定的法律事实而终止，具体表现为相互之间的权利义务。通常，旅游饭店与旅游者的法律关系是按住店合同规定产生、变更或终止的。

1. 旅游饭店与旅游者的合同法律关系产生，一般涉及两种情况：（1）旅游者或其通过第三人向饭店发出预订客房要约，饭店一旦作出承诺，相互产生合同关系；（2）旅游者通过办理住店登记手续，拿到饭店客房钥匙，相互产生合同关系。

2. 旅游饭店与旅游者的合同法律关系变更，一般涉及三种情况：（1）合同约定的住店期间，旅游者因故不住；（2）合同约定的住店时段，旅游者仅需住宿部分天数；（3）合同约定的住店期满，旅游者需要继续留住下去。

3. 旅游饭店与旅游者的合同法律关系终止，一般涉及三种情况：（1）合同约定的住店期满，旅游者付清账单；（2）旅游者在饭店内因违法犯罪被饭店驱逐或被公安机关拘留、逮捕；（3）旅游饭店依法向旅游者发出腾房通知。

二、旅游者在住店中的权利义务

1. 旅游者住店权利

旅游者在住店中的权利体现在享有符合约定标准的住店服务，且能获得人身、财产的安全保护及在合法权益受到损害时享有投诉与起诉的权利。旅游者在住店中受到损害往往涉及未能提供符合标准的住店服务、设施设备陈旧失修、旅游饭店服务人员的工作疏忽，以及火灾、盗窃、建筑违规、饮食腐败、第三方侵权及旅游者自身过错所造成的各种损害。因此，旅游饭店首先应当关注损害旅游者人身权与财产权的有关问题。

2. 旅游者住店义务

旅游者在住店中的义务体现在获得符合约定标准的住店服务中，自觉履行的应尽责任。旅游者在住店中的义务包括八个方面：（1）在住店时须向住店登记管理人员出示护照或居民身份证等有效证件，如实填写住店登记表；（2）缴纳住店和其他合法费用；（3）不得将易燃、易爆、剧毒、腐蚀性和放射性等危险品带入住地；（4）不得进行卖淫、嫖娼、赌博、吸毒、传播淫秽物品等违法犯罪活动；

(5) 不得酗酒滋事，大声喧哗，影响他人休息，不得私自留客住宿或转让床位；(6) 因其过错损坏饭店设备设施，应对损失予以赔偿；(7) 预订客房没有使用，须按约定支付费用；(8) 遵守国家其他有关法律法规及饭店的规章制度。①

三、旅游饭店与旅行社等旅游企业的法律关系

旅游饭店在业务经营中常常会与旅行社、车船运输、娱乐单位、餐饮服务等其他旅游企业形成法律关系，并且按照约定产生、变更或终止合同关系。

1. 旅游饭店与旅行社的法律关系

一般来说，旅游饭店与旅行社通过合同，确定双方的法律关系，并在遵循平等、协商、等价、有偿的原则基础上开展经营。在接受旅行社的客房预定后，旅游饭店应当保证在预订期间提供约定的客房数量及标准服务；有权要求旅行社按照合同或预订客房提供客源；有权要求旅行社预付定金；有权要求旅行社承担违约的损失赔偿。作为预定客房一方，旅行社有权要求旅游饭店履行合同的规定义务，并且承担违约损失。

2. 旅游饭店与其他旅游企业的法律关系

旅游饭店开展正常的经营活动，还与车船运输、娱乐单位、餐饮服务等其他企业构成合同法律关系。旅游饭店与这些企业相互协作，具有平等的法律地位，各方应当依法经营，讲究诚信，按照合同享受权利和履行义务，并且承担不履行合同产生的法律责任。

四、旅游饭店与国家机关的法律关系

1. 旅游饭店与国家行政管理部门的法律关系

旅游饭店与国家行政管理部门的法律关系主要涉及旅游、工商、税务、卫生等各个部门。作为行政与执法主体，这些部门有权监督、管理和指导旅游饭店；作为行政与监管对象，旅游饭店应当服从与配合这些部门开展监督、管理与指导工作。国家行政管理部门应当尊重旅游饭店自主经营的合法权利，依法行政、依法监督。双方发生矛盾纠纷，一般先由国家行政管理机关按照规定程序解决，在法律规定的情形下，可向法院提起诉讼。

2. 旅游饭店与公安机关的法律关系

旅游饭店是对社会开放的公共场所，只要具备规定条件即可住宿、就餐或娱乐，因而不法分子常常混迹其间，从事违法犯罪活动。旅游饭店工作人员一旦发现违法犯罪分子、形迹可疑的嫌疑人员或被通辑犯，应当立即报告公安机关，不

---

① 《旅馆业治安管理办法》第六、十一、十二、十三条。

得知情不报或隐瞒包庇。如果旅游饭店负责人参与违法犯罪活动，致使饭店成为犯罪活动场所，公安部门将会追究刑事责任。对于旅游饭店来说，公安部门的职责包括：(1) 指导、监督饭店建立各项安全管理制度；(2) 落实安全防范措施；(3) 协助饭店对工作人员进行安全知识培训；(4) 依法惩办侵犯饭店与旅客合法权益的违法犯罪分子。公安人员在旅游饭店执行公务时，应当出示证件，文明礼貌待人，严格依法办事，注意维护旅游饭店的正常运营及其旅客的合法权益。

五、典型案例及其评析

案例 5 饭店安置众客住宿，细查性别决定分合。

1999 年 5 月的一个晚上，北京某饭店来了一女三男。那位女士在总服务台办理住宿登记手续后，便带领三位男士进入 4 楼的客房入住。按照规定，饭店客房分别安置男女住宿。服务员见此情景，立即与总台联系，核对客人办理住宿手续情况，得知三位男性客人尚未办理住宿手续。于是，服务员按响入住女客人的客房门铃，但却无人出来应答。服务员随即向客房部作了汇报。客房部和保卫部的工作人员立刻拨通客房电话，告知他们一人登记、多人住宿是违反店规的，同时要求三位男性客人赶紧到总台补办相关的住宿手续。

案例评析

1. 《旅馆业治安管理办法》第六条规定，旅馆接待旅客住宿必须登记。登记时，应当查验旅客的身份证件，按照规定项目如实登记。北京实施的《旅馆业治安管理办法》第六条规定，安置旅客住宿，除直系亲属外，应以男女分别安置为原则。在实践中，有些旅客不按旅游饭店规定，常向总台隐瞒人数、性别情况。因此，客服人员应当加强巡视检查，掌握房客的活动情况。

2. 在本案中，客服人员的安全意识和工作责任心强，自觉执行有关法规，掌握房客情况准确，及时采取合理措施，纠正违规住宿现象，有效维护了饭店正常的营业秩序，表现出良好的业务素质。

案例 6 服务受贿默许违规，受到投诉苦果自吞。

2001 年 10 月，某四星级宾馆客房服务员张某晚间查房时，发现入住客人王先生所住房间内有位小姐。当时已是夜里 11 点半。张某礼貌地告知对方："来访探视已经超时，请让小姐明日再来。如果今夜确实有事协商，可以另开一个房间。"见此情形，王先生好言相求，还塞给张某 100 美元，让其通融照顾一下。张某接过美元，退出房间，默许那位小姐留了下来。第二天，王先生离开饭店时，向客房部投诉张某索要小费，饭店核实情况以后，遂将张某开除。

案例评析

1. 饭店员工应当遵守职业道德，忠于职守，奉公守法，不得利用工作之便收取不正当的收入。小费则是客人自愿给予的奖赏酬金。在本案中,虽然客人塞给张某100美元,但却并非心甘情愿。张某收钱以后允许客人违反店规留宿,形成明显的受贿事实。因此,张某所收100美元属于受贿而非小费。

2. 在本案中,张某为了贪图贿赂,明知留宿非本店客人是违反店规与治安条例的,却未制止且隐瞒不报。客人违反店规以后,对他进行投诉。张某遭到店方开除,只能自吞苦果,这个教训非常深刻。如果张某拒收贿赂,并请值班经理交涉,就会避免不利后果。

案例7 衣貌取人以贼为客,安全意识不可松懈。

2000年8月的一个上午,北京某饭店6层服务员张某正在一间客房打扫卫生,只见一位男子径直走来。此人身材魁梧,衣着考究,像是一位高级客商。来人进门冲着张某喊道:"怎么房间卫生还没搞好?我的客人就要来了,快点儿打扫!"说着随手打开冰箱,拿出一瓶饮料喝了起来。张某担心这位"客人"着急,急忙做完客房卫生,转身离开。

下午,这个房间的客人报案,说是丢了5000元人民币和一件高级名牌T恤衫。在饭店报案后,市公安局很快派人前来调查。此时,张某由于害怕承担责任,一口咬定上午打扫卫生时客人就在房内,造成一定的侦破困难。因为该店的客房门锁是高级电子门锁,没有磁卡进不去房间。张某证词竟使公安人员怀疑其与犯罪嫌疑人里应外合。后来,通过查证与反复观看饭店内部的监视录像,发现一名男子曾多次在饭店大堂和客房闲逛,最后在这个客房找到偷盗机会。经过张某辨认确定,此人正是进入房间的那个"客人",至此案情真相大白。

案例评析

1. 《旅馆业治安管理办法》第九条规定,旅馆工作人员发现违法犯罪分子、行迹可疑的人员和被公安机关通缉的罪犯,应当立即向当地公安机关报告,不得知情不报或隐瞒包庇。在本案中,饭店服务员不仅没有尽到职责,而且在公安机关的调查之中知情不报,歪曲事实,严重违背本条规定,应当承担相应责任。

2. 《旅游安全管理暂行办法实施细则》第六条规定,旅游饭店应当建立安全管理责任制,将安全管理的责任落实到每个部门、每个岗位、每个职工,并使安全教育、职工培训制度化、经常化,提高职工的安全意识,普及安全常识,培养安全技能。在本案中,服务员张某的安全意识较为薄弱,缺乏警惕,没有必要的安全常识与安全技能,被犯罪嫌疑人的表面现象蒙蔽欺骗,说明饭店方面的安全制度与培训工作存在隐患,应当承担连带责任。

案例8 饭店服务责任心强,客人巨款安全无恙。

2001年4月一天上午,北京某饭店服务员李某按照服务规程要求,逐房补充洗漱用品。当他按响某合资公司长期租用的房间门铃时,见无人应答,遂用钥匙将门打开,发现房内保险箱敞开未锁,内有成沓的人民币。李某见状立即退出,并赶紧向领班汇报,且核对当日工作记录与客人进出的登记时间,发现早上约 7 时许,该公司的一位钱副经理进过房间。

经当地公安人员调查得知,钱某当日 7 时进过房间,现已飞往上海出差。公安人员便请公司立即与钱某联系。钱某在电话中解释由于离店匆忙,忘记锁好保险箱,内有 20 万元人民币。于是,公安人员要求公司财务人员立即核对现金和账目,确认数额分文不少。此后,公安人员对钱某进行批评,并对李某的高度责任心予以表扬。

案例评析

1. 为了更好地与国内外的同行联系和开展业务,许多公司在饭店长期租用客房。不仅如此,公安局及有关主管部门对公司企业的周转备用金、过夜现金库存最大限额及保险箱使用等现金管理作出明确的管理规定,目的在于加强监督,杜绝漏洞,防止盗窃,减少发案率。在本案中,该公司的现金存放和保险柜使用管理存在问题,严重违反了有关规定。

2. 《旅游安全管理暂行办法实施细则》第六条规定,旅游饭店安全管理的工作职责是坚持日常的安检工作,重点检查安全规章制度的落实情况和管理漏洞,及时消除安全隐患。在本案中,正是由于饭店安全管理工作到位,服务员严格遵守职业道德,责任心强,发现问题及时处理,避免了一起可能发生的财物案件。

案例 9 施工过失重伤旅客,饭店有责先行赔偿。

2002 年 5 月,南京市某旅游饭店为了增加客房数量,在未停业的情况下对楼房进行扩建续接。由于楼梯设在楼房两端,所以续接时须拆除一段楼梯。为了防止拆除楼梯后旅客继续从原处下楼造成摔伤事故,饭店特意在被拆除一端的每层楼道拆口装上门锁,以使旅客从另一端上下楼。不料一天,施工单位为了搭建脚手架,将二楼楼道拆口门锁打开,下班时未关门上锁。当天夜里,一名旅客急于赶车,不知楼梯已被拆除,推门下楼时踏空跌落摔成重伤。事后,该旅客向饭店索赔,饭店声称:已为防止事故发生采取上锁的预防措施,事故是由施工单位造成的,与己无关,所以不应承担责任。

案例评析

1. 《民法通则》对于一般的侵权损害主要适用"过错责任"的执法原则,即有过错的一方承担责任。在本案中,施工单位对自身过错给旅客造成的人身损害,应当承担赔偿责任。但是,旅客住进饭店形同双方建立住店合同关系,权利义务随之产生。如果旅客不在饭店,自然不会发生损害。因此,在旅客受到人身伤害后,尽管饭店没有过错,也应先行承担责任。

2. 国际私法统一协会《关于旅馆合同的协定草案》第十一条规定,旅客所受损害部分属于旅客以外另一方的过错时，旅馆仍应承担全部赔偿责任，但不妨碍向另一方行使追索权。据此，饭店先行承担赔偿责任之后，有权向施工单位追偿。

第三节 娱乐场所法规制度

一、娱乐场所及其监督管理

1. 娱乐场所

娱乐场所，是指以营利为目的向社会开放，提供歌舞、游艺消遣等娱乐活动的公众处所。随着旅游业的迅速发展，旅游饭店已从过去单纯提供住宿、餐饮服务转变成为提供住宿、餐饮、娱乐、健身等多项服务的综合实体。因此，旅游饭店开办歌厅、舞厅、录像、游戏与网吧等娱乐场所，应与社会其他娱乐场所一样严格按照《娱乐场所管理条例》进行管理。

2. 娱乐场所的经营方向

娱乐场所的经营方向是坚持为人民服务，丰富人民群众文明、健康的娱乐生活，促进精神文明建设。我国倡导弘扬民族优秀文化，禁止娱乐场所含有下列内容：（1）违反宪法的基本原则；（2）危害国家统一、主权或领土完整；（3）危害国家安全或损害国家荣誉和利益；（4）煽动民族仇恨、民族歧视，伤害民族感情或侵害民族风俗习惯，破坏民族团结；（5）违反国家宗教政策，宣扬邪教、迷信活动；（6）宣扬淫秽、赌博、暴力以及与毒品有关的违法犯罪活动或教唆犯罪；（7）违背社会公德或民族优秀文化传统；（8）侮辱、诽谤他人，侵害他人合法权益；（9）法规禁止的其他内容。娱乐场所违反有关卫生、环保、价格、劳动等法规规定的，由有关部门依法予以处罚；构成犯罪的，依法追究刑事责任。

3. 监管部门的主要职责

《娱乐场所管理条例》明确规定，县级以上人民政府文化行政主管部门负责对娱乐场所日常经营活动的监督管理；县级以上公安部门负责对娱乐场所消防、治安状况的监督管理。文化行政主管部门、公安部门和其他有关部门的工作人员依法履行监督检查职责时，有权进入娱乐场所，需要查阅闭路电视监控录像资料、从业人员名簿、营业日志等资料的，娱乐场所应当配合，及时提供，不得加以拒绝、阻挠。

文化行政主管部门、公安部门和其他有关部门还应建立娱乐场所违法行为的警示记录系统；对列入警示记录的娱乐场所，应当及时向社会公布，加大监督检查力度。此外，还应建立相互之间的信息通报制度，及时通报监督检查情况和处理结果。

4. 监管人员的法律责任

文化行政主管部门、公安部门、工商行政管理部门和其他有关部门的工作人员有下列行为之一的，对直接负责的主管人员和其他直接责任人员依法给予行政处分；构成犯罪的，依法追究刑事责任：（1）向不符合法定设立条件的单位颁发许可证、批准文件与营业执照；（2）不履行监管职责，或发现擅自从事娱乐场所经营活动不依法取缔，或发现违法行为不依法查处；（3）接到举报、通报的违法行为后不依法查处；（4）利用职务之便，索取、收受他人财物或谋取其他利益；（5）利用职务之便，参与、包庇违法行为，或向有关单位、个人通风报信；（6）有其他滥用职权、玩忽职守、徇私舞弊行为。

国家机关及其工作人员开办娱乐场所，参与或变相参与娱乐场所经营活动的，对直接负责的主管人员和其他直接责任人员依法给予撤职或开除的行政处分。文化行政主管部门、公安部门的工作人员及其亲属不得开办娱乐场所，不得参与或变相参与娱乐场所的经营活动。对于文化行政主管部门、公安部门和其他有关部门及其工作人员的违规行为，任何单位或个人可依法向有处理权的本级或上一级机关举报。接到举报的机关应当依法及时调查、处理。

文化行政主管部门、公安部门的工作人员明知其亲属开办娱乐场所或发现其亲属参与、变相参与娱乐场所的经营活动，不予制止或制止不力的，依法给予行政处分；情节严重的，依法给予撤职或开除的行政处分。

二、娱乐场所的经营规范

1. 服务对象的禁止规范

任何人不得非法携带枪支、弹药、管制器具或携带爆炸性、易燃性、毒害性、放射性、腐蚀性等危险物品和传染病病原体进入娱乐场所。歌舞娱乐场所不得接纳未成年人。除了国家法定节假日以外，游艺娱乐场所设置的电子游戏机不得向未成年人提供。歌舞娱乐场所接纳未成年人与游艺娱乐场所设置的电子游戏机在国家法定节假日外向未成年人提供的，由县级人民政府文化行政主管部门没收违法所得和非法财物，并处违法所得1倍以上3倍以下的罚款；没有违法所得或违法所得不足1万元的，并处1万元以上3万元以下的罚款；情节严重的，责令停业整顿1个月至6个月。

2. 娱乐场所的行为规范

《娱乐场所管理条例》明确规定，娱乐场所及其从业人员不得实施下列行为或为进入娱乐场所的人员实施下列行为提供条件：（1）贩卖、提供毒品或组织、强迫、教唆、引诱、欺骗、容留他人吸食、注射毒品；(2)组织、强迫、引诱、容留、介绍他人卖淫、嫖娼；(3)制作、贩卖、传播淫秽物品；(4)提供或从事以营利为目的的陪侍；(5)赌博；(6)从事邪教、迷信活动；(7)其他违法犯罪行为。娱乐场所的从业人员不得吸食、注射毒品，不得卖淫、嫖娼。违法实施禁止行为的，由县级公安部门没收违法所得和非法财物，责令停业整顿3个月至6个月；情节严重的，由原发证机关吊销娱乐经营许可证，对直接负责的主管人员和其他直接责任人员处1万元以上2万元以下的罚款。

3. 从业人员的管理规范

娱乐场所应与从业人员签订文明服务责任书，建立从业人员名簿，其中包括从业人员的真实姓名、居民身份证复印件等内容。娱乐场所还应建立营业日志，记载营业期间从业人员的工作职责、工作时间、工作地点；营业日志不得删改，并应留存60日备查。娱乐场所没有建立从业人员名簿、营业日志或发现违法犯罪行为不按规定进行报告的，由县级人民政府文化行政主管部门、县级公安部门责令改正，给予警告；情节严重的，责令停业整顿1至3个月。

营业期间，娱乐场所的从业人员应当统一穿着工作服，佩戴工作标志并携带居民身份证，遵守职业道德和卫生规范，诚实守信，礼貌待人。娱乐场所从业人员在营业期间未统一着装并佩戴工作标志的，由县级人民政府文化行政主管部门责令改正，给予警告；情节严重的，责令停业整顿1至3个月。

4. 娱乐场所的许可规范

违反《娱乐场所管理条例》规定，擅自从事娱乐场所经营活动的，由工商行政管理部门、文化行政主管部门依法取缔；公安部门在查处治安、刑事案件时，发现擅自从事娱乐场所经营活动的，应当依法予以取缔。因为擅自从事娱乐场所经营活动，被依法取缔的投资人员和负责人终身不得投资开办娱乐场所或担任娱乐场所的法定代表人、负责人。被吊销或撤销娱乐经营许可证的，法定代表人、负责人自被吊销或撤销之日起5年内不得担任娱乐场所的法定代表人、负责人。

娱乐场所因为违反《娱乐场所管理条例》规定2年内被处以3次警告或罚款又有违反本条例的行为应受行政处罚的，由县级人民政府文化行政主管部门、县级公安部门依法责令停业整顿3个月至6个月；2年内被2次责令停业整顿又有违反本条例的行为应受行政处罚的，由原发证机关吊销娱乐经营许可证。

娱乐场所取得营业执照后，未按规定向公安部门备案的，由县级公安部门责令改正，给予警告；变更有关经营事项，未按规定申请重新核发娱乐经营许可证的，由县级人民政府文化主管部门责令改正，给予警告；情节严重的，责令停业整顿1至3个月；违反规定被吊销或撤销娱乐经营许可证的，应当依法到工商行政管理部门办理变更登记或注销登记；逾期不办理的，吊销营业执照；对以欺骗等不正当手段取得娱乐经营许可证的，由原发证机关撤销娱乐经营许可证。

5. 娱乐场所的服务规范

娱乐场所不得强迫、欺骗消费者接受服务、购买商品，不得侵害消费者的人身和财产权利。对于娱乐场所指使、纵容从业人员侵害消费者人身权利的，应当依法承担民事责任，并由县级公安部门责令停业整顿1至3个月；造成严重后果的，由原发证机关吊销娱乐经营许可证。

歌舞娱乐场所播放的曲目、屏幕画面或游艺娱乐场所电子游戏机内的游戏项目含有法规禁止内容的，由县级人民政府文化行政主管部门没收违法所得和非法财物，并处违法所得1倍以上3倍以下的罚款；没有违法所得或违法所得不足1万元的，并处1万元以上3万元以下的罚款；情节严重的，责令停业整顿1个月至6个月。

三、娱乐场所的安全规范

1. 娱乐场所治安消防管理规范

娱乐场所应与保安服务企业签订保安服务合同，配备专业保安人员；不得聘用其他人员从事保安工作。迪斯科舞厅应当配备安检设备，对进入营业场所人员进行安检，并且安装闭路电视监控设备，留存监控录像资料，不得随意中断使用或删改监控录像资料。营业期间，娱乐场所应当保证疏散通道和安全出口畅通，不得封堵、锁闭疏散通道和安全出口，不得在疏散通道和安全出口设置栅栏等影响疏散的障碍物。对于违反有关规定的娱乐场所，由县级公安部门责令改正，给予警告；情节严重的，责令停业整顿1至3个月。

娱乐场所的法定代表人或主要负责人应对娱乐场所的消防安全和其他安全负责，确保建筑、设施符合国家安全标准和消防技术规范，定期检查消防设施状况，及时进行维护更新，并且制定安全工作方案和应急疏散预案。娱乐场所还应建立巡查制度，发现娱乐场所内有违法犯罪活动的，应立即向所在地县级公安部门、县级人民政府文化行政主管部门报告。娱乐场所违反有关治安管理或消防管理法规的，由公安部门依法处罚；构成犯罪的，依法追究刑事责任。

2. 娱乐场所的标志规范

娱乐场所应在营业场所的大厅、包厢、包间内的显著位置悬挂含有禁毒、禁赌、禁止卖淫嫖娼等内容的警示标志、未成年人禁入或限入标志。标志应当注明公安部门、文化行政主管部门的举报电话，还应当在疏散通道和安全出口设置明显的指示标志，不得予以遮挡覆盖。娱乐场所提供娱乐服务项目和出售商品，应当明码标价，并向消费者出示价目表。娱乐场所未按规定悬挂警示标志、未成年人禁入或限入标志的，由县级人民政府文化行政主管部门、县级公安部门责令改正，给予警告。

3. 对娱乐场所的从业人员及其进入场所人员的要求：

（1）凡是发现娱乐场所有实施违禁行为的，必须予以制止，并立即向当地公安机关报告；（2）任何人不得在娱乐场所内打架斗殴、酗酒、滋事，不得调戏、侮辱妇女，不得进行扰乱娱乐场所正常秩序的活动；（3）娱乐场所设包厢、包间应当安装展现室内整体环境的透明门窗，并不得有内锁装置；（4）娱乐场所经营单位，应当加强防火措施，保证消防设施的正常运作；（5）歌舞娱乐场所容纳的消费者不得超过核定人数。

四、典型案例及其评析

案例 10 饭店违规大搞赌博，法网恢恢难逃制裁。

江某是一家饭店承包者，经营着一个集餐饮、娱乐、住宿于一体的饭店。由于经营管理不善，饭店处于亏损状态。1996年下半年，江某在地下一层开设一个名为"开心天地"的秘密赌场，开始经营赌博生意，饭店生意渐渐兴隆起来。在经营赌场期间，江某多次向市公安局长于某等十几名党政机关干部进行贿赂，金额高达200多万元，还向于某长期无偿提供客房。在这张关系网的保护下，江某违法经营赌博生意长达4年，在当地群众中造成恶劣影响。2000年12月，经省专案组查实公诉，市中级人民法院以江某犯有赌博罪、行贿罪判处有期徒刑，于某等十几名受贿的党政机关干部同时受到法律制裁。

案例评析

1. 《刑法》第三百零三条规定，以盈利为目的，聚众赌博、开设赌场或以赌博为业的，处3年以下有期徒刑、拘役或管制，并处罚金。《刑法》第三百八十九条规定，为谋取不正当利益，给予国家工作人员以财物的，是行贿罪。在本案中，江某违反国家法规开设赌场，以盈利为目的违法经营赌博生意，这种行为显然构成赌博罪。为了得到庇护开设非法赌场，江某给予于某等人高达200多万元的财物，这种行为无疑构成行贿罪。因此，江某应受数罪并罚的严厉惩处。

2. 《娱乐场所管理条例》第五十六条规定，文化主管部门、公安部门、工商行政管理部门和其他有关部门的工作人员发现违法行为不依法查处的，利用职务之便，索取、收受他人财物或谋取其他利益的，利用职务之便，参与、包庇违法行为的，对直接负责的主管人员和其他直接责任人员依法给予行政处分；构成犯罪的，依法追究刑事责任。在本案中，市公安局长于某等十几名党政机关干部受到法律制裁可以说是罪有应得。

案例 11 娱乐场所不得涉黄，违法唆使毁人毁己。

某市电影公司工人陈某伙同无业人员董某和崔某合伙策划开办歌厅，掩护播放淫秽录像，并且组织他人卖淫，获取暴利。经过商定，陈某、董某负责招集卖淫人员，崔某负责寻找嫖娼人员。自1998年4月至10月间，陈某等人数次组织于某、洪某等8名妇女卖淫，获利86万元。1998年11月，陈某又找于某、洪某，指使她们向某公司两名经理卖淫。当时，洪某诉说自己已经染上性病，陈某表示没有关系，仍然积极唆使于某、洪某进行卖淫活动。公安机关根据举报将陈某等人抓获以后，发现洪某患有淋病，十分严重，于某则已染上艾滋病，且已造成数名嫖娼者受到感染。

案例评析

1. 《娱乐场所管理条例》第十四条规定，娱乐场所及其从业人员不得实施组织、强迫、引诱、容留、介绍他人卖淫、嫖娼行为，不得为进入娱乐场所的人员实施组织、强迫、引诱、容留、介绍他人卖淫、嫖娼行为提供条件。在本案中，陈某等人在娱乐场所播放色情内容的淫秽录像，并以盈利为目的引诱、组织、容留妇女卖淫，造成性病与艾滋病恶性扩散，破坏社会治安，污染社会风气，已经构成刑事犯罪，应由公安机关依法追究刑事责任。

2. 《娱乐场所管理条例》第四十二条规定，娱乐场所实施组织、强迫、引诱、容留、介绍他人卖淫、嫖娼行为的，由县级公安部门没收违法所得和非法财物，责令停业整顿3个月至6个月；情节严重的，由原发证机关吊销娱乐经营许可证，对直接负责的主管人员和其他直接责任人员处1万元以上2万元以下的罚款。在本案中，陈某等人违反国家关于娱乐场所的管理规定，不仅必须依法承担刑事责任，还会受到吊销娱乐经营许可证的严厉处罚。

案例12 歌厅歧视残疾客人，依法赔偿精神损害。

2000年4月的一天晚上，游客高某与朋友约好到某歌厅消费娱乐。当高某走到歌厅门口时，服务员拦住她说："小姐，您不能进。"高某问及为何不能进入时，服务员说："没有原因！"高某继续往里走时，保安过来蛮横地将她挡在门外。服务员说："你长得这么丑还想进来！"高某16岁时因为家中失火造成脸部和胳膊严重烧伤，康复以后面部形象受到很大影响。于是，双方发生激烈争执，最终高某未能进入歌厅消费。事发以后的第三天，高某一纸诉状将歌厅告上法庭，诉称自己的人格权和自主选择权受到侵害，并且要求歌厅给予精神赔偿。

案例评析

1. 经营者行使经营自主权通常不得违背法律与社会公德，如果对于某类群体进行歧视性或差别性的服务，那么这种权利就会超出限度。服务性的公共场所一旦面向社会开放，必须承诺服务公众。消费者则有权自主选择所提供的服务方式、服务场所或经营者，自主决定接受或不接受某项服务。因此，经营者没有合法或正当理由，就不得拒绝消费者进入。在本案中，歌厅作为公共消费场所，无权因为形象问题拒绝高某入内消费。

2. 《消费者权益保护法》第十四条规定,消费者在购买、使用商品和接受服务时,享有其人格尊严、民族风俗习惯得到尊重的权利。在本案中,歌厅以高某形象为由拒绝其入内消费,侵犯高某的人格尊严,对其精神造成损害。因此,应当给予高某一定的精神赔偿。

案例13 "北漂"艺人离奇坠井,娱乐场所判赔高额。

在北京有很多"北漂"的年轻人,他们从全国各地赴京打工,带着希望、梦想奋斗。27岁的柳昶就是这样一位"北漂"的年轻人,他相貌堂堂,能说会唱。很快,柳昶就在娱乐场所的各种演出中成为主持人。2007年3月,柳昶经人介绍替演,参加塞纳河俱乐部演出,但却离奇地人间蒸发了。次日,柳昶母亲报案并在报上刊登寻人启事,其后一直未能找到。2007年5月20日,塞纳河俱乐部的一名管道工在检查消防井时发现一具男尸,这具尸体泡在水中高度腐烂。经过警方调查确认,死者正是柳昶,无他杀、自杀迹象。同时得知3月至4月消防检查时该井口一度没有上盖。柳昶母亲得知儿子死亡的消息后,精神受到巨大打击,后被诊断患有偏执型精神分裂症。

根据警方的调查结果,柳昶家属获悉他在前往塞纳河俱乐部演出时,上台表演需要经过一个通道,可是通道之中没有照明设施,非常黑暗,通道旁有一座假山,假山前面挂着门帘。柳昶以为门帘后是上台小门,一进门帘便掉进两米多深的消防井里。为此,柳昶亲属认为塞纳河俱乐部对柳昶溺死负有不可推卸的责任,将其诉至朝阳法院,提出赔偿84万元。在庭审中,双方争论十分激烈。柳昶亲属认为,柳昶参加表演失踪之时,俱乐部没有察看监控录像,积极寻找,延误了宝贵的抢救时机。塞纳河俱乐部的法定代理人认为,自己并不认识柳昶,柳昶未与俱乐部签订演出合同,所以不应承担责任。

案例评析

1. 《娱乐场所管理条例》第二十条规定,娱乐场所的法定代表人或主要负责人应对娱乐场所的消防安全和其他安全负责,确保建筑、设施符合国家安全标准和消防技术规范。在本案中,娱乐场所的法定代表人或主要负责人没有尽到法定义务,对于消防井时有个上盖的情况检查督促没有到位,存在重大的安全隐患。

2. 在调查中,朝阳法院认真审理柳昶亲属的委托代理人提交的警方笔录,依照证据确认柳昶溺死前后消防井口存在一度不上盖的情况,推定柳昶是因失足坠入消防井内溺水而死。因此,法庭认定作为娱乐场所的经营者,赛纳河俱乐部理应对于往来人员负有安全保障义务,但却未在消防井口周围设立警示标识与保护围栏。这种状况与其是否认识柳昶无关,所以对死者失足掉进消防井内溺亡负有全责,最终判其承担人身损害赔偿70万元。

第八章 旅游资源法规制度

第一节 旅游资源法规制度概述

一、旅游资源及其类型

旅游资源，是指对于旅游者具有吸引力，可为旅游业开发利用，并能产生经济效益、社会效益与环境效益的客观事物。旅游资源是旅游产品与旅游活动的重要基础，是旅游业赖以生存和发展的前提条件。

依据不同分类标准，旅游资源可以分为多种类型：（1）按照成因和发育过程，可以分为自然天成的旅游资源和人工创造的旅游资源。自然天成的旅游资源多为自然演变形成，形成时间通常较长，不能按照人的意志发生改变；人工创造的旅游资源是以人类意志开发形成，形成时间通常较短。（2）按照事物的本质属性，可以分为自然旅游资源和人文旅游资源。自然旅游资源是地理环境或生物构成的自然景观，包括地形、水体、动物、植物、气候、天象等各种景观；人文旅游资源是人类社会活动形成的人文景观，包括风俗民情、文化艺术、建筑园林、古迹遗址、历代名城、帝王陵墓、宗教圣地、革命纪念地等各种景观。（3）按照资源的布局结构，可以分为单一型旅游资源和组合型旅游资源。单一型旅游资源是指仅有一种旅游资源；组合型旅游资源是指多样形式组合成为景观整体的旅游资源。（4）按照游客的需求动机，可以分为满足各种不同需要的旅游资源，包括观光型、休假型、商务型、购物型、疗养型、健身型、求知型、研究型、宗教型等旅游资源。（5）按照资源的循环方式，分为消耗型、永续型和再生型的旅游资源。消耗型旅游资源是指因为开发而迅速或缓慢改变形态、成分、结构的资源类型；永续型旅游资源是指人类重复创造或自然力不断塑造的资源类型；再生型旅游资源是指人工再造生成的资源类型。

二、旅游资源法规建设

新中国成立后，我国政府便制定过旅游资源保护与管理的有关法规。1950 年 5 月，国务院颁发《古迹、珍贵文物、图书及稀有生物保护办法》；1951 年 2 月，文化部与内务部联合颁发《关于地方文物名胜古迹的保护管理办法》。1963 年 8 月，文化部颁发《革命纪念建筑、历史纪念建筑、古建筑、石窟寺修缮暂行管理办法》。1977 年 10 月，国家文物局颁布《对外国人、华侨、港澳同胞携带、邮寄文物出口鉴定、管理办法》。

十一届三中全会以后，为了加强旅游资源的保护、开发和利用，我国陆续颁布管理与保护各种旅游资源的有关法规。1982 年 11 月，为了加强文物保护，继承中华民族的优秀遗产，进行爱国主义和革命传统教育，第五届全国人大常委会颁布实施《文物保护法》，其后进行多次修改。1985 年 6 月，国务院颁布《风景名胜区管理暂行条例》。1985 年 7 月，林业部公布施行《森林和野生动物类型自然保护区管理办法》。1989 年 2 月，文化部颁发《文物出境鉴定管理办法》。1989 年 10 月，国务院颁布实施《水下文物保护管理条例》。1992 年 5 月，国家文物局发布《文物保护法实施细则》。1993 年 12 月，林业部制定发布《森林公园管理办法》。1994 年 10 月，国务院发布《自然保护区条例》。1999 年 6 月，国家质量技术监督局《旅游区（点）质量等级的划分标准与评定》。

我国政府在《森林法》、《草原法》、《环境保护法》、《城市规划法》、《地质遗迹保护管理规定》等法规中对自然风景与文物古遗的保护利用作出规定，并且参与有关国际公约，形成具有内在联系的法规体系。2003 年 5 月，为了加强对文物保护的实施力度，国务院公布《文物保护法实施条例》。2006 年 9 月，国务院颁布《风景名胜区条例》。2013 年 4 月，第十二届全国人大常委会第二次会议通过的《旅游法》明确规定，旅游业发展应当遵循社会效益、经济效益和生态效益相统一的原则。国家鼓励旅游企业在有效保护旅游资源的前提下，依法合理利用旅游资源。各地政府与立法机关应当结合各自特点制定地方旅游资源的相关法规，大力加强旅游资源的有效保护与合理利用。

三、旅游资源法规制度的主要内容

旅游资源法规制度是国家行政管理部门监督管理的法律依据，是旅游企业合理开发、利用与保护旅游资源的基本前提，是旅游者在游览活动中的行为规范，是与违法破坏旅游资源的犯罪行为进行斗争的法律武器。

旅游资源法规制度的内容广泛，涉及多种不同领域，主要包括以下方面：

1. 国家行政管理部门的权利义务

旅游资源法规制度依法规定国家行政管理部门在积极保护和开发利用旅游资源时的权利义务，并且赋予法定职责，从而加大旅游资源的保护力度。《旅游法》特别规定，国务院和省、自治区、直辖市人民政府以及旅游资源丰富地区的各级政府，应当按照国民经济和社会发展规划的要求，组织编制旅游发展规划。对跨行政区域及适宜进行整体利用的旅游资源进行利用时，应由上级人民政府组织编制或由相关地方人民政府协商编制统一的旅游发展规划。

2. 旅游资源保护范围及其原则

旅游资源的保护范围是旅游资源法规制度的重要内容，与国家行政管理部门、旅游企业与旅游者的权利义务密切相关。旅游资源的保护原则是旅游资源法规制度的基本内容，是国家行政管理部门、旅游企业与旅游者必须依照的行为准则。政府有关主管部门应当加强对资源保护及其旅游利用状况的监督检查。在自然资源和人文资源用于旅游时，必须严格遵守有关法律、法规的规定，符合资源、生态保护和文物安全的要求，尊重和维护当地传统文化和习俗，维护资源的区域整体性、文化代表性和地域特殊性，并考虑军事设施保护的需要。

3. 旅游资源的等级划分与建设规划

旅游资源的等级划分是切实保护旅游资源的必要措施。通过旅游资源的等级划分，可以明确有关方面的权利义务，以使旅游资源得到系统管理与合理保护。旅游资源法规制度对于旅游资源的建设规划作出规定，有利于旅游资源得到有效保障。根据旅游发展规划，县级以上地方人民政府可以编制重点旅游资源开发利用的专项规划，对特定区域内的旅游项目、设施和服务功能配套提出专门要求。在编制土地利用总体规划及城乡规划中，应当充分考虑相关旅游项目、设施的空间布局和建设用地要求。规划和建设交通、通信、供水、供电、环保等基础设施和公共服务设施时，应当兼顾旅游业发展需要。

旅游发展规划应与土地利用总体规划、城乡规划、环境保护规划以及其他自然资源和文物等人文资源的保护和利用规划相衔接，包括旅游业发展的总体要求和发展目标，旅游资源保护和利用的要求和措施，以及旅游产品开发、旅游服务质量提升、旅游文化建设、旅游形象推广、旅游基础设施和公共服务设施建设的要求和促进措施等内容。各级人民政府应组织对本级政府所编制的旅游发展规划执行情况进行评估，并向社会公布。[①]

4. 旅游企业与旅游者的权利义务

旅游资源法规制度明确规定，旅游企业在行使开发、利用旅游资源权利的同时，必须承担保护环境与生态平衡的应尽义务，不得破坏历史风貌和自然环境，

[①]《中华人民共和国旅游法》第十七、十八、十九、二十、二十一、二十二条。

有效保证旅游资源的可持续利用与发展。

旅游资源法规制度对中外旅游者的游览范围及在游览中依法保护旅游资源与景区环境，合理利用风景名胜，保护文物不受非法侵占等权利义务作出规定，并以国家强制力保证实施，中外旅游者必须严格予以遵守。

5. 法律责任

为了切实有效保护旅游资源，有关各项法规制度一般都有法律责任的必备内容，明确规定破坏旅游资源行为应当承担的相应责任，以便追究和进行惩处。同时，对于保护旅游资源作出贡献的单位与个人给予奖励，促进整个社会参与旅游资源的管理与保护。

四、世界遗产的国际保护

1. 世界遗产

世界遗产，是指联合国教科文组织下属的世界遗产委员会所确认的对于人类生存和发展具有普遍价值和保存意义的自然景观与文物古迹。目前，世界遗产主要包括文化遗产、自然遗产、文化与自然遗产、文化景观、非物质文化遗产五种类型。

2. 世界遗产的国际公约

1972年11月，联合国教科文组织为了保护世界自然和文化遗产，在巴黎召开的第十七次大会上正式通过《保护世界文化和自然遗产公约》（简称《公约》）。《公约》规定，在充分尊重文化遗产和自然遗产所在国的国家主权，不使国家立法规定的财产受到损害的同时，承认这类遗产是世界遗产的一部分，整个国际社会有责任通过合作予以保护。因此，拟在联合国教科文组织内建立一个政府间的世界遗产委员会，积极促进各国之间的相互合作，并且根据各缔约国的申请编制《世界遗产名录》，对列入名录的世界遗产由国际社会提供援助，安排保护、促进恢复等工作，为合理保护和恢复全人类共同遗产作出积极的贡献。缔约国则对提交保护的世界遗产负有鉴定、保护、保存、陈列以及传与后代的义务。《公约》总共分为8章，涉及文化和自然遗产的定义、文化和自然遗产的国家保护和国际保护、保护世界文化和自然遗产政府间委员会、保护世界文化和自然遗产基金、国际援助的条件和安排、教育计划、报告和最后条款等有关内容。

3. 世界遗产的国际组织

1976年11月，世界遗产委员会在内罗毕举行的第一届《保护世界文化和自然遗产公约》成员国大会上正式成立，同时建立《世界遗产名录》，负责开展世界遗产有关活动的组织协调，举行世界遗产年会，建议签约国提交申报世界遗产名单，讨论决定世界遗产选入《世界遗产名录》，监督指导世界遗产的保护工作，报告世界遗产状况的相关情况，保证《公约》的贯彻实施。

作为联合国教科文组织的下设机构，世界遗产委员会主要承担四项任务：（1）在选入《世界遗产名录》的文化和自然遗产地时，负责对于世界遗产的定义解释，并对每项提名写出评估报告。（2）审查世界遗产保护状况报告。当世界遗产得不到合适处理和保护时，可以要求缔约国采取特别性的保护措施。（3）经与有关缔约国协商，可以决定将濒危遗产列入《濒危世界遗产名录》。（4）管理世界遗产基金。对申请援助的保护世界遗产国家给予技术和财力援助。

世界遗产委员会设有世界遗产基金会，并且组织世界遗产基金会的国际参与，基金来源主要包括：（1）缔约国义务捐款和自愿捐款；（2）其他国家、联合国教科文组织、联合国系统其他组织、其他政府间组织、公共或私立机构或个人的捐款、赠款或遗赠；（3）基本款项所得利息；（4）募捐资金和本基金组织活动的所得收入；（5）基金条例所认可的其他资金。联合国教科文组织还专门设立世界遗产中心，协助缔约国具体执行《公约》，对世界遗产委员会提出建议，执行世界遗产委员会的决定。

4. 我国入选《世界遗产名录》的名胜景观

1985年12月，中国作为缔约国加入《公约》。1999年10月，当选世界遗产委员会成员。截至2012年7月，我国已有43个名胜景观被联合国教科文组织列入《世界遗产名录》。

我国入选《世界遗产名录》的名胜景观涉及世界文化遗产、世界自然遗产、世界文化与自然遗产及世界文化景观。

世界文化遗产（28处）：周口店北京人遗址，甘肃敦煌莫高窟，长城，陕西秦始皇陵及兵马俑，北京故宫和沈阳故宫，湖北武当山古建筑群，山东曲阜的孔庙、孔府及孔林，河北承德避暑山庄及周围寺庙，西藏布达拉宫，苏州古典园林，山西平遥古城，云南丽江古城，北京天坛，北京颐和园，重庆大足石刻，皖南古村落，北京十三陵明清皇家陵寝，河南洛阳龙门石窟，四川青城山和都江堰，大同云冈石窟，吉林高句丽王城、王陵及贵族墓葬，澳门历史城区，安阳殷墟，广东开平碉楼与古村落，福建土楼，河南登封天地之中古建筑群，元上都遗址。

世界自然遗产（7处）：四川黄龙国家级名胜区，湖南武陵源国家级名胜区，四川九寨沟国家级名胜区，云南"三江并流"自然景观，四川大熊猫栖息地，中国南方喀斯特，江西三清山。

世界文化与自然遗产（4处）：山东泰山，安徽黄山，四川峨眉山——乐山大佛，福建武夷山。

此外，我国非物质文化遗产（3项）：昆曲，中国古琴艺术，新疆维吾尔木卡姆艺术与蒙古族长调民歌。

五、典型案例及其评析

案例1 新疆天池环境恶化，亟需采取有效措施。

新疆天山的天池景区是国务院1982年首批公布的44处国家重点风景名胜之一，也是世界上唯一具有完整自然景观和现代冰川地貌景观的国家级风景名胜区。近几年来，天池受到很大污染，整个环境趋向恶化，主要缘自当地企业及水上游船的破坏影响。据统计，天池景区内有大型餐厅14个，多数使用柴油燃灶，每个餐厅柴油年使用量约0.8吨。娱乐游艇行驶时则拉起一道30~50米长的黑色烟雾，燃烧未尽的柴油落入湖水之中恶化水质，加上游艇泄漏油污，在湖面上形成浮油随波漾散，既影响到湖面景观，又污染了湖体水质，对湖水的生态系统造成极其严重的破坏。同时，空气污染导致降水酸度加大，以致景区整体植被资源退化。每年夏季的暴雨洪水将山林中的沙石冲入天池，形成沙进水退局面，在天池以南入水口处还可看到沙滩上被洪水冲刷的条条沟壑，这种情形与依山傍水的景色形成明显反差。目前，天池水域面积正以每年200平米的速度减少，环境破坏令人堪忧。

案例评析

1. 《环境保护法》第十六条规定，地方各级人民政府应对本辖区的环境质量负责，采取措施改善环境质量。在本案中，新疆天山的地方政府应当积极采取有效措施改善环境质量，不能放任这种情形继续下去。

2. 《环境保护法》第二十四条规定，产生环境污染和其他公害的单位，必须把环境保护工作纳入计划，建立环境保护责任制度；采取有效措施，防治生产建设或其他活动产生的废气、废水、废渣、粉尘、恶臭气体、放射性物质以及噪声、振动、电磁波辐射等对环境的污染和危害。在本案中，对污染天池环境的有关企业，应当依法严格要求，对造成污染的旅游设施严加限制乃至禁止继续经营。

案例2 百年古树被砍盗卖，生态环境损害严重。

云南森林资源丰富，非法砍伐时有发生。昆明森林公安执法人员在一次例行检查中发现，一停车场内的四辆加长卡车上，各捆绑着一棵巨大的古榕树。其中，最粗的一棵根部3个人都抱不过来，离根部10米之处直径长达1米以上，最小一棵直径也有80厘米，每棵榕树重量都在10吨以上。这些榕树枝叶已被砍掉，砍处溢出的浆液沾满树皮。据查，这4棵古榕树的树龄均在百年以上，是犯罪嫌疑人在澜沧江边，组织当地人非法采伐，再以每棵1万元的低价收购，当时准备运往四川，交给专门的收购贩子。经过估算，这么粗大的榕树每棵在四川的成交价至少在10万元以上。目前，这种巨大的古榕树已经不多，澜沧江边有时相隔好几公里才能发现一棵。砍倒一棵这样的古榕树会使周围50米内的树木死亡，因而造成的水土流失和生态破坏是十分严重的。

案例评析

1. 《森林法》第二十四条规定，对自然保护区以外的珍贵树木和林区内具有特殊价值的植物资源，应当认真保护；未经省、自治区、直辖市林业主管部门批准，不得采伐和采集。《风景名胜区条例》第二十五条规定，风景名胜区管理机构应对风景名胜区内的重要景观进行调查、鉴定，并制定相应的保护措施。因此，当地政府及有关部门应当针对这种状况，采取有效保护措施，避免继续发生非法砍伐珍贵树木的犯罪活动及水土流失与生态破坏。

2. 《风景名胜区条例》第四十条规定，在风景名胜区内违规进行开山、采石、开矿等破坏景观、植被、地形地貌的活动的，由风景名胜区管理机构责令停止违法行为、恢复原状或限期拆除，没收违法所得，并处 50 万元以上 100 万元以下的罚款。《森林法》第四十条规定，非法采伐、毁坏珍贵树木的，依法追究刑事责任。在本案中，对于非法砍伐珍贵榕树的犯罪嫌疑人，不但应处 50 万元以上 100 万元以下罚款，还应依法追究刑事责任。

案例 3 境外购物引起祸端，相关法律必须通晓。

2001 年 7 月，某公司经理去南非考察旅游，乘坐航班由南非约翰内斯堡出发经香港转机抵达上海虹桥国际机场。入境时，他未向海关申报物品，直接选走绿色通道。机场海关对其行李进行检查时，发现箱中有象牙 1 根、象牙手镯 3 只、象牙印章 9 枚、大羚羊角 2 对。由于这些均属珍稀动物制品，所以海关当场没收。本案后被移至上海海关走私犯罪侦察分局立案侦查。

案例评析

1. 《中华人民共和国出境入境边防检查条例》第五条规定，出境、入境的人员和交通运输工具，必须经过对外开放的口岸或主管机关特许的地点通行，接受边防检查、监护和管理。第二十八条规定，出境、入境的人员和交通运输工具不得携带、载运法律、行政法规规定的危害国家安全和社会秩序的违禁物品；携带、载运违禁物品的，边防检查站应当扣留违禁物品，对携带人、载运违禁物品的交通运输工具负责人依照有关法律、行政法规的规定处理。在本案中，公司经理从南非携带的象牙及其制品属于我国禁止进出口的物品，入境不向海关申报，非法携带，逃避检查，触犯国家有关法律，可以走私珍贵动物制品罪追究刑事责任。

2. 我国公民出国考察旅游，一定注意所在国与我国的法规差异，还应通晓我国加入《濒危野生动植物种国际贸易公约》（1990 年 1 月 18 日起正式生效）。在此公约中，大象被列入濒危物种的第一类名单，并规定在世界范围内禁止象牙贸易，因而象牙贸易在世界范围内被认定为非法活动。因此，我国游客若去南非及其他出售象牙制品的地方，千万不要携带象牙及其制品，以免触犯国家刑律。

案例4 黄山景区兴建设施，注重环保不能松懈。

黄山既是世界自然遗产，又是世界文化遗产。但是，近年由于片面追求眼前利益，盲目兴建大量设施，致使黄山景观破坏严重。在黄山海拔1000多米的核心景区内，楼堂馆所数量众多，生活垃圾到处乱扔，餐厅油烟与宾馆污水四处蔓延；景区开办休闲中心，建立商场，甚至还有珠宝店；生活用水和商业用水急剧增加，用水过度的严重后果凸显出来；修建楼堂馆所开山炸石，伐木毁林，植被遭到破坏。从前，黄山观瀑楼对面的"人字瀑"非常壮观：一股瀑布飞流直下，中途分为两股泻流，像在悬崖峭壁上写出的一个"人"字。如今，峭壁只剩瀑布痕迹。经过专家研究发现，上游修建水库导致中下游植被严重缺水，很多珍贵的松树濒临死亡。如果继续这样下去，黄山有被列入《濒危世界遗产名录》的危险，甚至有可能被取消世界遗产称号。

案例评析

1. 《风景名胜区条例》第二十七条规定，禁止违反风景名胜区规划在风景名胜区内设立各类开发区和核心景区内建设宾馆、招待所、培训中心、疗养院以及与风景名胜资源保护无关的其他建筑物；已经建设的，应当按照风景名胜区规划，逐步迁出。第三十条规定，风景名胜区内的建设项目应当符合风景名胜区规划，并与景观相协调，不得破坏景观、污染环境、妨碍游览。在本案中，当地企业为了追求短期利益，在黄山景区的核心区盲目建设大量设施，严重造成自然环境的污染破坏，已经明显违反国家保护和管理风景名胜区的有关规定。

2. 《风景名胜区条例》第四十八条规定，风景名胜区管理机构审核同意在风景名胜区内进行不符合风景名胜区规划的建设活动的，由设立该风景名胜区管理机构的县级以上地方人民政府责令改正；情节严重的，对直接负责的主管人员和其他直接责任人员给予降级或撤职的处分；构成犯罪的，依法追究刑事责任。在本案中，风景名胜区管理机构没有履行应尽职责，审核同意在风景名胜区内进行不符合风景名胜区规划的建设活动，致使黄山景区核心区出现严重的污染破坏，应当直接承担相应的法律责任。

3. 《世界遗产公约》将具有特殊价值的自然景观和人文景观作为全人类世界遗产加以保护，同时规定整个国际社会有责任通过提供集体性援助等措施参与保护这些遗产。对于世界自然与文化双重遗产的黄山景区，地方政府应当加强领导，积极作好长远规划，加强景区的建设管理，避免破坏自然生态的"短视"行为。

第二节 自然保护区法规制度

一、自然保护区及其类型

1. 自然保护区

自然保护区，是指对有代表性的自然生态系统、珍稀濒危野生动植物物种的天然集中分布区、有特殊意义的自然遗迹等保护对象所在的陆地、陆地水体或者海域，依法划出一定面积予以特殊保护和管理的区域。为了加强自然保护区的建设和管理，保护自然环境和自然资源，我国自然保护区依照自然保护等级与保护范围两种标准予以划分。

2. 自然保护区的等级划分

依照自然保护等级，可以分为国家级自然保护区和地方级自然保护区两个等级。国家级自然保护区是指在国内外有典型意义、在科学上有重大国际影响或有特殊科学研究价值的自然保护区；地方级自然保护区是指国家级自然保护区以外的其他具有典型意义或重要科学研究价值的自然保护区。

3. 自然保护区的区域划分

依照自然保护范围，自然保护区可以分为核心区、缓冲区和实验区。核心区是指自然保护区内天然状态保存完好的生态系统以及珍稀、濒危动植物的集中分布地。核心区禁止任何单位和个人进入，只有经过法定部门批准，方可进入从事科研活动。缓冲区是指在核心区外围划出一定面积，只准进入从事科研观测活动。实验区是指在缓冲区以外划出一定的范围，可以进入从事科学试验、教学实习、参观考察、旅游以及驯化、繁殖珍稀、濒危野生动植物等活动。

二、自然保护区的管理级别与职责范围

1. 国家级管理部门的职责范围

对于自然保护区，国家实行综合管理与部门管理相结合的管理体制。国务院环境保护行政主管部门负责全国自然保护区的综合管理。国务院林业、农业、地质矿产、水利、海洋等有关行政主管部门在各自的职责范围内，主管有关的自然保护区。

2. 地方级管理部门的职责范围

县级以上地方人民政府应当加强对自然保护区的领导工作，负责自然保护区

管理部门的设置和职责。地方级自然保护区分级管理的具体办法由国务院有关自然保护区行政主管部门或省、自治区、直辖市人民政府根据实际情况规定，报国务院环境保护行政主管部门备案。

三、自然保护区的建立制度

1. 自然保护区的建立条件

《自然保护区条例》规定，凡是具有下列条件之一的，应当建立自然保护区：（1）典型的自然地理区域、有代表性的自然生态系统区域以及已遭破坏但经保护能够恢复的同类自然生态系统区域；（2）珍稀、濒危野生动植物物种的天然集中分布区域；（3）具有特殊保护价值的海域、海岸、岛屿、湿地、内陆水域、森林、草原和荒漠；（4）具有重大科学文化价值的地质构造、著名溶洞、化石分布区、冰川、火山、温泉等自然遗迹；（5）经国务院或省、自治区、直辖市人民政府批准，需要予以特殊保护的其他自然区域。

2. 国家级自然保护区的建立

国家级自然保护区的建立，由自然保护区所在的省、自治区、直辖市人民政府或国务院有关自然保护区行政主管部门提出申请，经国家级自然保护区评审委员会评审后，由国务院环境保护行政主管部门进行协调并提出审批建议，报国务院批准。

3. 地方级自然保护区的建立

地方级自然保护区的建立，由自然保护区所在的县、自治县、市、自治州人民政府或省、自治区、直辖市人民政府有关自然保护区行政主管部门提出申请，经地方级自然保护区评审委员会评审后，由省、自治区、直辖市人民政府环境保护行政主管部门进行协调，并且提出审批建议，报省、自治区、直辖市人民政府批准，上报国务院环境保护行政主管部门和国务院有关自然保护区行政主管部门备案。

4. 自然保护区的相关因素

国家采取有利于发展自然保护区的经济、技术政策和措施，将自然保护区的发展规划纳入国民经济和社会发展计划。建设和管理自然保护区，应当妥善处理与当地经济建设和居民生产、生活的相互关系。在确定自然保护区的范围和界线时，应当兼顾保护对象的完整性和适度性，以及当地经济建设和居民生产、生活的需要。

四、法律责任

一切单位和个人都对自然保护区内自然环境和自然资源有保护义务，并有权对破坏、侵占自然保护区的单位和个人进行检举和控告。《自然保护区条例》对于以下违规行为的法律责任作出具体的明确规定：

1. 有下列违规行为之一的单位和个人，由自然保护区管理机构责令改正，并可根据不同情节处以 100 元以上 5000 元以下的罚款：（1）擅自移动或破坏自然保护区界标的；（2）未经批准进入自然保护区或在自然保护区内不服从管理机构管理的；（3）经批准在自然保护区的缓冲区内从事科学研究、教学实习和标本采集的单位和个人，不向自然保护区管理机构提交活动成果副本的。

2. 在自然保护区进行砍伐、放牧、狩猎、捕捞、采药、开垦、烧荒、开矿、采石、挖沙等违规活动的单位和个人，除了依照有关法规给予处罚的以外，由县级以上人民政府有关自然保护区行政主管部门或其授权的自然保护区管理机构没收违法所得，责令停止违法行为，限期恢复原状或采取其他补救措施；对自然保护区造成破坏的，可以给予 300 元以上 1 万元以下的罚款。

3. 自然保护区管理机构违规拒绝环境保护行政主管部门或有关自然保护区行政主管部门监督检查，或在被检查时弄虚作假的，由县级以上人民政府环境保护行政主管部门或有关自然保护区行政主管部门给予 300 元以上 3000 以下的罚款。

4. 自然保护区管理机构有下列违规行为之一的，由县级以上人民政府有关自然保护区行政主管部门责令限期改正；对直接责任人员，由其所在单位或上级机关给予行政处分：（1）未经批准在自然保护区开展参观、旅游活动的；（2）开设与自然保护区保护方向不一致的参观、旅游项目的；（3）不按批准的方案开展参观、旅游活动的。

5. 违规造成自然保护区损失的，由县级以上人民政府有关自然保护区行政主管部门责令赔偿损失。

6. 妨碍自然保护区管理人员执行公务的，由公安机关依照治安管理处罚的有关规定给予处罚；情节严重，构成犯罪的，依法追究刑事责任。

7. 违规造成自然保护区重大污染或破坏事故，导致公私财产重大损失或人身伤亡的严重后果，构成犯罪的，对直接负责的主管人员和其他直接责任人员依法追究刑事责任。

8. 自然保护区管理人员滥用职权、玩忽职守、徇私舞弊，构成犯罪的，依法追究刑事责任；情节轻微，尚不构成犯罪的，由其所在单位或上级机关给予行政处分。①

---

① 《自然保护区条例》第一、二、四、五、六、七、八、十、十一、十二、十四、十八、三十四、三十五、三十六、三十七、三十八、三十九、四十、四十一条。

五、典型案例及其评析

案例 5　乱扔烟蒂燃烧森林，依法追究相关责任。

蜀南竹海的大片翠竹风光秀美，步入其间，返璞归真、回归自然的清新感觉油然而生。2000 年 5 月的一个下午，蜀南竹海天宝寨景区因为游客乱扔烟蒂，引发山火，熊熊烈火在距山脚 260 米处的悬崖上借着风势迅速蔓延，致使大片楠竹和灌木丛被大火的浓烟笼罩。始建于 1862 年的天宝古寨和三十六计摩崖石刻也面临着烈火威胁，火灾情况十分紧急。经过当地武警及干部群众的奋力扑救，最终这场大火被扑灭，天宝寨景区幸免于难。

案例评析

1.《自然保护区条例》第三十八条规定，违规造成自然保护区损失的，由县级以上人民政府有关自然保护区行政主管部门责令赔偿损失。《森林防火条例》第三十四条规定，违反森林防火管理，情节和危害后果严重，构成犯罪的，由司法机关依法追究刑事责任。在本案中，游客因为缺乏森林防火意识，乱扔烟蒂引发火灾，给景区造成损失，除了应当赔偿以外，还可能会依据情节和危害后果的严重程度被依法追究刑事责任。

2.《森林防火条例》第三十二条规定，对于引起森林火灾，有失职行为的人员，可视情节和危害后果，由其所在单位或主管机关给予行政处分。在本案中，如果当地景区工作人员疏忽失职，没有尽到管理责任，则应受到行政处分。

案例 6　珍稀物种亟待保护，非法采挖必受惩处。

新疆天山雪莲生长缓慢，从种子发芽到开花结果，大约需要 5 年时间。这种雪莲的药效独特，根茎具有散寒除湿、强筋活血的奇异功用，属于国家二级保护野生植物。近 10 年来，开发利用雪莲制成滋补品的热潮升级。每到夏季，本地与外地农民疯狂采挖，导致雪莲数量锐减。在乌鲁木齐的一些集贸市场上，经常可以看到有人兜售雪莲。1999 年，某执法部门在一次检查中，当场收缴雪莲多达 1 万余株。据有关专家介绍，如果这样不加限制地采挖雪莲，不出 30 年，这个珍贵物种将可能从地球上消失。

案例评析

1.《自然保护区条例》第二条规定，自然保护区是指对有代表性的自然生态系统、珍稀濒危野生动植物物种的天然集中分布区、有特殊意义的自然遗迹等保护对象所在的陆地、陆地水体或者海域，依法划出一定面积予以特殊保护和管理的区域。在本案中，新疆天山雪莲属于国家二级保护野生植物，同时属于珍稀濒危野生植物物种，对于这种珍稀、濒危野生植物物种的天然集中分布区域，应当依法划出一定面积予以特殊保护和严加管理，严禁本地与外地农民疯狂采挖。

2. 《中华人民共和国野生植物保护条例》第十八条规定，禁止出售、收购国家一级保护野生植物。出售、收购国家二级保护野生植物的，必须经省、自治区、直辖市人民政府野生植物行政主管部门或其授权的机构批准。第二十四条规定，出售、收购国家重点保护野生植物的，由工商行政管理部门或野生植物行政主管部门按照职责分工没收野生植物和违法所得，可以并处违法所得10倍以下的罚款。因此，地方行政管理部门应当依据上述规定给予涉案人员严厉查处，有效制止兜售雪莲的违法行为。

案例7 圈湖承包危机严重，渔业开发严禁无序。

近年来，由于农产品价格持续低迷，洪湖地区农民纷纷弃农从渔。一些本地与外地企业也蜂拥而来，圈湖承包，插竿围网，大规模地发展水产养殖。这种养殖使湖面上的公用航道日益狭窄，给船舶航行带来困难。此外，湖面不时有船打捞水草，采用法规明令禁止的机动铁耙，将水草成片成片地连根拔起，运到岸边鱼池养鱼。虽然春夏是禁渔期，但是"迷魂阵"、"密缝阵"等法规禁用的有害渔具随处可见，对于鱼类资源造成毁灭性的破坏。中科院等有关单位的考察表明，由于多年的过度圈湖、非法承包与乱捕滥捞，洪湖地区的自然生态已经出现严重危机。

案例评析

1. 《自然保护区条例》第十条规定，典型的自然地理区域、有代表性的自然生态系统区域以及已遭到破坏但经保护能够恢复的同类自然生态系统区域，应当建立自然保护区。在本案中，洪湖地区不仅是典型的自然地理区域，而且还是有代表性的自然生态系统区域及已遭破坏但经保护能够恢复的同类自然生态系统区域，所以应当依法建立自然保护区。

2. 《渔业法》第二十八条规定，违反关于禁渔区、禁渔期的规定进行捕捞的，使用禁用的渔具、捕捞方法进行捕捞的，擅自捕捞国家规定禁止捕捞的珍贵水生动物的，应当没收其渔获物和违法所得，处以罚款，并且可以没收渔具，吊销捕捞许可证；情节严重的，依照《刑法》第一百二十九条规定对个人或单位直接责任人员追究刑事责任，处2年以下有期徒刑、拘役或罚金。在本案中，洪湖地区大规模无序开发行为显然违背有关法规。为此，当地政府应当大力开展保护自然生态的宣传工作，建立有效的管理制度，严禁破坏湖泊资源的违规行为，并且依法严肃处理有关责任人。

案例8 滥挖发菜沙暴成灾，治理草原不可姑息。

近10年来，全国各地到内蒙古草原挖发菜者每年多达200万人次。他们非法进入草原进行挖掘，涉及草场面积2亿多亩，遍布内蒙古中西部的12个地区。截至目前，这种挖掘已使当地6千万亩草原遭到破坏，逐渐成为荒漠化地带；还有

1亿多亩草原遭到严重破坏以后，已经处于沙化之中。这2亿多亩草原占内蒙古草原总面积的18%左右，对保持生态平衡起着重要作用。草原总面积的急剧减少，导致草场超载放牧现象恶化，加剧了整个草原生态环境的恶化。为此，内蒙古每年经济损失高达近30亿元，对于生态环境破坏所造成的损失更是不可估量。专家认为：沙尘暴的加重趋势与此密切相关，因而必须严禁这种非法行为，否则沙尘暴将会更加肆虐。

案例评析

1. 《草原法》第四十九条规定，禁止在荒漠、半荒漠和严重退化、沙化、盐碱化、石漠化、水土流失的草原以及生态脆弱区的草原上采挖植物和从事破坏草原植被的其他活动。在本案中，滥挖发菜破坏草原的严重问题明显违反国家法规，亟待地方行政管理部门依法进行治理。

2. 根据《国务院关于禁止采集和销售发菜制止滥挖甘草和麻黄草有关问题的通知》明令禁止采集和交易发菜，并对甘草和麻黄草等草原野生植物的采挖作出严格限制。据此，当地政府应提高认识，加强领导，加大执法监督力度，坚决制止采集发菜，彻底取缔发菜及其制品的收购、加工、销售和出口，坚决取缔发菜黑市交易。同时，各级政府和工商、农牧及公安部门应当制止采集发菜，并在若干重点路段设置临时检查站卡，坚决堵截和劝返外出或涌入草原的采集人员。对于违规仍然采集和滥挖发菜的人员，依法予以严肃处理。

第三节 风景名胜区法规制度

一、风景名胜区的管理与设立

1. 风景名胜区及其等级划分

风景名胜区是指具有观赏、文化或科学价值，自然景观、人文景观比较集中，环境优美，可供游览或进行科学、文化活动的区域。我国风景名胜区可划分为国家级风景名胜区和省级风景名胜区两个等级，自然景观和人文景观能够反映重要自然变化和重大历史文化的发展过程，对基本处于自然状态或仍保持着历史原貌，具有国家代表性的，可以申请设立国家级风景名胜区；具有区域代表性的，可以申请设立省级风景名胜区。

2. 风景名胜区的监管级别与职责范围

为了加强对风景名胜区的监督管理，有效保护和合理利用风景名胜资源，国家对风景名胜区实行科学规划、统一管理、严格保护、永续利用的原则。国务院建设主管部门负责全国风景名胜区的监管工作。国务院其他有关部门按照国务院规定的职责分工,负责风景名胜区的有关监督管理工作。省、自治区人民政府建设主管部门和直辖市人民政府风景名胜区主管部门,负责本行政区域内风景名胜区的监管工作。风景名胜区所在地县级以上地方人民政府设置的风景名胜区管理机构,具体负责本行政区域内风景名胜区的保护、利用和统一管理工作。

3. 风景名胜区的申请设立

风景名胜区的设立应有利于保护与合理利用风景名胜资源。设立国家级风景名胜区,由省、自治区、直辖市人民政府提出申请,国务院建设主管部门会同国务院环境保护主管部门、林业主管部门、文物主管部门等有关部门组织论证,提出审查意见,报国务院批准公布。设立省级风景名胜区,由县级人民政府提出申请,省、自治区人民政府建设主管部门或直辖市人民政府风景名胜区主管部门,会同其他有关部门组织论证,提出审查意见,报省、自治区、直辖市人民政府批准公布。①

二、风景名胜区的规划制度

1. 风景名胜区的规划类型

风景名胜区的规划分为总体规划和详细规划两种类型。风景名胜区的总体规划,应当体现人与自然和谐相处、区域协调发展和经济社会全面进步的要求,坚持保护优先、开发服从保护的原则,突出风景名胜资源的自然特性、文化内涵和地方特色。风景名胜区的详细规划,应当符合风景名胜区总体规划,根据核心景区和其他景区的不同要求进行编制,确定基础设施、旅游设施、文化设施等建设项目的选址、布局与规模,明确建设用地范围和规划设计条件。

2. 风景名胜区的规划编制

国家级风景名胜区规划由省、自治区人民政府建设主管部门或直辖市人民政府风景名胜区主管部门组织编制。省级风景名胜区规划由县级人民政府组织编制。风景名胜区的规划编制,应当采用招标等公平竞争的方式选择具有相应资质等级的单位承担,并应按照经审定的风景名胜区范围、性质和保护目标,以及国家有关法规和技术规范进行编制。此外,还应广泛征求有关部门、公众和专家的意见;必要时,应当进行听证质疑。风景名胜区规划报送审批的材料应当包括社会各界的意见及其采纳情况和未予采纳的理由。

3. 风景名胜区的规划审批

---

① 《风景名胜区条例》第一、二、三、四、五、七、八、十条。

国家级风景名胜区的总体规划，由省、自治区、直辖市人民政府审查后，报国务院审批。国家级风景名胜区的详细规划，由省、自治区人民政府建设主管部门或直辖市人民政府风景名胜区主管部门报国务院建设主管部门审批。省级风景名胜区的总体规划，由省、自治区、直辖市人民政府审批，报国务院建设主管部门备案。省级风景名胜区的详细规划，由省、自治区人民政府建设主管部门或直辖市人民政府风景名胜区主管部门审批。

4. 风景名胜区的规划修改

经批准的风景名胜区规划不得擅自修改。风景名胜区总体规划中的区域范围、性质、保护目标、生态资源保护措施、重大建设项目布局、开发利用强度及其功能结构、空间布局、游客容量确需修改的，应当报请原审批机关批准。风景名胜区总体规划的规划期届满前2年，编制机关应当组织专家评估，作出是否重新编制规划的决定。

三、风景名胜区的保护和利用

1. 风景名胜区的保护制度

风景名胜区内的景观和自然环境，应当根据可持续发展的原则，严格保护，不得破坏或随意改变。风景名胜区管理机构应当建立健全风景名胜资源保护的各项管理制度，对于风景名胜区内的重要景观进行调查、鉴定，并且制定相应的保护措施。

风景名胜区内的居民和游览者应当保护风景名胜区的景物、水体、林草植被、野生动物和各项设施。禁止违反风景名胜区规划在其中设立各类开发区和在核心景区内建设宾馆、招待所、培训中心、疗养院以及与风景名胜资源保护无关的其他建筑物；已建设的应当按照风景名胜区规划，逐步迁出。在风景名胜区内禁止进行下列活动：（1）开山、采石、开矿、开荒、修坟立碑等破坏景观、植被和地形地貌的活动；（2）修建储存爆炸性、易燃性、放射性、毒害性、腐蚀性物品的设施；（3）在景物或设施上刻划、涂污；（4）乱扔垃圾。

经过风景名胜区管理机构审核以后，依法上报有关主管部门批准，方可在风景名胜区内进行下列活动：（1）设置、张贴商业广告；（2）举办大型游乐等活动；（3）改变水资源、水环境自然状态的活动；（4）其他影响生态和景观的活动。

风景名胜区内的建设项目应当符合风景名胜区规划，并与景观相协调，不得破坏景观、污染环境、妨碍游览。在风景名胜区内进行建设活动的，建设单位、施工单位应当制定污染防治和水土保持方案，并且采取有效措施，完好保护周围景物、水体、林草植被、野生动物资源和地形地貌。①

2. 风景名胜区的利用规定

风景名胜区管理机构应当根据风景名胜区规划，合理利用风景名胜资源，改善交通、服务设施和游览条件，并且根据风景名胜区的特点，保护民族民间传统文化，开展健康有益的游览观光和文化娱乐活动，普及历史文化和科学知识。对于宗教活动场所，依照国家有关规定进行管理，涉及自然资源保护、利用、管理和文物保护以及自然保护区管理的风景名胜区，还应执行国家的有关法规。

进入风景名胜区的门票，应由景区管理机构负责出售，并在醒目位置公示门票价格、另行收费项目价格及团体收费价格。将不同景区的门票或同一景区内不同游览场所的门票合并出售的，合并之后价格不得高于各单项门票的价格之和，旅游者有权选择购买其中的单项票。景区内的核心游览项目因故暂停向旅游者开放或停止提供服务的，应当公示并相应减少收费。公益性的城市公园、博物馆、纪念馆等，除重点文物保护单位和珍贵文物收藏单位外，应当逐步免费开放。

利用公共资源建设的景区门票以及其中的游览场所、交通工具等另行收费项目，实行政府定价或政府指导价，严格控制价格上涨。拟收费或提高价格的，应当举行听证会，征求旅游者、经营者和有关方面的意见，论证其必要性与可行性，景区提高门票价格应当提前6个月公布。此外利用公共资源建设的景区，不得通过增加另行收费项目等方式变相涨价；另行收费项目已收回投资成本的，应当相应降低价格或取消收费。

风景名胜区管理机构应当建立健全安全保障制度，加强安全管理，保障游览安全，督促风景名胜区内的经营单位接受有关部门依法进行的监督检查。②景区应当公布景区主管部门核定的最大承载量，制定和实施旅游者流量控制方案，并可采取门票预约等方式，对景区接待旅游者的数量进行控制。景区接待旅游者不得超过景区主管部门核定的最大承载量。旅游者数量可能达到最大承载量时，景区应当提前公告并同时向当地人民政府报告，景区和当地人民政府应当及时采取疏导、分流等措施。经营高空、高速、水上、潜水、探险等高风险旅游项目，应当按照国家有关规定取得经营许可。③

四、法律责任

为了切实做好风景名胜区的保护和利用工作，《风景名胜区条例》规定任何单

---

① 《风景名胜区条例》第十二、十三、十五、十六、十七、十八、十九、二十、二十二、二十三、二十四、二十五、二十六、二十七、二十九、三十条。
② 《风景名胜区条例》第六、三十二、三十三、三十四、三十六、三十七、三十八、三十九条。
③ 《中华人民共和国旅游法》第四十二、四十三、四十四、四十五、四十六、四十七条。

位和个人都有保护风景名胜资源的义务，有权制止、检举破坏风景名胜资源的行为，并规定对下列违法行为进行处罚：

1. 有下列违规行为之一的：(1) 在风景名胜区内进行开山、采石、开矿等破坏景观、植被、地形地貌的活动，(2) 在风景名胜区内修建储存爆炸性、易燃性、放射性、毒害性、腐蚀性物品的设施，(3) 在核心景区内建设宾馆、招待所、培训中心、疗养院以及与风景名胜资源保护无关的其他建筑物，由风景名胜区管理机构责令停止违法行为、恢复原状或限期拆除，没收违法所得，并处 50 万元以上 100 万元以下的罚款。

2. 在风景名胜区内违规从事禁止范围以外的建设活动，未经风景名胜区管理机构审核的，由风景名胜区管理机构责令停止建设、限期拆除，对个人处 2 万元以上 5 万元以下的罚款，对单位处 20 万元以上 50 万元以下的罚款。

3. 在国家级风景名胜区内违规修建缆车、索道等重大建设工程，项目选址方案未经国务院建设主管部门核准与县级以上地方人民政府有关部门核发选址意见书的，对直接负责的主管人员和其他直接责任人员依法给予处分；构成犯罪的，依法追究刑事责任。

4. 个人违规在风景名胜区内进行开荒、修坟立碑等破坏景观、植被、地形地貌的活动，由风景名胜区管理机构责令停止违法行为、限期恢复原状或采取其他补救措施，没收违法所得，并处 1000 元以上 1 万元以下的罚款。

5. 在景物、设施上违规刻划、涂污或在风景名胜区内违规乱扔垃圾的，由风景名胜区管理机构责令恢复原状或采取其他补救措施，处 50 元的罚款；刻划、涂污或以其他方式故意损坏国家保护的文物、名胜古迹的，按照治安管理处罚的有关规定予以处罚；构成犯罪的，依法追究刑事责任。

6. 未经风景名胜区管理机构审核，在风景名胜区内违规进行下列活动的：(1) 设置、张贴商业广告，(2) 举办大型游乐等活动，(3) 改变水资源、水环境自然状态的活动，(4) 其他影响生态和景观的活动，由风景名胜区管理机构责令停止违法行为、限期恢复原状或采取其他补救措施，没收违法所得，并处 5 万元以上 10 万元以下的罚款；情节严重的，并处 10 万元以上 20 万元以下的罚款。

7. 施工单位在施工过程中，违规对于周围景物、水体、林草植被、野生动物资源和地形地貌造成破坏的，由风景名胜区管理机构责令停止违法行为、限期恢复原状或采取其他补救措施，并处 2 万元以上 10 万元以下的罚款；逾期未恢复原状或采取有效措施的，由风景名胜区管理机构责令停止施工。

8. 国务院建设主管部门、县级以上地方人民政府及其有关主管部门有下列违规行为之一的：(1) 违反风景名胜区规划在风景名胜区内设立各类开发区，(2) 风景名胜区自设立之日起未在 2 年内编制完成风景名胜区总体规划，(3) 选择不具有相应资质等级的单位编制风景名胜区规划,(4)风景名胜区规划批准前许可在风景名胜区内进行建设活动,(5)擅自修改风景名胜区规划,(6)不依法履行监管职责的其他行为,对直接负责的主管人员和其他直接责任人员依法给予处分;构成犯罪的,依法追究刑事责任。

9. 风景名胜区管理机构有下列违规行为之一的:(1)不符旅游法规的开放条件而接待旅游者;(2)擅自提高门票或另行收费项目价格,或有其他价格违法行为;(3)在旅游者数量可能达到最大承载量时,不向当地人民政府报告,未及时采取疏导、分流等措施,或者超过最大承载量接待旅游者;(4)在没有安全保障的区域开展游览活动,未设置风景名胜区标志和路标、安全警示等标牌;(5)将规划、管理和监督等行政管理职能委托给企业或个人行使;(6)允许风景名胜区管理机构的工作人员在风景名胜区内的企业兼职;(7)审核同意在风景名胜区内进行不符合风景名胜区规划的建设活动;(8)发现违法行为不予查处的,由设立该风景名胜区管理机构的县级以上地方人民政府责令改正;情节严重的,停业整顿,并处罚款,对直接负责的主管人员和其他直接责任人员给予降级或撤职的处分;构成犯罪的,依法追究刑事责任。①

五、典型案例及其评析

案例9 风景区内乱埋乱葬,保护名胜须严防范。

辽东千山风景名胜区内有许多重要景点,诸如始于唐代的叛源寺、太和宫、薛仁贵东征的古战场、唐代古城、神奇水洞等。然而,这个物华天宝之地却处处是墓碑荒冢。人们走进这个苍松翠柏的景区,在每段路上都会看到新旧坟墓与高高低低的大小石碑,一处不大的山头四周就遍布着百余座墓。在新坟前,还可看到燃烧冥币的遗留痕迹。为了修建这些坟墓,当地村民常常砍掉生长多年的松柏。在著名景点叛源寺附近的公路两旁也是乱埋乱葬,致使当地的美丽景色大打折扣。据当地村民说,清明前后人们上山燃烧冥币祭奠,曾经多次引发火灾。

案例评析

1. 《风景名胜区条例》第二十六条规定,在风景名胜区内禁止进行修坟立碑等破坏景观、植被和地形地貌的活动。在本案中,当地村民在著名景点乱埋乱葬,违规行为相当严重,应当引起地方政府及其管理部门的高度重视。

2. 《风景名胜区条例》第四十三条规定,对在风景名胜区内违规修坟立碑,破坏景观、植被、地形地貌的建坟者责令停止违规行为、限期恢复原状或采取其他补救措施,并处1000元以上1万元以下的罚款。此外,还应组织经常性的森林

---

① 《风景名胜区条例》第六、四十、四十一、四十二、四十三、四十四、四十五、四十七、四十八条。

防火宣传教育，做好森林火灾预防工作。因此，千山风景名胜区管理机构应当依法惩处违规者，积极开展森林防火的宣传教育，杜绝类似事件再次发生。

案例 10 开山取石毁损山体，破坏资源责任重大。

2000年以来，长江中游一些地区的石料需求增加迅速，出现了前所未有的采石热潮，从长江南津关上溯30多公里的西陵峡两岸便有采石场40多处，从江面直到二三百米高的半山腰随处可见被炸痕迹，民船则往来穿梭，满载着从绝壁上炸出的石块，运到湖北荆州一带卖钱。美丽壮观的三峡绝壁在经历野蛮的狂轰滥炸后变得千疮百孔，植被和树木被连根除掉，展现在游客面前的是一片光秃秃的乱石滩，惨不忍睹。炸山采石不仅毁坏自然风光，而且严重威胁着个人和过往船只的安全，炸山炮响与横飞石块常常惊吓往来游客。同时，采石造成大量石块滑入长江，抬高河床，给长江行船造成了安全隐患。据地质专家考察论证，大规模的炸山采石还易诱发山体滑坡，造成严重的地质灾害。

案例评析

1. 《关于立即制止在风景名胜区开山采石加强风景名胜区保护的通知》明确规定，风景名胜区地形地貌、自然山体和林木植被是风景名胜资源极其重要的组成部分。各地要将风景名胜资源保护工作放在首要地位，切实采取有效措施，严格保护风景名胜区自然山体的完整和森林植被的完好无损。任何部门、任何单位和任何个人不得在风景名胜区内进行或批准进行开山采石、挖沙取土以及其他严重破坏地形、地貌和自然环境的各种活动。在本案中，炸石者为了获得一时之利，不惜在三峡景区沿江破坏。这种行为给景区资源造成了极为严重的破坏，三峡景区管理部门应当尽快采取措施，制止这些破坏活动，并对非法采石者根据有关法规进行惩处。

2. 《关于立即制止在风景名胜区开山采石加强风景名胜区保护的通知》同时规定，对因开山采石使风景资源遭受严重破坏，山体植被难以恢复的，要进行专项调查并依法追究有关单位和人员的责任。在本案中，对负责景区管理水土保持的监督人员和部分乡村领导玩忽职守、滥用职权的行为，应由其所在单位或上级主管机关给予行政处分；构成犯罪的，依法追究其刑事责任。

案例 11 开发建设风景名胜，应当重视加强管理。

近年来，许多房地产开发商纷纷将目光转向风景秀丽、环境优美的名山大川，建造的豪宅别墅竞相显现，北京西山风景区的香山艺墅就是其中之一。香山艺墅占地约有5万平米，总建筑规模约3万平米。对于这块风水宝地，几家房地产开发商均向北京市政府提交别墅开发项目。据有关专家介绍，目前泰山、崂山等名山大川已经成为开发商的猎取目标。此外，不少景区只顾当地经济发展，忽视整体规划开发，生态环境备受摧残，像"五岳独秀"的南岳衡山旅游胜景已被当地

"经济改造"破坏殆尽,丽江、九寨沟等著名风景区则经历过"拆迁整治",损失严重,难以估量。人们担心,随着城市土地资源的日益稀缺,房地产开发商大作"山水文章"的这股浪潮,必将引发对旅游景区更大一波的瓜分浪潮。这样虽然会有短期的经济效益,但却势必付出沉重代价,致使这些景区的环境效益与整体美感受到严重影响。

案例评析

1. 《风景名胜区条例》第二十四条规定,风景名胜区内的景观和自然环境,应当根据可持续发展的原则,严格保护,不得破坏或随意改变。在本案中,香山艺墅的开发项目应当受到严格审查,严加保护,绝不允许乱搞开发或随意改变。

2. 《风景名胜区条例》第二十七条规定,禁止违反风景名胜区规划,在风景名胜区内设立各类开发区和在核心景区内建设宾馆、招待所、培训中心、疗养院以及与风景名胜资源保护无关的其他建筑物。在本案中,有关部门对于这种开发建设,应当给予充分重视,采取措施加强管理,香山艺墅的开发建设应当按照有关规定严格限制。

案例12 折枝采花破坏景区,严格禁止人人有责。

江苏南京紫金山景区方圆数十里,奇岩怪石层叠交错,形成无数洞穴泉井,素有"九洞十八景"之称,平均每天来此登山的游客多达2万人次。但是,很多游客不按指定路线行游,踩毁景区的绿色植被,有些文物古迹被游客乱刻乱画乃至无法修复;还有游客采花折枝,严重损害紫金山北麓的山体植被,形成多处"光坡"现象。当工作人员制止此类行为时,却常遭到无礼指责。此外,游客过多带来严重污染,尤其是北麓登山者四处野餐,将大量垃圾扔下山崖,缠绕在树枝上的五颜六色的塑料袋与散落到灌木丛中的软包装物极不雅观,治理起来难度很大。由此,紫金山整个景区的旅游环境受到极大破坏。

案例评析

1. 《风景名胜区条例》第二十四条规定,风景名胜区管理机构应当建立健全风景名胜资源保护的各项管理制度。风景名胜区内的居民和游览者应当保护风景名胜区的景物、水体、林草植被、野生动物和各项设施。在本案中,景区管理者应当建立健全有效的管理制度,安置适当的警示标志,对游客进行提示或指导,诸如禁止在旅游区内折枝采花,禁止随意倾倒、堆放或抛弃建筑垃圾、食品和饮料的包装物、果皮、废纸等生活垃圾及其他固体废弃物,严格禁止在旅游区内,尤其是在文物古迹、古树名木上乱涂乱刻、乱写乱划。

2. 《风景名胜区条例》第四十四条规定,在景物、设施上刻划、涂污或在风景名胜区内乱扔垃圾的,由风景名胜区管理机构责令恢复原状或采取其他补救措施,处50元的罚款。在本案中,景区管理部门对于破坏景区环境的游客必须依法进行处罚,并对情节严重构成犯罪的,由司法机关依法追究刑事责任。

第四节 文物保护法规制度

一、文物及其不同类型

1. 文物

文物是人类在历史发展过程中遗留下来的,具有历史、科学和艺术价值的遗物和遗迹。文物能从不同侧面反映各个历史时期的社会活动、社会关系、意识形态以及利用、改造自然和生态环境的发展状况。因此,文物不仅是历史文化的宝贵遗产,而且还是旅游业的重要资源。

为了加强文物保护,继承中华民族优秀的历史文化遗产,促进科学研究工作,进行爱国主义和革命传统教育,建设社会主义精神文明和物质文明,我国制定出专门法规进行规范,其中涉及《中华人民共和国文物保护法》(1982)、《中华人民共和国考古涉外工作管理办法》(1991)、《文物保护工程管理办法》(2003)、《中华人民共和国文物保护法实施条例》(2003)、《文物行政处罚程序暂行规定》(2004)、《古人类化石和古脊椎动物化石保护管理办法》(2006)、《长城保护条例》(2006)、《世界文化遗产保护管理办法》(2006)、《国家级非物质文化遗产保护与管理暂行办法》(2006)、《文物进出境审核管理办法》(2007)、《国家考古遗址公园管理办法(试行)》(2009)。

2. 我国保护的文物类型

我国文物工作一向贯彻保护为主、抢救第一、合理利用、加强管理的方针政策。我国保护的文物包括以下类型:(1)具有历史、艺术、科学价值的古文化遗址、古墓葬、古建筑、石窟寺、石刻、壁画。(2)与重大历史事件、革命运动和著名人物有关的以及具有重要纪念意义、教育意义或史料价值的近现代重要史迹、实物、代表性建筑。(3)历史上各时代的珍贵艺术品、工艺美术品。(4)历史上各时代的重要革命文献资料以及具有历史、艺术、科学价值的手稿和图书资料等。(5)反映历史上各时代、各民族社会制度、社会生产、社会生活的代表性实物。此外,具有科学价值的古脊椎动物化石和古人类化石与文物一样受国家保护。

二、文物保护

1. 文物的所有权

在中华人民共和国境内、地下、内水和领海中遗存的一切文物，属于国家所有，其中包括：古文物遗址、古墓葬、石窟寺，国家指定保护的纪念建筑物、古建筑、石刻、壁画、近现代的代表性建筑物等不可移动文物，除了国家另有规定者以外。

国家文物所有权受法律保护，不容侵犯。国家所有不可移动文物的所有权不因其所依附的土地所有权或使用权的改变而改变。国家所有的可移动文物包括：（1）中国境内的出土文物，国家另有规定的除外；（2）国有文物收藏单位以及其他国家机关、部队和国有企事业组织等收藏、保管的文物；（3）国家征集、购买的文物；（4）公民、法人和其他组织捐赠国家的文物；（5）法律规定属于国家所有的文物。属于国家所有的可移动文物的所有权不因其保管、收藏单位的终止或变更而改变。

属于集体所有和私人所有的纪念建筑物、古建筑和祖传文物以及依法取得的其他文物，其所有权受法律保护。文物的所有者必须遵守国家有关文物保护的法规制度。

2. 文物保护的监管级别与职责范围

《文物保护法》明确规定，国务院文物行政部门主管全国文物保护工作。地方各级人民政府负责本行政区域内的文物保护工作。县级以上地方人民政府承担文物保护工作的部门对本行政区域内的文物保护实施监管。县级以上人民政府有关行政管理部门在各自的职责范围内，负责有关的文物保护工作。

各级人民政府应当重视文物保护，正确处理经济建设、社会发展与文物保护的关系，确保文物安全无损。公安机关、工商行政管理部门、海关、城乡建设规划部门和其他有关国家机关，应当依法认真履行所承担的保护文物职责，维护文物管理秩序。

文物行政主管部门和教育、科技、新闻出版、广播电视行政主管部门，应当加大宣传力度，普及保护文物方面的法律知识，做好文物保护的宣传教育工作，培养公众保护文物的法律意识，以使充分认识违规损毁文物的高昂代价。

3. 文物保护单位确定

我国根据古文化遗址、古墓葬、古建筑、石窟寺、石刻、壁画、近现代重要史迹与代表性建筑等不可移动文物的历史、艺术、科学价值，分别将其确定成为不同级别的保护单位，即全国重点文物保护单位，省级文物保护单位，市、县级文物保护单位。

对于确定不同级别的保护单位，国务院文物行政部门在省级、市、县级文物保护单位中，选择具有重大历史、艺术、科学价值的确定为全国重点文物保护单位，或直接确定为全国重点文物保护单位，报国务院核定公布。省、自治区、直辖市人民政府核定公布省级文物保护单位，报国务院备案。市、自治州和县级人民政府分别核定公布市、县级文物保护单位，并报省、自治区、直辖市人民政府备案。尚未核定公布为文物保护单位的不可移动文物，由县级人民政府文物行政部门予以登记并公布。

4. 历史文化名城保护

历史文化名城是国务院核定公布的保存文物特别丰富，具有重大历史价值或革命纪念意义的城市。历史文化名城体现中华民族的悠久历史、革命传统与灿烂文化，大多都是古代政治、经济、文化中心，或是发生近代革命运动和重大历史事件的重要城市，对于发展我国旅游业和精神文明建设具有重要意义。

对于保存文物特别丰富与具有重大历史价值或革命纪念意义的城镇、街道、村庄，可由省、自治区、直辖市人民政府核定公布为历史文化街区、村镇，并报国务院备案。历史文化名城和历史文化街区、村镇所在地的县级以上地方人民政府应当组织编制专门的历史文化名城和历史文化街区、村镇保护规划，纳入城市总体规划。历史文化名城和历史文化街区、村镇的保护办法，由国务院制定。

三、文物出境与进境规定

1. 文物出境

国有文物、非国有文物中的珍贵文物和国家规定禁止出境的其他文物，不得出境，但依法出境展览或因特殊需要经国务院批准出境的除外。文物出境展览应当报国务院文物行政部门批准，并由国务院文物行政部门指定的文物进出境审核机构审核、登记；一级文物超过国务院规定数量的，应当报请国务院批准；一级文物中的孤品和易损品，禁止出境展览。

经审核允许出境的文物，由国务院文物行政部门发给文物出境许可证，从国务院文物行政部门指定的口岸出境，海关凭国务院文物行政部门或国务院的批准文件放行。任何单位或个人运送、邮寄、携带文物出境，均应当向海关申报；海关凭文物出境许可证放行。

2. 文物进境

文物临时进境应向海关申报，并报文物进出境审核机构审核、登记。临时进境的文物重复出境，必须经原文物进出境审核机构审核查验；经审核查验无误的，由国务院文物行政部门发给文物出境许可证，海关凭文物出境许可证放行。[①]

---

① 《文物保护法》第一、二、三、四、五、六、八、九、十三、十四、六十、六十一、六十二、六十三条。

四、法律责任

在我国境内,具有历史、艺术、科学价值的文物,依法受到国家保护。为了加强文物保护,《文物保护法》与《刑法》对于各种违法行为作出相应的处罚规定。

1. 行政处罚

《文物保护法》规定,对违反文物保护法,尚不构成犯罪的,由县级以上人民政府文物主管部门视违法情节和事实,分别给予下列处罚:(1)警告;(2)责令改正;(3)处以罚款;(4)吊销资质或许可证书;(5)有违法所得的,没收违法所得;(6)行政处分或开除公职。

2. 刑事处罚

为了严厉打击违反国家文物管理法规,破坏国家对文物正常管理活动的犯罪行为,于1997年3月修订颁布的我国《刑法》将妨害文物管理罪单列出来,具体规定故意损毁珍贵文物罪,故意损毁名胜古迹罪,过失损毁文物罪,向外国人私自出售、赠送珍贵文物罪,倒卖文物罪,非法出售、私赠文物藏品罪,盗掘古文物遗址、古墓葬罪,抢夺、窃取国家档案罪,擅自出卖转让国家档案罪等九项罪名。上述犯罪行为一旦构成,均可依法追究刑事责任。

公安机关、工商行政管理部门、海关、城乡建设规划部门和其他国家机关,违反《文物保护法》规定滥用职权、玩忽职守、徇私舞弊,造成国家保护的珍贵文物损毁或流失的,对负有责任的主管人员和其他直接责任人员依法给予行政处分;构成犯罪的,依法追究刑事责任。

五、典型案例及其评析

案例 13 保护文物有法可依,毁坏文物必定受罚。

杭州城南钱塘江边的著名古迹六和塔,是北宋开宝三年(970年)修建的砖木结构建筑,为国家重点文物保护单位。为了保护这座建筑,上面设有"请勿在塔上刻划"的专门警示告知游人。2001年10月6日,上海钱某来此旅游竟然无视警示告知,用小刀在塔柱上刻出"钱××到此一游,2001.10.6"字样,污损国家保护文物。当工作人员对其进行制止时,钱某不但不予理睬,反而对工作人员冷语嘲笑。

案例评析

1. 《文物保护法》第七条规定,一切机关、组织和个人都有依法保护文物的义务。中国是四大文明的古国之一,中华文化源远流长,文化遗产丰富宝贵。这就要求我们无论是在生产建设中,还是参加文化娱乐、旅游观光时,均须承担保护文物的法定义务。在本案中,钱某没有承担法定义务,在六和塔柱上刻字属于刻划损坏不可移动文物的违法行为，可由文物所在地公安部门处以罚款或责令赔偿损失。

2. 《风景名胜区条例》第四十四条规定，刻划、涂污或以其他方式故意损坏国家保护的文物、名胜古迹的，按照治安管理处罚的有关规定予以处罚；构成犯罪的，依法追究刑事责任。在本案中，须对破坏景区文物的钱某依法严罚，如果情节严重构成犯罪，则应由司法机关依法追究刑事责任。

案例 14　农民驾船撞坏古桥，毁损修复依法弥补。

2004 年 1 月 19 日，一位农民驾驶铁板船，在经过建于清代的一座古桥时不慎撞上桥身，致使这座县级保护文物毁损。在修缮后，当地文物保护部门认为古桥被撞造成毁损严重，已经不能恢复原貌，因而将这位农民告上法庭，要求赔偿全部修缮费用 28000 元。但是，农民认为，发生事故原因在于离桥较远的地方没有明显的保护标志，桥的附近也无相应的防范措施，让他承担全部损失不合情理。在诉讼中，原告与被告在合议庭主持下调解成功，由被告赔款 7000 元，并承担案件受理费及其他诉讼费用。

案例评析

1. 《文物保护法》第六十五条规定，违规造成文物灭失、损毁的，依法承担民事责任。国家文物受法律保护，不容侵犯。在国家文物受到损害时，文物管理部门可以要求造成损害的单位和个人依法予以赔偿。在本案中，农民驾驶铁板船在通过古桥时有保护文物的应尽义务。但是，由于没有尽到义务，致使行船撞上古桥，造成古桥损毁难以复原，所以古桥发生损毁与农民撞桥的行为之间有直接的因果关系。对此，农民应当依法承担民事赔偿责任。

2. 《文物保护法》第十五条规定，各级文物保护单位，分别由省、自治区、直辖市人民政府和市、县级人民政府划定必要的保护范围，作出标志说明。在本案中，文物保护部门对于文物具有特定的保护义务，应当根据文物情况设定相应的警示标志，提示过往船舶注意保护文物，并有义务在文物外围采取一定的保护措施，以防发生文物损毁。在本案中，农民认为，离桥较远的地方没有明显的保护标志，桥的附近也无相应的防范措施。这个理由具有相应的法律依据，因而可以减轻赔偿的法律责任，文物管理单位对所造成的文物损害同样应当承担责任。

案例 15　古建筑物引发事端，重点文物应归国有。

卧龙书院又称诸葛书院，建于元代至大二年（1309 年），为国家重点文物保护单位。新中国成立后，一直被南阳市一家公司占用。1990 年，公司决定在遗址内修建两栋宿舍楼，遭到南阳市博物馆的极力反对。后经协议，南阳市博物馆在不违背有关法规的情况下，同意公司在遗址以外东部修建宿舍，并在工程完毕后将卧龙书院交还南阳市博物馆。然而，在宿舍楼竣工后，公司拒不履行协议。1996

年，南阳市博物馆将公司告上法庭。对此，南阳市卧龙区人民法院审理判定：被告在判决生效后60天内应将卧龙书院的使用权和管理权移交给南阳市博物馆，并将馆内全部建筑物自行拆除整理干净。一审判决下发以后，被告不服并向南阳市中级人民法院提出上诉。1999年5月，南阳市中院作出"驳回上诉，维持原判"的终审判决，但被告却迟迟不肯履行判决。1999年10月，南阳市博物馆依法向南阳市卧龙区人民法院提出强制执行申请，公司才不得不将卧龙书院的使用权和管理权交给南阳市博物馆。

案例评析

1. 《文物保护法》第五条规定，中华人民共和国境内地下、内水和领海中遗存的一切文物，属于国家所有。在本案中，卧龙书院的所有权属于国家，因而南阳市某公司理应将其归还给南阳市博物馆管理保护。

2. 《文物保护法》第十七条规定，文物保护单位的保护范围内不得进行其他建设工程。在全国重点文物保护单位的保护范围内进行其他建设工程，必须经省、自治区、直辖市人民政府批准，在批准前应当征得国务院文物行政部门同意。在本案中，南阳市某公司即使执意要在卧龙书院内修建宿舍楼，最后恐怕也很难得到国家相关部门的审核批准。

案例16 追随施工私挖文物，国家法律不容侵犯。

浙江省海宁市周王庙镇在1990年曾发现过良渚文化遗址。此后，当地村民在平整土地、翻起表土时，时而发现良渚文化的遗存文物。久而久之，部分村民见到哪儿在搞基建，就到哪儿翻淘文物。2002年12月的一天，周王庙镇星火村东南约200米处开始施工。下午4时许，推土机刚停下来，五六个村民便开始用锄头翻土，有人挖到一块长约四五寸、厚约一寸的"良渚玉"。这个消息很快在当地村民中间传开。不到半个小时，上千村民蜂拥而来，在松软的土地里疯狂地挖掘起来。很快，又有两件传言中的"良渚玉"出土。这些刚出土的文物均被村民擅自拿回家去。

案例评析

1. 《文物保护法》第二十七条规定，一切考古发掘工作，必须履行报批手续；从事考古发掘的单位，应经国务院文物行政部门批准。地下埋藏的文物，任何单位或个人都不得私自发掘。在本案中，当地村民私自发掘地下文物，显然属于违规行为，文物管理部门应当及时赶赴现场加以规劝和制止。

2. 《文物保护法》第三十二条规定，在进行建设工程或在农业生产中，任何单位或个人发现文物，应当保护现场，立即报告当地文物行政部门，文物行政部门接到报告后，如无特殊情况，应当在24小时内赶赴现场，并在7日内提出处理意见。文物行政部门可以报请当地人民政府通知公安机关协助保护现场；发现重要文物的，应当立即上报国务院文物行政部门，国务院文物行政部门应当在接到报告后15日内提出处理意见。第七十四条规定，发现文物隐匿不报或拒不上交的，尚不构成犯罪的，由县级以上人民政府文物主管部门会同公安机关追缴文物；情节严重的，处5000元以上5万元以下的罚款。在本案中，当地村民擅自拿回出土文物的行为是严重违规的，应主动将出土文物上交文物管理部门，否则，将会受到法律惩处。

参考文献

1. 韩玉灵.旅游法教程.北京：旅游教育出版社，2004
2. 宋才发等.旅游法教程.北京：知识产权出版社，2006
3. 杨朝晖.旅游法规教程.大连：东北财经大学出版社，2007
4. 赵利民.旅游法规教程（修订版）.北京：科学出版社，2007
5. 本书编委会.旅游法规案例精选与解析.北京：中国旅游出版社，2004
6. 杨富斌等.旅游法案例教程.北京：知识产权出版社，2006
7. 国家旅游局旅游质量监督管理所.旅游服务案例分析.北京：中国旅游出版社，2007
8. 国家司法考试命题研究组.国家司法考试应试必读法律法规汇编，北京：中国水力水电出版社，2005
9. 国家旅游局政策法规司.中国旅游法规全书，北京：中国旅游出版社，2003

南开大学出版社网址：http://www.nkup.com.cn

投稿电话及邮箱： 022-23504636　　QQ：1760493289
　　　　　　　　　　　　　　　　　QQ：2046170045(对外合作)
邮购部：　　　　022-23507092
发行部：　　　　022-23508339　　Fax：022-23508542

南开教育云：http://www.nkcloud.org

App：南开书店 app

　　南开教育云由南开大学出版社、国家数字出版基地、天津市多媒体教育技术研究会共同开发，主要包括数字出版、数字书店、数字图书馆、数字课堂及数字虚拟校园等内容平台。数字书店提供图书、电子音像产品的在线销售；虚拟校园提供 360 校园实景；数字课堂提供网络多媒体课程及课件、远程双向互动教室和网络会议系统。在线购书可免费使用学习平台，视频教室等扩展功能。